Andreas Koob, Holger Marcks
& Magdalena Marsovszky

Mit Pfeil, Kreuz und Krone

Nationalismus und autoritäre Krisenbewältigung in Ungarn

UNRAST

Bibliographische Information der Deutschen Bibliothek
Die Deutsche Bibliothek verzeichnet diese Publikation in der Deutschen
Nationalbibliographie; detaillierte bibliographische Daten sind im Internet
über http://dnb.ddb.de abrufbar.

Andreas Koob, Holger Marcks & Magdalena Marsovszky
Mit Pfeil, Kreuz und Krone
1. Auflage, Januar 2013

ISBN 978-3-89771-047-4
© UNRAST-Verlag, Münster
Postfach 8020, 48043 Münster – Tel. (0251) 66 62 93
www.unrast-verlag.de – kontakt@unrast-verlag.de

Mitglied in der assoziation Linker Verlage (aLiVe)

Umschlag: kv, Berlin
Umschlagfotografie mit freundlicher Genehmigung
© Henk-Jan Wesselink, www.daskar.nl
Satz: UNRAST Verlag, Münster
Druck: CPI – Ebner & Spiegel, Ulm

Inhalt

Wohin marschiert Ungarn?
Eine Einleitung

Von Andreas Koob, Holger Marcks & Magdalena Marsovszky

Die Bediensteten der Straßenmeisterei tauschen die Schilder aus. Das ist im Handumdrehen erledigt, und das neue Schild »Ungarn« (*Magyarország*) ersetzt das alte Schild »Republik Ungarn« (*Magyar Köztársaság*), das jetzt zum Abtransport an der Landesgrenze im Straßengraben liegt. Der gesellschaftliche Wandel in Ungarn ist spürbar, noch plastischer als in solchen Situationen kann er nicht sichtbar werden. In diesem Land gibt es Veränderungen – nicht wider Erwarten oder plötzlich, sondern ausgewiesen und angekündigt. Die alten Schilder haben ausgedient, weil es auch die alte Verfassung hat. Ein neues Grundgesetz schreibt nun jenen neuen Landesnamen fest.

Sicher, formell ist Ungarn weiter eine Republik, so steht es in einem Passus der Verfassung. Doch die Bereinigung des offiziellen Landesnamens vom republikanischen Etikett ist Programm. So steht dem Grundgesetz jetzt das »Nationale Glaubensbekenntnis« vorweg – mit der Überschrift: »Gott, segne die Magyaren!« Diese Präambel liest sich mitunter wie ein nationalistischer Schwur, der reicher an Pathos kaum sein könnte: »Wir bekennen uns dazu, dass der wichtigste Rahmen unseres Zusammenlebens die Familie und die Nation, die grundlegenden Werte unserer Zusammengehörigkeit Treue, Glaube und Liebe sind.«

Die Einheit der Nation verkörpert die »Heilige Ungarische Krone«, auf die die neue Verfassung Bezug nimmt. Jenes Herrschaftssymbol, mit dem Stephan I. von päpstlichen Gesandten um das Jahr 1000 zum ersten ungarischen König erhoben wurde. Die Krone mit dem schrägen Kreuz verweist somit auf die über tausendjährige Staatsgeschichte Ungarns, und zugleich symbolisiert sie den Anspruch auf die einstigen Gebiete der Stephanskrone, die nicht mehr zum heutigen Ungarn gehören. Sie kann als reaktionäres, antirepublikanisches Symbol verstanden werden. Der 2010 wieder an die Macht gelangte Ministerpräsident Ungarns, Viktor Orbán, ließ sie bereits während seiner ersten Amtszeit (1998–2002), eingebettet in rituelle Zeremonien, wieder im Parlament platzieren, obwohl ihr für die ungarische Demokratie keinerlei Bedeutung zukommt. Mehr noch: Seit 2012 steht die Beleidigung dieser und anderer Insignien in Ungarn sogar unter Strafe.

Der Buchtitel *Mit Pfeil, Kreuz und Krone* rekurriert auf diese habituellen und ideologischen Gebaren und deren gegenwärtige Aktualisierung durch die Politik der Regierungspartei Fidesz, aber auch durch die Rechtspartei Jobbik. Insbesondere deren AnhängerInnen messen der Krone große Bedeutung bei: »Sie ist ein Siegel, das den einzigartigen Bund zwischen der ungarischen Nation und Gott ausdrückt«, gibt der Journalist Bernhard Odehnal eine Passage aus dem »Ehrenkodex« der »Ungarischen Garde« (*Magyar Gárda*) wieder. Diese sich militärisch gebarende Formation aus dem Jobbik-Umfeld marschiert im historischen Outfit der ungarischen FaschistInnen um Ferenc Szalasi, der sogenannten Pfeilkreuzler, auf. Deren Symbol, eben das Pfeilkreuz, kann als Pendant zum deutschen Hakenkreuz verstanden werden.

Die heutigen FaschistInnen halten sich mit der Zurschaustellung dieses Symbols zurück – auch weil es nach wie vor verboten ist –, doch ihre ganze Ästhetik strotzt nur so von Analogien zur Pfeilkreuzler-Symbolik, insbesondere in der Farbwahl. Überhaupt verstehen sich die Organisationsstrukturen und die politischen Absichten der Jobbik als direkte Reminiszenz an die damaligen Hitler-Verbündeten, die auch die Deportation der ungarischen Juden und Jüdinnen vollstreckten. Der Fidesz blendet dieses Kapitel ungarischer Geschichte, als das ungarische Wappen das Pfeilkreuz und die Krone zeigte, gerne aus. Die Partei hat es als Zeit der »Fremdherrschaft« abgehakt, und so steht es nun auch in der Verfassung.

Die Verfassung symbolisiert die tiefe politische Zäsur, die Ungarn gerade widerfährt. Ihr Inkrafttreten am 1. Januar 2012 brachte das Land in das Rampenlicht der europäischen Öffentlichkeit – wieder einmal. Denn die Entwicklungen und die Zustände in Ungarn waren schon zuvor mehrfach Thema. Nun füllten sie wieder – zumindest zeitweise – die Blätter deutscher Zeitungen, in denen vom »Rechtsruck« die Rede war. Damit war bereits nach den Wahlen 2010 getitelt worden, als der Fidesz mit einer Zwei-Drittel-Mehrheit ins Parlament einzog und neben ihm die Jobbik auf Anhieb 47 der 386 Abgeordnetensitze errang. Diesen Erdrutschsieg der Rechten vernahm man als »Rechtsruck«. Gebetsmühlenartig wiederholt sich diese Einschätzung 2012. Sie wird dadurch nicht wahrer. Hat sich denn sonst gar nichts getan – inzwischen und auch davor schon?

Mitnichten. Vom Mai 2010 bis zur Einführung der neuen Verfassung hatte die neue Regierung bereits 365 neue Gesetze verabschiedet, davon fast jedes dritte im Eilverfahren. Sinnbildlich hierfür ist der Dezember 2011, als in einem Abstimmungsmarathon über 40 Gesetze durchgewunken wurden, einige davon mit Verfassungsrang. Schon zuvor war die alte

Verfassung mehrfach geändert worden, ein an Zensur grenzendes Mediengesetz schon in Kraft, ein loyaler Staatspräsident ins Amt befördert, ein neues Arbeitsgesetzbuch erlassen, zahlreiche Wirtschaftspläne ausgegeben und das Personal in vielen Bereichen ausgetauscht worden. Die Regierung aus Fidesz und ihres Parteianhängsels, der christlichen KDNP, sprach gleich zu Beginn von einer »Revolution in den Wahlkabinen«, und zwar in einer vom Parlament verabschiedeten »Deklaration über die nationale Kooperation«. Die musste fortan in jedem öffentlichen Gebäude aushängen.

Es ist unterdessen gar nicht einfach, etwas anzuführen, was sich seit 2010 nicht verändert hat. Auch zahllose Straßen und Plätze haben einen neuen Namen. Denkmäler wurden entfernt, umgestaltet oder ausgetauscht. Andere Helden, neue Gesetze – man kennt dies gewöhnlich nur von Ländern, die einen großen politischen Wandel erfahren haben. Da drängt sich das Gefühl eines Epochenumbruchs, eines Systemwechsels auf. Angesichts dessen wirkt der Begriff »Rechtsruck« recht unbeholfen. Er wird in diesem Buch keine Anwendung finden. Vielmehr geht es darum, Kontinuitäten nachzuspüren: von der Ideologie bis in die konkreten Praxen.

Denn nur im Bezug auf die Mittel der Politik, die auf einer außergewöhnlichen Machtfülle der Regierung beruhen, haben wir es mit etwas Neuem zu tun. Was die Inhalte betrifft, herrscht längst Klarheit: Orbán ist schon lange nicht mehr der, der er als Stipendiat der liberalen Soros-Stiftung war, der seine Diplomarbeit über Prozesse gesellschaftlicher Selbstorganisation und soziale Bewegungen geschrieben hatte, der sich noch 1989 für Liberalismus interessierte. Bereits in seiner ersten Amtszeit von 1998 bis 2002 büßte das ungarische Parlament an Bedeutung ein, während der Nationalismus auflebte. Nach der Abwahl der von ihm geführten Regierungskoalition prägte er die Stimmung im Land wie kein anderer und bereitete sich vor, wieder an die Macht zu kommen. Und nun, in seinem gegenwärtigen Regierungskurs, setzt er seine überspitzt-polemischen Allüren aus Oppositionszeiten fort.

Welchen Kategorien lässt sich diese Politik angemessen zuordnen? In der deutschen Ungarn-Berichterstattung etwa kursieren die unterschiedlichsten Bezeichnungen. Sie firmieren wechselweise zwischen konservativ, rechtskonservativ, nationalkonservativ, rechtspopulistisch, rechtsnational und völkisch. Das ist eine enorme Bandbreite, um ein und dieselbe Politik zu beschreiben. *Spiegel Online* ist ein gutes Beispiel für diesen Sachverhalt. Das Nachrichtenportal spricht in einem Beitrag von »rechtspopulistisch«, in einem anderen von »rechtskonservativ« und in einem dritten von »rechtsnational-konservativ«. Nun ist es ja nicht so, dass diese Kategorien keine Bedeutung haben. An der adäquaten Einstufung scheiden sich aber die Geister. Das mag am *ruck*haften Denken liegen. Denn bei aller Dynamik, es gibt eine lange Vorgeschichte. Das gilt nicht nur für Orbán als einzelnen Politiker, sondern auch für seine Partei.

Dem Programm, Selbstverständnis und Denken des Fidesz lassen sich klare ideologische Muster zuordnen. Diesen Bezug gilt es aufzuzeigen und mit der aktuellen Politik zu verknüpfen. Manche BeobachterInnen ordnen den Fidesz schon lange den traditionellen Leitlinien völkischer Politik zu. Das erste Kapitel dieses Buches widmet sich dieser Thematik, nämlich den ideologischen Hintergründen der völkischen Entwicklung in Ungarn. Es betrachtet die inhaltliche und ideologische Schnittmenge von Fidesz und Jobbik, etwa im weiten Feld antisemitischen Denkens und dessen gesellschaftlicher Konsequenzen; es fokussiert die politischen Spielräume der ungarischen Wende und appelliert an einen bewussten Umgang mit klaren Begrifflichkeiten.

Was Ungarn von manch anderen Staaten unterscheidet, deren demokratische Substanz in Frage gestellt wird, ist, dass wir es hier nicht nur mit einer Entwertung demokratischer Strukturen zu tun haben. Das Land wurde insgesamt von einer sowohl völkischen als auch autoritären Dynamik erfasst, die die gesellschaftliche Stimmung prägt. Antiziganismus und Antisemitismus sind in Ungarn ebenso gewöhnlich wie manifeste Formen von Sozialchauvinismus, Homophobie oder die Attacken auf politische GegnerInnen. Das zweite Kapitel widmet sich daher der Konjunktur von Feindbildern im Innern der ungarischen Gesellschaft. Besonders das Vorurteil gegenüber Roma hat eine neue alltägliche Dimension. In seiner mehrheitsfähigen *militanten* Form besitzt der Antiziganismus in Ungarn fast schon ein Alleinstellungsmerkmal, und als zentraler Sinngehalt der politischen Debatte gestaltet sich das Ressentiment immer drastischer aus.

Die besonderen Entwicklungen in Ungarn sind jedoch nicht allein dem Raum der Ideologie zuzuordnen. Ungarn steht in der globalen und insbesondere europäischen Finanz- bzw. Wirtschaftskrise nicht außen vor. Vielmehr geriet das Land 2008 sogar als erstes in Europa in eine Haushaltskrise und hat seit Längerem mit großen wirtschaftlichen Problemen zu kämpfen. Diese zu lösen, ist eine der großen Versprechen, mit denen die ungarische Rechte punkten konnte. Dass die diesbezüglichen Ansätze der ungarischen Rechten derzeit in jeder Hinsicht einzigartig in Europa sind, legt das dritte Kapitel dar. Es ordnet die gegenwärtige Wirtschafts- und Sozialpolitik der Regierung Orbán im Krisenkontext ein und zeigt auf, wie sich diese Form der Krisenbewältigung aus der spezifischen völkisch-autoritären Ideologie in Ungarn speist.

Durchaus beachtet, aber wenig ernst genommen ist die ungarische Außenpolitik. Die Konflikte, die Ungarn wegen seiner Reformen mit der EU hatte, mögen noch größere mediale Wellen geschlagen haben. Dagegen taugten die ungarischen Ambitionen im Bezug auf die sogenannten Auslandsungarn bzw. Großungarn oft nur für Anekdoten. Das mag daran liegen, dass ein solcher Irredentismus heute zutiefst anachronistisch wirkt und sich niemand so recht vorstellen kann, dass das kleine Donauland wirklich ernst macht. Dass auf diesem Feld jedoch vielfältige Konfliktpotentiale liegen, zeigt das vierte Kapitel auf, das sich mit der ungarischen Rechten und ihrem Blick nach Außen befasst. Es liefert außerdem weitere Rückschlüsse auf die völkische Bewegung, deren Innen- und Außenpolitik in einem Wechselverhältnis zueinander stehen. Das Kapitel schließt mit einem Exkurs zu den deutsch-ungarischen Beziehungen, nicht nur weil sie die hiesigen LeserInnen interessieren könnten. Schließlich kommt Deutschland als wichtigstem Wirtschaftspartner Ungarns auch eine besondere Verantwortung zu.

Mit diesen vier Beiträgen soll Aufschluss darüber gegeben werden, wie sich die derzeitigen Entwicklungen in Ungarn einschätzen lassen. Denn so wie auch der Politik des Fidesz mit begrifflicher Unklarheit begegnet wird, so unterschiedlich sind auch die Bezeichnungen für die Entwicklungen im Allgemeinen. Es gäbe »tausend Namen« für das unter Orbán entstehende System, erklärte bereits 2010 der Dichter Ákos Szilágyi: »Gelenkte Demokratie, souveräne Demokratie, illiberale Demokratie, Tyrannei der Mehrheit.« Sie liefen jedoch alle auf das gleiche hinaus, nämlich auf eine autoritäre Herrschaftsform, so Szilágyi. Falsch ist die Feststellung einer Autoritarisierung gewiss nicht, ob darin jedoch ein Erkenntnisgewinn liegt, darf bezweifelt werden. Immerhin können autoritäre Systeme qualitativ sehr differieren, zum einen was ihre Herrschaftspraktiken, zum anderen was die reale Bedrohung von Andersdenkenden und Minderheiten betrifft.

Um eine differenzierende Einschätzung ist etwa die internationale NGO *Freedom House* bemüht, die jährlich den Grad an Demokratie und Freiheit in Ländern auf der ganzen Welt mit eigenen Bewertungskategorien einzuordnen versucht. In den vergangenen beiden Jahren hat die Institution Ungarn jeweils heruntergestuft, so dass sich das Land in der Gruppe der »konsolidierten Demokratien« nunmehr auf dem letzten Platz befindet. Doch auch hier ist fraglich, ob solche Kategorisierungen die Realität abbilden können. Schließlich lassen sich autoritäre Formationen nicht nur auf staatlich-politische Strukturen reduzieren, als ginge es allein um formelle demokratische Freiheiten oder die Machtfülle politischer Führer. Das geschieht jedoch im Bezug auf Ungarn allzu häufig. Davon zeugen etwa Begriffe wie »Viktatur« oder – so sogar der Direktor von *Freedom House* selbst – »Putinisierung«, die zuweilen in der Debatte zu vernehmen sind.

Auf diese Weise wird das ausgeblendet, was in der Tiefe des gesellschaftlichen Raums stattfindet, etwa die Prozesse sozialer Ausgrenzung oder die Neugestaltung sozialer und wirtschaftlicher Beziehungen. Solche Entwicklungen mögen in einem Zusammenhang mit der Regierungspolitik stehen, sie sind ihr aber nicht allein verschuldet, sondern oftmals auch Ausdruck gesellschaftlicher Trends. Mitunter sind es sogar diese, die die Regierungspolitik stimulieren. Gerade der gesellschaftliche Einfluss der Jobbik, die nicht etwa »rechtspopulistisch« oder irgendwie »rechtsextrem« ist, sondern jedes Kriterium einer klassisch faschistischen Bewegung erfüllt, ist hierfür ein gutes Beispiel. Obgleich eine Oppositionspartei und zuweilen auf Konfrontation mit der Regierung, prägt sie – so viel sei vorweggenommen – nicht nur das gesellschaftspolitische Klima im Land entscheidend mit, sondern indirekt auch die politischen Rahmenbedingungen.

Wie sich das ambivalente Verhältnis von Jobbik und Fidesz genau gestaltet, gilt es zu ergründen. Das trifft ganz allgemein auch auf die komplizierten Wechselverhältnisse von politischer, gesellschaftlicher und ökonomischer Sphäre zu. In jedem Fall ist zu vermeiden, der spürbaren Autoritarisierung Ungarns allein im staatlich-politischen Bereich nachgehen zu wollen. Denn genauso ist der Blick auf die gesellschaftliche Basis zu richten: auf die Prozesse autoritärer und völkischer Formierung in der Bevölkerung. Nur auf diese Weise können wir uns einem klareren Verständnis der Entwicklungen in Ungarn annähern und diese qualifizieren.

Wie so ziemlich jedes Buch hat auch dieses seine Grenzen. Es versteht sich nicht als wissenschaftlich-akribische Untersuchung. Vielmehr ist es ein publizistischer Versuch, das Phänomen der derzeitigen ungarischen Entwicklung einer breiteren Leserschaft näherzubringen, ohne auf analytische Instrumente zu verzichten. Dabei konnten freilich nicht alle relevanten Aspekte behandelt werden. Zu komplex und facettenreich sind die Prozesse im Labor Ungarn. Und nicht zuletzt sind die Dinge weiter im Fluss. Manches von dem hier Geschriebenen mag sich zum Zeitpunkt der Veröffentlichung bereits überholt und die eine oder andere Einschätzung sich vielleicht als zu gewagt erwiesen haben. Der notwendigen Diskussion tut dies gewiss keinen Abbruch.

Kapitel 1

Geschlossene Gesellschaft
Zu den ideologischen Hintergründen
der völkischen Entwicklung in Ungarn

Von Magdalena Marsovszky

Der Ausgang der ungarischen Parlamentswahlen im April 2010 wird in politischen Analysen gerne als »Rechtsruck« beschrieben. Man kann hier jedoch mitnichten von einem *plötzlichen* Wechsel sprechen. Vielmehr haben wir es mit einem langsamen Rechtsschub zu tun, einer Jahrzehnte langen Entwicklung im kulturellen und politischen Leben. Insofern war der Ausgang der Wahlen – tendenziell zumindest – vorauszusehen. Er dürfte das vorläufige Ende eines Transformationsprozesses bedeuten, von dem viele gehofft hatten, er würde eine Demokratisierung Ungarns bewirken. Doch das Gegenteil ist passiert: Statt einer stetigen Öffnung hin zu einer pluralen Gesellschaft war seit der Wende 1989/90 in Wirklichkeit eine kontinuierliche völkisch-ethnische Schließung zu beobachten, die mit den Wahlen 2010 nun auch parlamentarisch versiegelt wurde.

Der Motor hinter dieser Entwicklung hin zur geschlossenen Gesellschaft war und ist die völkische Kultur des Landes. Sie kann dafür mitverantwortlich gemacht werden, dass die ungarische Gesellschaft seit vielen Jahren sozialpsychologisch geteilt ist. Es gibt in ihr – grob gesagt – einen großen völkischen Block einerseits und eine kleinere liberale, kosmopolitisch und demokratisch denkende Seite andererseits. Die Neuzusammensetzung des ungarischen Parlaments spiegelt dieses Verhältnis wider: Der Fidesz und seine Satelittenpartei KDNP verfügen dort über eine Zweidrittelmehrheit. Nach ihrer Selbstdefinition handelt es sich dabei um »bürgerliche« bzw. »national gesinnte« Organisationen. Korrekter aber ist es, wie wir noch sehen werden, sie dem völkischen Lager zuzuordnen. Zu diesem zählt – wenn sie sich auch in der Opposition befindet – ebenso die faschistische Jobbik, die mit 12 Prozent der Sitze in das Parlament einziehen konnte. Der völkische Block kontrolliert somit knapp 80 Prozent des ungarischen Parlaments. Und dabei bleibt das völkische Denken noch nicht einmal auf diesen beschränkt.

Eine völkische Mission: Die Erlösung der Nation
von den »Entarteten«

Dass nicht nur die Jobbik, sondern auch der Fidesz und die KDNP als völkisch zu deklarieren sind, zeigt sich insbesondere in deren Gesamtkommunikation. So bedauerte im April 2008 der Fidesz-Vorsitzende und gegenwärtige Ministerpräsident Viktor Orbán in einer parlamentarischen Rede vor VertreterInnen der Kirchen, dass die Wende von 1989/90 keine richtig völkische gewesen sei. Ungarn, so die implizite Botschaft, könne nur durch die Bildung einer Volksgemeinschaft aus der Krise gezogen werden. Zsolt Semjén wiederum, der Vorsitzende der KDNP und derzeit Stellvertretender Ministerpräsident, vertrat im Juni 2011, als er bei der sogenannten »Zivilen Akademie« im Budapester »Haus der Bürger« einen Vortrag hielt, einen Ethnopluralismus. Nach seiner Auffassung habe jede Nation ihre eigene Kultur und ein ihr angestammtes Territorium: das »Polentum in Polen«, das »Deutschtum in Deutschland«, das »Magyarentum in Ungarn« usw. Entsprechend vertritt die Regierung Orbán auch die Ideologie eines »Europas der Nationen«.

Im Mittelpunkt der völkischen Ideologie steht die Selbstethnisierung der Nation. Das heißt, dass sie die Nation als eine organisch gewachsene, ethnisch-homogene Gemeinschaft auffasst. Diese Gemeinschaft ist demnach eine kulturelle und blutsmäßige Abstammungsgemeinschaft, weshalb das völkische Denken zugleich ein biologistisches ist. Zu der Gemeinschaft der ethnisch gemeinten magyarischen Nation zählen auch die magyarischen Minderheiten, die außerhalb der heutigen Landesgrenzen, in den umliegenden Ländern Ungarns leben. Insofern die völkische Ideologie die jetzigen Grenzen Ungarns missachtet, handelt es sich dabei auch um ein imperiales Denken. Und es ist gleichwohl eine revanchistische Logik, sind Denkkategorien, die auf ein Großungarn rekurrieren, im ungarischen Alltag doch allgemein vorherrschend. (Zum Mythos von Großungarn siehe Kapitel 4.)

Das völkische Denken, in dem die Nation als Ethnos (Ethno-Nation) verstanden wird, steht in einem antagonistischen Widerspruch zur Demokratie, in der die Nation als Demos (Gleichheit aller Bürger) definiert wird. Es ist also kein demokratisches Denken. Und da es in der Wirklichkeit eine »reine«, also ethnisch homogene Nation bzw. Volksgemeinschaft nicht gibt, kann eine solche immer wieder nur heraufbeschworen werden, indem man sich gegenüber einem »Anderen« abgrenzt. Die Selbstdefinition der magyarischen Volksgemeinschaft ist somit – es ist fast schon ein Automatismus – auf die permanente Konstruktion von Feindbildern angewiesen. Und obwohl Ungarn keineswegs ein Einwanderungsland ist, kennt die völkische Ideologie viele »innere Feinde«. Heute sind das vor allem »die Juden«, »die Zigeuner« und die Homosexuellen. Es handelt sich also auch um ein ausgrenzendes Denken, das einhergeht mit Antisemitismus, Antiziganismus und Homophobie.

Die Gedankenwelt der völkischen (*népi* oder *népi-nemzeti*) Bewegung in Ungarn hat eine lange Tradition. Sie basiert zum Teil auf begrifflichen Kategorien der Französischen Revolution, der Aufklärung und der Säkularisierung, aber vor allem auf jener Kulturtradition, deren Wurzeln bis zu Johann Gottfried Herder und der deutschen Romantik zurückreichen und aus der sich auch die völkische Bewegung im wilhelminischen Deutschland genährt hatte (siehe unten). Es ist ein ethno-nationales Denken, das sich seit der zweiten Hälfte des 19. Jahrhunderts im Zuge der Nationenbildung entwickelt hatte und mit einer Ablehnung gegenüber dem Westen und dem Liberalismus, aber auch Teilen des Kapitalismus einherging. Zuschreibungen an »die Juden«, für damit assoziierte Probleme verantwortlich zu sein, mündeten, in Kombination mit dem klassischen Ausgrenzungsmuster völkischen Denkens, immer wieder in antisemitischer Agitation.

Dass der Antisemitismus eine logische Konsequenz des völkischen Denkens ist, wird allerdings in Ungarn zum großen Teil ausgeblendet. So wird bis heute kaum über Antisemitismus als ideengeschichtliches und politisches Phänomen gesprochen. Vielmehr ist etwa von der »Judenfrage« die Rede – und zwar ohne Anführungszeichen. Bei dieser einseitigen Sichtweise, die implizit eine Art jüdische Zersetzung des magyarischen Volkskörpers annimmt, wird die rassistische Komponente jener Denkstruktur ebenso bei Seite bzw. außer Kritik gelassen wie die damit verbundenen Konsequenzen: der Judenmord, dem auch eine halbe Million ungarischer Juden und Jüdinnen zum Opfer gefallen sind.

Selbst nach dem Zweiten Weltkrieg, in der Zeit des sogenannten Realsozialismus, konnte das völkische Denken nicht zurückgedrängt werden – trotz der universalistischen Ideale des Sozialismus. Die »nationale Frage« wurde auch von der prosowjetischen Führung proklamiert, so dass mit der Zeit ein Sozialismus mit »nationalem Antlitz« entstand. Diese nationale Orientierung entsprang auch einem politischen Kalkül. Denn für die als fremdbestimmt und anational geltenden prosowjetischen Regierungen war die Betonung der nationalen Linie die einzige Möglichkeit, Zustimmung bei der nichtkommunistischen Bevölkerung zu erwerben und ihre Satellitenfunktion für Moskau in den Hintergrund zu stellen. Damit hatte die traditionelle kommunistische Politik über die Jahrzehnte eine viel stärkere Affinität zu den Völkischen als zu den Liberalen und der Sozialdemokratie. Es entwickelte sich ein gesellschaftlicher Konsens, in dem die Völkischen als Opposition wohlwollend geduldet wurden.

Im Hinblick auf die Aktivitäten der »Urbanen« – gemeint ist die eigentliche, also die sogenannte »demokratische Opposition« – waren die Zügel der offiziellen realsozialistischen Kulturpolitik dagegen besonders straff angezogen. Dies war wohl auch deshalb so, weil die »Urbanen« – wenn auch unausgesprochen – zu den »Juden« gezählt wurden und diese Assoziation jedem geläufig war. Andere Teile der gesellschaftlichen Elite wiederum, etwa konservative Kulturpolitiker und die völkische Intelligenz, konnten sich eine gesellschaftliche Integration von dem ethnozentrierten, also völkischen Kulturnationalismus erhoffen. Für viele bedeutete dies eine schrittweise »Revolution von unten«, mit der das Diktat des »sozialistischen Internationalismus« national untergraben würde.

Tatsächlich bezeichnet etwa der Soziologe Detlev Claussen in dem Buch »Kritik des Ethnonationalismus« die Umbrüche in den vormals realsozialistischen Staaten Osteuropas nicht als eine demokratische, sondern als eine »ethno-nationale Wende«. Das bedeutet, dass die Menschen in diesen Ländern, zu denen auch Ungarn gehört, mehr auf eine ethnisch grundierte nationale Wende gehofft haben und weniger etwas mit der Demokratie anzufangen wussten. Viele Menschen in Ungarn meinen heute, völkisches und nationales Denken seien gleichbedeutend mit Demokratie. Ihr Ethno-Nationalismus übernimmt dabei die Funktion einer Alltagsreligion, in der sich Säkularisation, Nationenbildung und der Realsozialismus miteinander verbinden. Da damit die Homogenisierung der eigenen Gruppe intendiert ist, führt dies unweigerlich zu einer Ausgrenzung derer, die nicht als Bestandteil der »Wir-Gruppe« akzeptiert werden, also der »Anderen« bzw. »Fremden«. Antisemitismus und Antiziganismus sind sozusagen die andere Seite der völkischen Medaille.

Der Antisemitismus in Ungarn richtet sich heute jedoch eher gegen »symbolische Juden«, also gegen das »Fremde an sich«, und weniger gegen tatsächliche Juden und Jüdinnen – vorerst zumindest. Zielobjekt des Hasses sind Menschen, die antisemitischen Stereotypen entsprechen, unabhängig davon, ob sie eine jüdische Identität bzw. einen jüdischen Hintergrund haben. Dazu gehören etwa sozialistische und liberale PolitikerInnen und MedienvertreterInnen, Menschen mit einer kosmopolitischen Einstellung, die linksliberale Intelligenz oder generell die urbane Lebensweise, mit der man »die sündige Großstadt« verbindet. Es handelt sich somit um eine Art kultureller Code bzw. eine »irdische Methaphysik«, die viel mit der Definition und dem Kulturbegriff einer Nation zu tun hat. Wird die Nation nämlich als ethnisch homogene Volksgemeinschaft aufgefasst, so wird das, was diese vermeintliche Homogenität in Frage stellt, schnell als Unterwanderung des Volkskörpers durch etwas Wesenfremdes gedeutet.

Auf diese Weise wird, in Verbindung mit antisemitischen Stereotypen, in Ungarn vieles, was nicht den Vorstellungen der völkischen Kräfte entspricht, als »verjudet« abgestempelt. So wurde etwa 2009 das ungarische Parlament – damals regierte ein sozialistisches Kabinett unter Ferenc Gyurcsány – von dem unabhängigen, aber national gesinnten Politiker Attila Kiss aus Rajka als »Synagoge am Kossuth-Platz« bezeichnet, die »ausgeräuchert« werden müsse. Auch die EU wurde bei einer Demonstration im November 2010 von vielen als eine von »Juden gemachte« oder »verjudete« Gemeinschaft dargestellt. Ähnliches wiederholte sich beim »Friedensmarsch« für die Regierung Orbán Anfang 2012 (siehe dazu Kapitel 4), wo auf Transparenten zum Ausdruck gebracht wurde, dass man die EU für »zionistisch fremdbestimmt« halte. Entsprechend ist in rechten Kreisen häufig von einer »Achse Tel Aviv – New York – Brüssel« die Rede.

Sehr gut beobachten lässt sich die Politik der Feindbilder am Umgang mit der ungarischen Opposition. Für die Völkischen verkörpert etwa die mit etwa 15 Prozent der Sitze ins Parlament gelangte ehemalige Regierungspartei der SozialistInnen (MSZP) die »vaterlandslose«, kosmopolitische Seite. Ganz besonderen Hass erfährt die kleine sozialdemokratische Gruppe um Gyurcsány, der 2011 mit einigen Mitgliedern die MSZP verließ und die »Demokratische Koalition« (DK) gründete. Unter Beschuss steht auch der liberale »Bund Freier Demokraten« (SZDSZ), der aus der demokratischen Opposition im Realsozialismus hervorgegangen war und zwischenzeitlich als Koalitionspartner der SozialistInnen fungierte. Inzwischen sind die Liberalen in der Bedeutungslosigkeit versunken. Alle drei Parteien unterliegen permanent heftigen Attacken durch die Völkischen und werden sogar zu kriminalisieren versucht.

Ferner ist mit vier Prozent der Sitze die – nach ihrem Selbstverständnis – grün-ökologische LMP als Oppositionspartei im Parlament vertreten. Sie ist nicht von derart heftigen Attacken der Regierung betroffen und pflegt auch nicht einen so großen Hass auf das sozial-liberale Spektrum. Sehr wohl nahm sie aber an den Insinuierungen gegen die Person Gyurcsánys teil und scheut auch die Zusammenarbeit mit der Jobbik nicht. Die Rolle der Jobbik wiederum besteht vorwiegend darin, die Regierung vor sich herzutreiben, so dass sie getrost als Schrittmacher der völkischen Politik unter Orbán bezeichnet werden kann. Die Regierung distanziert sich nicht nur nicht von der faschistischen Jobbik, sondern stellt sich permanent neben sie im Kampf gegen die gemeinsamen Feinde.

Dass die SozialdemokratInnen und die Liberalen derart verbittert bekämpft werden, obwohl sie politisch kaum wahrnehmbar sind, ist gewiss ein Phänomen, das kulturgeschichtlich und sozialpsychologisch zu ergründen ist. Zum Teil beschleicht einem dabei das Gefühl, dass dieser Kampf gegen ein Phantom geführt wird und Elemente einer kollektiven Paranoia beinhaltet. Dafür spricht auch die Tatsache, dass die neue Regierung das Amt eines »Beauftragten für Abrechnung« ins Leben rief, der alle »Korruptionsaffären« der ehemaligen sozial-liberalen Regierung (siehe Kapitel 3) und »ihr nahestehender Kreise« aufrollen soll. Ein Beispiel dafür ist der sogenannte »Philosophenprozess«:

Wie in anderen Fällen begann auch hier die Attacke mit polemisierenden Anschuldigungen auf den Titelseiten der regierungsnahen Zeitungen. Diese verkündeten, die Philosophin Agnes Heller und »ihre Bande« hätten Forschungsgelder mit »Schubkarren« aus der Akademie getragen. Die stumpfe Wiederholung der immer gleichen Vorwürfe spiegelte das ausgeprägte Ressentiment gegen alles Intellektuelle wider, das im kulturell-gesellschaftlichen Kontext als »verjudet« angesehen wird. Bezeichnenderweise wurde die Anzeige bei der Staatsanwaltschaft nicht aufgrund von rechtmäßigen Ermittlungen, sondern aufgrund jener fiktiven Beschuldigungen in der Presse erstattet. Zwar konnten bisher die Anklagepunkte kein einziges Mal, so auch im Falle der PhilosophInnen, standhalten, doch die Vorverurteilungen haben ihr Ziel erreicht: Etliche Oppositionelle haben inzwischen ihr gesellschaftliches Vertrauen oder ihre Existenzgrundlage verloren. (Mehr zur Politik der Abrechnung in Kapitel 2).

Die Bekämpfung der sogenannten »Vaterlandslosen« oder »Internationalen« ist allerdings kein neues Phänomen in Ungarn. Es konnte bereits in der Zeit um die Wende beobachtet werden. Ein Großteil der Kommunikation der »national gesinnten«, aber auch ein Teil der öffentlich-rechtlichen Medien wird seit jenen Jahren darauf verwendet, gegen diese Feindbilder zu mobilisieren. Und sobald eine »national gesinnte« Regierung an der Macht war, wurden immer wieder ganze Reihen von kritischen Intellektuellen oder MedienarbeiterInnen entlassen. Die erste große Welle von

Entlassungen liberaler JournalistInnen erfolgte etwa während der Amtszeit des nationalkonservativen Ministerpräsidenten Péter Boross (1993-1994). Der Philosoph G. M. Tamás schrieb damals, die Schlüsselpositionen im öffentlich-rechtlichen Rundfunk seien »entjudet« worden.

Spielten sich die frühen Säuberungen eher auf den unteren Stufen der gesellschaftspolitischen Leiter ab, ist es mittlerweile unter den Völkischen üblich geworden, die höchsten Kreise des gegnerischen politischen Lagers unmittelbar anzugreifen. Bei den Versuchen zuletzt, den ehemaligen sozialistischen Ministerpräsidenten Gyurcsány hinter Gitter zu bringen, ließ man keinen Zweifel an den politischen Motiven. Dieser sei, erklärte der heutige Parlamentspräsident László Kövér im Juni 2010, ein »politischer Verbrecher«, der zusammen mit den Sozialisten eine »permanente Gefahr für die nationale Integration« des Landes bedeute. Ihm sei daher schon längst der Prozess zu machen gewesen.

Man kann die rhetorischen Angriffe der Völkischen auf die Sozial-Liberalen auch als Versuche der Dämonisierung bezeichnen. Tatsächlich sprach eben schon erwähnter Kövér im Bezug auf die sozial-liberale Regierung bereits von »gigantischen, bolschewisierenden, satanischen Kräften«, nämlich von »Gyurcsány und seinen Mittätern«, die »uns in unserer eigenen Heimat niedermähen«. Und der KDNP-Chef Semjén, heute Orbáns Stellvertreter als Ministerpräsident, erklärte 2009 auf einer Konferenz, der nationale Gedanke werde in Ungarn von zwei Seiten attackiert: erstens durch die Sozialisten, die aufgrund ihres Internationalismus dem nationalen Dasein immer schon feindlich gesonnen seien, und zweitens durch die Liberalen und die Kosmopoliten, in deren Augen alle provinzialistisch seien, die sich für das Magyarentum einsetzen. Er meinte zudem, dass sich in der sozial-liberalen Regierung »der mal als Bolschewist, mal als Liberaler erscheinende echte Antichrist« zeige.

Die Stigmatisierung des politischen Gegners erfolgt also meist in Form antisemitischer Konnotationen. Dabei lässt nur ein geringer Unterschied zwischen der Rhetorik ausmachen, mit der die Regierung Orbán gegen ihre Gegner und Gegnerinnen vorgeht, und der, die die Jobbik zu demselben Zwecke anwendet. So sagte die heutige Abgeordnete der Jobbik im Europa-Parlament Krisztina Morvai im September 2008 auf einer rechten Groß-demonstration gegen den »Magyarenhass« vor Tausenden von TeilnehmerInnen: »Mein letzter Rat an die liberal-bolschewistischen Zionisten, die unser Land ausgeraubt haben, ist, sich damit zu beschäftigen, wohin sie fliehen und wo sie sich verstecken. Denn es gibt keine Gnade!«

Im Sinne des antisemitischen Stereotyps von der »verjudeten Regierung« – die Forschung kennt hierfür auch den Begriff der »Zionistic Occupied Government« (ZOG) – wurden die beiden ehemaligen Ministerpräsidenten Gyurcsány (2006-2009) und Gordon Bajnai (2009-2010) während ihrer Regierungszeit in Jobbik-nahen Medien immer wieder »die Statthalter des Judenstaates in Ungarn« genannt. Ebenso wurde die sozialistische Regierung – über den wirren Umweg eines Antizionismus, der Israel für den »Holocaust an den Palästinensern« verantwortlich macht – mit dem »Hitlerfaschismus« identifiziert – was ja notwendigerweise die Vorstellung impliziert, es gäbe einen »Genozid am Magyarentum«.

Genau diese Begriffe waren tatsächlich im Zusammenhang mit der gescheiterten Gesundheitsreform der sozial-liberalen Regierung 2007 zu hören. So sagten Vertreter der Ärztekammer, die Reform sei der »Holocaust an den Magyaren«. Der berühmte Herzchirurg, Lajos Papp sagte zum Beispiel: »Die Ärzte leiden ... unter einem Auschwitz-Syndrom. Damals, in Auschwitz, wusste jeder, dass niemand das Krematorium verlässt ..., höchstens in Form des Rauches. Das heutige Zauberwort ... heisst Reform. ... Das ist beinahe ein Genozidium«. Papp wurde damals auch auf der Homepage des Fidesz zitiert. Sogar der Begriff »Hungarocidium« wurde immer wieder im Zusammenhang mit der sozial-liberalen Koalition genannt, der man unterstellte, sie wolle »den Untergang des Magyarentums und der magyarischen Nation«.

Im Grunde wird von der völkischen Bewegung die gesamte ungarische Linke als »entartet« angesehen. So sagte selbst Orbán 2005 in Rumänien auf einer Versammlung: »Wenn die Linke ab und zu dazu die Möglichkeit bekam, griff sie ihre eigene Nation an. So wurden die ihrigen 1919 durch Béla Kun angegriffen, und so hat auch Rákosi seine Arteigenen angegriffen. Genau dies taten [auch] diejenigen, die die Revolution von 1956 niederschlugen. Auch die gegenwärtige Regierung griff unsere Nation an, wenn auch nicht mit den gleichen Mitteln. ... Die Linke müsste eine nationale Wende vollziehen. ... Sie hat aber genetisch oder eher wegen ihrer historischen Determination dazu wenig Chancen.«

2011 war es dann der Europa-Abgeordnete László Tőkés, der die Kritiker des Mediengesetzes »der Nation fremde, postkommunistische, linksliberale Kräfte« nannte, die »erneut ihr eigenes Land und ihre eigene Nation angegriffen« hätten. In den rechten, nach ihrer Selbstdefinition »national gesinnten«, ja, zum Teil auch in den öffentlich-rechtlichen Medien findet sich ebenfalls, wenn auch unterschiedlich codiert, diese Rhetorik. Die Botschaft dieser Kommunikation ist deutlich: Das sind zu vernichtende Entartete.

Die Gegner werden zu diesem Zwecke oft dehumanisiert, wobei die hygienistische Rhetorik ein immer größeres Gewicht bekommt. László Balázs-Piri, ein Fidesz-Mann und Präsident der Stiftung, die die Gedenkstätte »Haus des Terrors« in Budapest unterhält, hat vor einigen Jahren behauptet, Linksliberale hätten eine besondere Physiognomie und seien »Bazillenträger der Diktatur«. Am 23. Oktober 2009, zum Jahrestag des Aufstandes von 1956, meinte er dann im Fidesz-nahen *Hír TV*, die »entartete Linke und die Kommunisten« seien »wie das wildeste Unkraut – einfach nicht auszurotten«.

Außerdem werden Mitglieder der sozialistischen Partei vom regierungsnahen und für seine antisemitischen Schriften bekannten Journalisten Zsolt Bayer immer wieder »Eiweißklumpen« genannt. Auch die Autorin dieser Zeilen hier wurde 2010 von ihm als »Ausbund an menschlicher Verruchtheit« und als »entartet« bezeichnet. Diese Art vulgär-hetzerischer Rhetorik wird in Fidesz-Kreisen sehr häufig benutzt. So äußerte sich der Europa-Abgeordnete Tamás Deutsch 2011 wie folgt: »Es gibt hinterhältige Verrückte. Es gibt eklige Spermien. Es gibt widerlich Verfaulte. Und dann gibt es noch Ferenc Gyurcsány.« Dieser »erbärmliche Eiweißklumpen« könne sich »ein für alle Mal verdrücken – zurück in Mutters Fotze«. Derlei Hassreden werden nicht nur nicht eingedämmt, sondern sogar gefördert: Im Jahr 2011 wurde dem »Journalisten« Bayer der Madách-Kulturpreis verliehen, und auch andere AntisemitInnen wurden schon ausgezeichnet.

Von Tätern und Opfern: Die Ethnisierung der Erinnerung und die nationale Inkarnation

Auch große Teile der ungarischen Wissenschaft werden heute vom »nationalen Blick« und einem »methodologischen Nationalismus« (Ulrich Beck) durchdrungen. Sie orientiert sich weitestgehend an Homogenitätsidealen und nährt damit die Ausgrenzungstendenzen. Die »ethnische Schließung« (Samuel Salzborn) der Gesellschaft wird dadurch gefördert. Dieser Wandel hin zu einer geschlossenen Volksgemeinschaft beruht auch auf einer »Ethnisierung der Erinnerung«. In ihr wird das ungarische Opfernarrativ in den Vordergrund gestellt. Der nationale Opfermythos ist ein wichtiger Baustein des in Ungarn vorherrschenden völkischen Denkens und hängt stark mit dem Phänomen zusammen, das man »Kulturpessimismus« nennt. Bei beiden erleben wir eine Identifizierung mit der magyarischen Nation als Abstammungsgemeinschaft, die antisemitische Ausgrenzungsmuster fördert.

Der Kulturpessimismus entspringt einem Gefühl der Angst, althergebrachte Traditionen, Glaubensvorstellungen und soziale Bindungen könnten durch die Modernisierung und durch Reformen verloren gehen. Einher geht dies mit einer psychisch determinierten Wahrnehmung, wegen derer man sich in einer vermeintlich peripheren Lage wähnt. Man fürchtet dabei um den Verlust der »nationalen Einheit« und letztendlich um den »Tod der Nation«. Viele Ungarn etwa sehen sich als Opfer der Modernisierung, der europäischen Integration und des westlichen Liberalismus und meinen, dass das, was die Kommunisten zwischen 1945 und 1990 nicht zerstört hatten, jetzt endgültig von den Liberalen beseitigt werde.

Opfermythen wiederum meinen die Abwehr von Schuld und Erinnerung in Form von Projektionen begangener Verbrechen auf »Andere«, »Fremde« und häufig stellvertretend dafür: auf »Juden«. Im nationalen Opfermythos wird versucht, die in der »eigenen« Schuld zum Ausdruck kommende Täterschaft zu leugnen. Es ist nichts anderes als eine Schuldumkehr, bei der die »Verfolger« ihre Angst, als Kollektivtäter beschuldigt zu werden, auf die Verfolgten projizieren. Die Forschung nennt die Täter-Opfer-Umkehr eine typische Erscheinungsform des Antisemitismus. Der Soziologe Klaus Holz bezeichnet sie sogar als »demokratischen Antisemitismus«, da sie weniger einem »radikalen Rand« der Gesellschaft zuzuordnen sei, sondern vielmehr der »demokratischen«, politischen Mitte. Diese versuche häufig, die sogenannte »Vergangenheitsbewältigung« durch eine solche Rollenumkehr zu vollziehen, so Holz.

Der »demokratische Antisemitismus« bezeichnet allerdings keinen eigenen Typus des Antisemitismus, sondern »nur die ungefähre Eingrenzung eines Phänomens«. Holz unterscheidet drei Formen der Täter-Opfer-Umkehr: Dazu gehört der bereits erwähnte Opfermythos, dessen Virulenz auf der Leiderfahrung des »eigenen«, ethnisch gedachten Volkes beruht und durch die Schuldabwehr motiviert wird. Bei der zweiten Variante wird zwar die historische Tatsache des Holocausts nicht geleugnet, dafür aber die Zeitdimension betont und die ständig wiederkehrende »Dauerrepräsentation« der Schande und deren Instrumentalisierung zum Vorwurf gemacht. Profiteure dieser Instrumentalisierung seien letztendlich die Juden, die somit sogar einen Nutzen aus der Shoah ziehen würden. Die dritte Variante wiederum bezeichnet das Phänomen, dass den Tätern ein Teil ihrer Schuld abgesprochen wird, wodurch die Opfer nicht mehr ganz so unschuldig dastehen.

Beispielhaft für die Annahme einer jüdischen Täterschaft ist etwa, die Juden mit den Nationalsozialisten zu vergleichen bzw. jüdische Handlungen als nazistische darzustellen. Die Konstruktion des »jüdischen Nazis« ist typisch für diese Sichtweise. Es ist aber ebenso typisch, die Juden mit den Kommunisten zu vergleichen bzw. kommunistische Handlungen als »jüdische« darzustellen. Hierbei handelt es sich um den »antikommunistischen Antisemitismus«, der auf dem Mythos vom »jüdischen Kommunismus« basiert. Dieses Schreckgespenst wird immer wieder mit historischen Informationen »angereichert«. Es ist dann die Rede von der »Russischen Revolution« und der »Räterepublik«, meist in Verbindung mit »jüdischen Bolschewisten« wie Leo Trotzki, Béla Kun oder Mátyás Rákosi, dem »ungarischen Stalin«. Auf diese Weise wird die »Weltrevolution« zur »jüdischen Revolution« und werden sowjetische Kommunisten und Juden zu Synonymen erklärt. Dieses Argumentationsmuster gehört zur traditionellen judenfeindlichen Demagogie, die letztlich in den Holocaust führte.

In Ungarn spielt die Täter-Opfer-Umkehr nicht nur in der »Vergangenheitsbewältigung« bzw. der Erinnerungspolitik eine große Rolle, sondern auch und vor allem im politischen Leben der Gegenwart. Man könnte sogar behaupten, dass selbst der Sieg der völkischen Parteien bei den Parlamentswahlen im Frühjahr 2010, den ich als »völkische Wende« bezeichne, zum großen Teil auf jenem Prinzip basiert. In diesem Sinne meinte sich die völkisch gedachte Nation, vertreten durch Fidesz-KDNP und der Jobbik, vom vermeintlichen »Joch der (jüdischen) Postkommunisten und der (jüdischen) Liberalen« befreien zu müssen. Zum Ausdruck kam dies etwa in einem Wahlkampffilm des Fidesz, in dem folgende Sätze eingesprochen wurden: »Die magyarische Staatlichkeit ist eintausend und einhundert Jahre alt. Die ungarische Linke ist einhundert Jahre alt. Am 11. April wählen wir. Stephan der Heilige oder Béla Kun, das ist hier die Frage! Ich meine: Am 11. April wird Stephan der Heilige das Land von Béla Kun und seinen Nachfolgern zurückerobern.«

Doch im »antikommunistischen Antisemitismus« werden nicht nur Bolschewisten bzw. Kommunisten zum Synonym von Juden erklärt, sondern eben auch »deren Nachfolger«. Dies gilt nicht nur für die ungarischen Sozialisten von heute, sondern auch für die heutigen Russen. Wenn Orbán sagt: »Wir wollen nicht die lustigste Baracke von Gazprom sein«, wie er das noch als Oppositionsführer im Januar 2007 tat, dann weist dieser Satz für jedermann in Ungarn verständlich aus, wo genau sich der »Feind« befindet. Darüber hinaus ist auch eine eschatologische »Erhöhung« bzw. eine »Sakralisierung« der Nation zu beobachten. Dabei nimmt, wie wir noch sehen werden, die Nation die Stelle Gottes und die vermeintlichen Kommunisten – in Wirklichkeit gibt es kaum welche – nehmen die Stelle des Teufels ein.

Zum »antikommunistischen Antisemitismus« gesellt sich in Ungarn jedoch eine weitere Variante des Antisemitismus, den man – nach dem gleichen Muster – »antiliberalen Antisemitismus« nennen kann. Denn Ungarns AntisemitInnen sind sich darin einig, dass die größten Gefahren für Europa der (östliche) Bolschewismus einerseits und der (westliche) Liberalismus andererseits seien. Beide Denkweisen, sowohl die kommunistische als auch die liberal-demokratische, werden dabei als »jüdische Erfindung« bzw. als »jüdische Unterwanderung« der Volksgemeinschaft aufgefasst. Auch hierbei ist der »Opfermythos«, der die Nation ständig und ohne jegliche Selbstreflexion als Opfer historischer Ereignisse darstellt, bedeutend. Denn die Konstruktion des »jüdischen Täters« wird nicht nur auf die Kommunisten, sondern auch auf die Liberalen übertragen.

Der »antikommunistische« und der »antiliberale« Antisemitismus schlugen sich in Ungarn in den letzten Jahren in Aggressionen gegen »kommunistische« bzw. »liberale« Denkmäler und Büsten nieder. So wurde etwa die Büste des britischen Politikers Winston Churchill in Budapest immer wieder mit roter Farbe besprüht und mit einem Davidstern beschmiert. Auch das sowjetische Befreiungsdenkmal in Budapest wurde öfters beschädigt. Der größte Angriff gegen dieses Denkmal erfolgte im Zuge der sogenannten Herbst-Ereignisse von 2006, in deren Vorfeld die völkische Opposition bereits systematisch darauf hingearbeitet hatte, die »völkische Wende« zu erreichen. Der 50. Jahrestag des Ungarischen Aufstands von 1956 sollte dafür den Anlass bieten.

Doch Stück für Stück: Im Herbst 2006 gelangte eine kurz nach den gewonnenen Parlamentswahlen im Mai gehaltene Rede von Ministerpräsident Gyurcsány an die Öffentlichkeit, die er bei einer Versammlung der MSZP in Öszöd am Plattensee gehalten gehalten hatte und die nicht für die Öffentlichkeit bestimmt war. In dieser hatte er seine Partei mit eindringlichen und feurigen Worten ermahnt, die finanzielle Lage offen darzulegen und sich nicht weiter zu belügen. Zugleich ermunterte er zur inneren Geschlossenheit und guten Zusammenarbeit. Die an die Öffentlichkeit gelangte Rede wurde von den »national gesinnten« Medien so ausgelegt, dass der Ministerpräsident zugegeben hätte, durch Wahltäuschung und Lügen, also nicht auf demokratische Weise, wieder an die Macht gelangt zu sein. Deshalb sind Gyurcsány Worte als »Lügenrede« in die Geschichte eingegangen.

Noch am selben Abend und in den folgenden Tagen nach der Veröffentlichung kam es in Budapest zu spontanen Krawallen und Straßenschlachten, bei denen unter anderem das Gebäude des öffentlich-rechtlichen Fernsehsenders nahe des Parlaments in Brand gesetzt wurde. Auf diese schwersten Ausschreitungen seit vielen Jahrzehnten war die Polizei überhaupt nicht vorbereitet, so dass sie erst nach vielen Stunden und verheerenden Verwüstungen imstande war, die aufgebrachte Menge zurückzudrängen. Dabei beging sie auch Unrechtmäßigkeiten und Übergriffe; es gab etwa zweihundert Verletzte. Die Polizeiübergriffe wiederum wurden in den »patriotischen« Medien so interpretiert, dass die »illegitime Lügenregierung« mit Absicht gegen die »revolutionären Patrioten« losgegangen sei und eine »Menschenjagd« veranstaltet habe. Diese Auffassung herrscht bis heute beim Fidesz ebenso vor wie bei der Jobbik.

Im Dezember 2008 stellte der heutige Minister für »Humanressourcen«, Zoltán Balog – damals in der Opposition war er Vorsitzender des Parlamentskomitees für Menschenrechte, Minderheiten und Religionsfragen –, während einer außerplanmäßigen parlamentarischen Anfrage das Buch »Menschenjagd auf Anweisung« von Valéria Kormos im Parlament vor. Titel und Inhalt des Buches suggerieren bzw. behaupten, dass die Polizeiübergriffe im Herbst 2006 eindeutig auf direkte Anweisung von Gyurcsány erfolgt seien. Nur wenige Tage später nannte Balog bei der Vorstellung desselben Buches im Budapester »Haus des Terrors« die »Opfer der Polizeigewalt« die »heutigen Gulag-Heimkehrer der stalinistischen Diktatur«.

Zurück zum »Sturm auf das Fernsehgebäude«: In den Wochen nach den Ausschreitungen am 18. September 2006 fanden allabendlich Demonstrationen und Protestkundgebungen vor dem Parlamentsgebäude statt, bei denen nicht selten Lynchstimmung herrschte. Von einem Podium im Meer von faschistischen, rot-weiß gestreiften Árpád-Fahnen dröhnte immer wieder bis in die späte Nacht hinein folkloristisch-magyarische Skinheadmusik. In Redebeiträgen wurde permanent antisemitisch gegen sozialistische und liberale Parlamentsabgeordnete gehetzt, außerdem wurden diese beim Betreten oder Verlassen des Parlamentsgebäudes bespuckt. Ihre

Geschichte bis 2010

Namen, Porträts und Daten wurden, ebenso wie die unliebsamer linkslibe-
raler JournalistInnen, im Stil von Fahndungsplakaten an Straßenlaternen
geklebt. Außerdem wurden die Namen von fünfzig vermeintlich jüdischen
»Landesverrätern« – gemeint waren bekannte linksliberale PolitikerInnen
und JournalistInnen – verlesen.

In diesen Tagen hörte man oft den Ruf: »Hier werdet ihr hängen!«
Erst nach einer mehrere Wochen andauernden öffentlichen Debatte darüber, ob diese Art des Protestes vom Recht auf freie Meinungsäußerung
gedeckt sei, gelang es der Polizei, den Platz vor dem Parlament zu räumen.
Dies geschah mit Hinblick auf die offiziellen Feierlichkeiten zum 50. Jahrestag des Aufstands vom 23. Oktober 1956. Etwas weiter entfernt gingen
die Demonstrationen und Krawalle weiter, wobei sogar am 23. Oktober ein
ausgestellter Panzer gestartet wurde und einige hundert Meter an der Seite
der Demonstranten mitfuhr. Mit dem Einbruch der Winterkälte verebbte
langsam diese größte Protest- und Gewaltwelle der ungarischen Nach-
kriegszeit. Doch seitdem kam es immer wieder, an jedem Nationalfeiertag
oder zu symbolträchtigen Ereignissen, zu Krawallen gegen die sozialistische
Regierung.

Bereits in der Nacht vom 18. auf den 19. September war das vom
Fernsehgebäude nur einige hundert Meter entfernt stehende sowjetische
Denkmal angegriffen worden. Das am 1. Mai 1945 eingeweihte Denkmal
mit der Inschrift »Zu Ehren der heldenhaften sowjetischen Befreier« und
dem sowjetischen Wappen als Relief war schon in früheren Jahren nach der
Wende Zielscheibe von Aggressionen geworden. Doch in den Mittelpunkt
der Aufmerksamkeit geriet es mit den Ereignissen von 2006. Der Angriff
auf das Denkmal selbst war etwa ein halbes Jahr später im Internet nachzu-
verfolgen. Eine zusammengeschnittene private Videodokumentation, vermutlich das Werk eines Rechtsextremen, verdeutlicht die Intention:

Im Hintergrund hören wir die »Marseillaise« (Symbol für die Werte
der Französischen Revolution), die den ZuschauerInnen signalisiert, dass
hier »Freiheitskämpfer« am Werk seien. Wir sehen zuerst die Bilder des
Sturms auf das Fernsehgebäude und gleich danach die des Angriffs auf das
sowjetische Denkmal. Dieser war nach der Choreographie inszeniert, die
uns von den Bildern des Aufstands von 1956 bekannt ist, als das sowjetische
Denkmal ebenfalls attackiert worden war. Auch diese Bilder sind als Doku-
mente in den Videofilm hineingeschnitten. Und wie auch 1956 wurde das
sowjetische Wappen mit Eisenstangen abgebrochen. Es gibt also deutliche
ikonographische Parallelen. Im Unterschied zu 1956 wurde jedoch nun das

Wappen »feierlich« zur Donau getragen und, während sie die ungarische Hymne sangen und den rythmischen Ruf »Ria-Ria-Hungaria« schrien, in den Fluss geworfen.

Die mit der Geschichte vertrauten UngarInnen assoziieren in diesem Zusammenhang das Vorgehen der Pfeilkreuzler, der ungarischen FaschistInnen. Nach ihrer Machtübernahme im Oktober 1944 hatten die Pfeilkreuzler Tausende ungarische Juden und Jüdinnen am Ufer der Donau erschossen, so dass ihre Leichen in den Fluss gefallen waren. Vor dem ungarischen Parlament in Budapest wurde deshalb 2005 das Holocaust-Mahnmal »Schuhe am Donauufer« errichtet. Vieles spricht dafür, dass mit dem sowjetischen Wappen symbolisch die »verjudete Regierung« in die Donau geworfen wurde.

Die Angreifer des sowjetischen Denkmals begreifen sich also als »Freiheitskämpfer«, und die »Patrioten« nennen das benachbarte Gebäude des ungarischen Fernsehens »Bastille der Lügen«, aus dem permanent »fremdrassiger Geist« ströme, obwohl sich in ihm auch einige »Vorzeige-Gojims« (das heißt »Nichtjuden«) befänden. Es sei kein Zufall, ist in einem Bericht der »Bewegung Magyarischer Selbstschutz« (MÖM) zu lesen, dass die aufgebrachten Massen 1956 die damalige »Lügenfabrik«, nämlich das Radio, stürmten, 2006 aber gegen das ungarische Fernsehen vorgingen. Und auf diesen Angriff hatte die damals oppositionellen völkischen Parteien und »national gesinnten« bzw. »patriotischen« Medien lange kommunikativ hingearbeitet. Viele Monate vor dem 50. Jahrestag der 1956er Revolution machten sie sich systematisch daran, einen neuen Mythos entstehen zu lassen. Zum einen wurde von den völkischen Parteien permanent kommuniziert, dass die sozial-liberale Regierung der Nachfolger der Kommunisten sei und »das Volk« deshalb noch immer die bolschewistisch-kommunistische Diktatur »der Machthaber« erleiden müsse. Zum anderen wurde die Botschaft ausgegeben, dass 2006 die Wiederholung von 1956 sei bzw. sein solle.

Der Hinweis auf die Revolution von 1956 war damals auch in den Reden Orbáns von strategischer Bedeutung. So hielt er bereits am 23. Oktober 2005, also genau ein Jahr vor den Krawallen, eine Mobilisierungsrede: »Nach einer Weile, wenn das Zeichen kommt, schauen wir uns gegenseitig an, treten auch mit anderen in Blickkontakt ... und merken, in ihren Augen leuchtet der gleiche Glanz. Und dann sagt jemand im Stillen nur zwei Wörter: Es reicht! Es ist genug! Es ist jetzt wirklich genug! Wir haben die Nase von denen voll, die mit uns ihre Spielchen treiben. Sie sollen abziehen, denn das Spiel steht schlecht für Ungarn. ... Und dann brauchen die Massen keinen Dirigenten mehr, sie krempeln kollektiv die Ärmel hoch, und hauen rein. ... Das Zeichen ist da. ... Haltet Euch für den Wechsel bereit!« Ende 2005 sagte Orbán sogar, er und seine Anhänger seien stark genug, auf die Regierung loszugehen, und er rieche bereits den Pulvergeruch in der Luft.

Der Mythos der Inkarnation wurde also lange vor dem Herbst 2006 aufgebaut. Die Realität folgte dann der vorgefertigten Konstruktion, wobei – wie wir sahen – die Realität die Konstruktion in vieler Hinsicht übertraf. Und auch in den Folgejahren fanden immer wieder Demonstrationen und Angriffe statt, in denen das Fernsehgebäude und das sowjetische Denkmal als die Symbole der Unterdrückung durch die »verjudete Regierung« zusammengekoppelt wurden.

Bereits Anfang November 2006 wurde eine nicht mehr spontane, sondern gut organisierte Demonstration vor dem sowjetischen Denkmal abgehalten. In seiner Rede kritisierte der damalige Vize-Vorsitzende der Jobbik, József Tibor Bíber, die Regierung, »deren Taktik gerade von dem stammt, den sie dämonisiert, nämlich von Adolf Hitler«. »Eine Regierung«, rief er außerdem der Menge zu, »die sechzehn Jahre nach der Wende den Ruhm derer lobt, die uns besiegt und belagert haben, hat keinen Platz bei uns.« Die ZuhörerInnen stiegen darauf ein, indem sie »Stasi, Stasi!« skandierten. Und Bíber weiter: »Am Freiheitsplatz muss das Denkmal der magyarischen Freiheit stehen, das Denkmal der Belagerung muss verschwinden!« Dann zitierte er frei aus dem Kommunistischen Manifest: »Ein Gespenst geht wieder um in Europa – das Gespenst der Exkommunisten«, um seine Rede mit dem Ruf zu beenden: »Wo seid Ihr Geisteskiller? Der Geist des Kommunismus muss ausgerottet werden!« Es folgten weitere Demonstrationen, die von antisemitischen Konnotation begleitet wurden. Im Vorfeld einer solchen versuchte etwa ein Teilnehmer, seine Kameraden mit einem Online-Kommentar zu ermuntern, auch daran teilzunehmen. Man müsse deshalb hingehen, bemerkte er, um die »gojische Einheit in diesem judeochristlichen, jüdisch-zigeunerischen Ungarn« aufzuzeigen.

Mitte September 2008 kam es erneut zu einem gewalttätigen Angriff, bei dem Schuhe und Molotowcocktails gegen das Denkmal flogen, das indessen mit Absperrungen umgeben wurde, um es gegen die alltägliche Aggression zu schützen. Da auch das Parlamentsgebäude in dieser Zeit bei größeren nationalen Festtagen immer wieder abgesperrt wurde, wurde in den »national gesinnten« und »patriotischen« Medien die Meinung vertreten, das Volk könne die Nationalfeiertage »praktisch nicht mehr frei feiern«. Mit solchen und ähnlichen Aussagen wurde suggeriert, »das Volk« lebe, wie 1956, auch heute in einer Diktatur, nämlich in der Diktatur der »Postkommunisten«, die ähnlich bolschewistisch agierten wie damals.

Gulag gleich Auschwitz: Völkische Geschichtsrelativierung und ungarischer Revisionismus

Bereits Anfang 2008 war ein Film in die Kinos gekommen, der auch in einigen »national gesinnten« Fernsehsendern gezeigt wurde und in dem all die bisher beschriebenen Elemente zu finden sind. Es handelt sich dabei um eine Art Hommage an die »Grande Dame« des Fidesz, die rechtsextremen Gruppen nahe stehende Mária Wittner. Sie war einst wegen ihrer Teilnahme an der Revolution von 1956 zuerst zu Tode, dann zu lebenslänglicher Haft verurteilt worden und kam Ende der 1960er Jahre, nach dreizehn Jahren Haft, frei. In der Anfangsszene sehen wir Wittner in einer Archivaufnahme aus dem Jahre 2001, wie sie anlässlich des ersten, 2001 eingeführten »Gedenktages für die kommunistischen Opfer« als Gastrednerin im ungarischen Parlament spricht:

»Ich rufe die Opfer – die Lebenden und die Toten – auf, dass wir gemeinsam unsere in sozialistischem Gewand erscheinenden Henker anklagen. ... Ich klage sie an, weil sie das Land ausraubten und weil sie mit Hilfe der Arbeit des fleißigen magyarischen Volkes – ihre Prinzipien über Bord werfend – jetzt zu roten Kapitalisten wurden. ... Im Namen der Opfer stelle ich deshalb fest: Nie werden sie fähig sein, als ungarische Politiker im Interesse und zum Wohle der Nation zu handeln. An dieser Stelle frage ich Sie: Nach was für einer Moral sitzen sie auch heute noch im Parlament und schaffen Gesetze für eine durch sie zugrunde gerichtete, ausgeraubte und erniedrigte Nation? Im Namen der Lehre der Heiligen Ungarischen Krone und im Namen der ungarischen Nation erkläre ich sie zu moralischen Leichen.«

Zu dieser Zeit war gerade die erste Regierung Orbán an der Macht. Es war die Zeit, als auch die Konzeption zum »Haus des Terrors« entstand, das im Februar 2002 eröffnet wurde. Deshalb ist es kein Zufall, dass auch ein weiterer Festredner zum Gedenktag im Film gezeigt wird. Es ist der Vizepräsident des »Komitees für historische Gerechtigkeit«, der schon erwähnte Balázs-Piri. Der pharmazeutische Techniker gilt als Ideengeber für das »Haus des Terrors«, das sich unter anderem mit der kommunistischen Herrschaft in Ungarn befasst, und ist zugleich Präsident im Aufsichtskuratorium der »Stiftung für die Erforschung der Geschichte und der Gesellschaft Mittel- und Osteuropas«, die die Einrichtung unterhält. In dem Film spricht Balázs-Piri über die ehemaligen Mitglieder der sozialistischen Jugendorganisation KISZ, die »als Erben ihrer Meister« die heutigen »Schlüsselpositionen antraten« und mit neuen Losungen nach neuen Verbündeten suchten. Diesen attestiert er dabei – wie oben erwähnt – »eine besondere Physiognomie« und bezeichnet sie als »Bazillenträger der Diktatur«.

Dann sehen und hören wir wieder Wittner, die vor der im Parlament ausgestellten »Heiligen Krone«, der Krone des einstigen Königreichs Ungarn aus dem 11. Jahrhundert, steht: »Was meine Situation erleichtert, ist, dass in diesem Haus die Heilige Ungarische Krone aufbewahrt wird. Wenn die im Sitzungssaal für mich unerträglich werden, dann komme ich hinaus ..., bete zu ihr und bitte sie um Hilfe. Denn die Ungarische Heilige Krone ist hier im ungarischen Parlament eine Persönlichkeit. Das Parlament ist sowieso nur deshalb da, damit wir *denen* vorspielen, dass es in Ungarn ein Mehrparteiensystem gibt. ... Ich habe seit 1990 oft daran gedacht, dass wir hier in einem ausgeraubten Land leben, und fragte mich, wer dieses Land ausraubte. Das waren *die. Die* haben alles verstaatlicht, und damit zuerst das Land ausgeraubt und jetzt tun *die* das Gleiche, nur unter dem Stichwort der Privatisierung. *Die* sind reich geworden, weil *die* dem Volk alles genommen haben, was sich das Volk in den vierzig Jahren zusammenverdient hat. *Die* lebten wie Parasiten im Körper der Nation aus dem, was *die* verstaatlicht hatten. Danach kam die sogenannte Wende, und die, die sich inzwischen mit diesen Methoden auskannten, *die* sind heute die Milliardäre geworden. Ebenso, wie János Kádár ein Verräter war, so ist auch Ferenc Gyurcsány ein Verräter. Darin sind *die* einander gleich«.

Gegen Ende des Filmes wird ein Gedicht aus einer im Jahre 2000 entstandenen Rockoper zitiert: »Was war 1956 mein Freund? Vergangenheit? Ein Volk, das starb? ... Hast Du vergessen, was wir taten? ... Wir haben uns die Freiheit erkämpft, ... den roten Stern heruntergerissen, das Denkmal [gemeint ist das Stalin-Denkmal; M.M.] gekippt ... Damals dachtest du tatsächlich, ... dass die Freiheit kommt und dir deine Zukunft wiedergegeben wird [...]. Dachtest du tatsächlich, kleiner Magyare, dass dir die Großen verzeihen können? Du hast nicht viel verlangt, nur dein Leben und hofftest, dass *sie* als Gegenleistung wenigstens dein vergossenes Blut anrechnen werden. Blut – Ritual – Mord ... Doch dein Kopf wurde erneut in den Boden gestampft. Das war der Preis für die schönen Tage ... Was war dein Leben? Umsonst die Frage ... Du kannst stolz sein, wenn du eine kleine Kokarde im Knopfloch der Welt bleibst.«

In diesen Zitaten wimmelt es von antisemitischen Stereotypen. So fällt einem vor allem die Dichotomisierung zwischen »wir« – im Sinne des kleinen, fleißigen, arbeitenden Volkes – und »die« – also »denen da oben«, den ausbeuterischen Machthabern – auf. Das Volk (»wir«) wird dabei nicht als eine entscheidungsfähige Instanz aufgefasst, sondern wie eine machtlos im Käfig zappelnde, die das Joch der »neuen Diktatur« abschütteln will. Die alte und die alt-neue Diktatur belaste nun das magyarische Volk seit vielen Jahrzehnten, wobei auch die »sogenannte Wende« keine Abhilfe geschaffen habe. Der Ausdruck »sogenannte Wende« beherrscht in Ungarn tatsächlich die Rhetorik der völkisch Denkenden. In der gespaltenen Gesellschaft Ungarns reicht es vollkommen aus, diesen Begriff zu nennen, um zu signalisieren, auf welcher Seite man steht.

Die Wende sei deshalb nicht richtig gewesen – so die Auffassung der Völkischen –, weil die damaligen »Machthaber« die gleichen geblieben seien, nur heiße das, was sie dann taten, nicht mehr »Verstaatlichung«, sondern »Privatisierung«. Aber das sei praktisch dasselbe, weil sie alles sowieso nur »für sich privatisierten«. Die neuen Herren seien also die gleichen Kommunisten, selbst dann, wenn sie sich Kapitalisten nennen. Eben Kapitalisten im roten Gewand, die gegen das Wohl der Nation handelten, weil sie den Interessen des globalen Kapitals folgten. Der Hinweis darauf, dass sie nach der Taktik Hitlers vorgingen, bedeutet letztlich, sie seien zugleich faschistisch.

Im Urteil der völkisch Denkenden sind die Sozial-Liberalen allesamt Verräter, die man sogar an ihrer Physiognomie erkennen könne. Und der Ausdruck »Bazillenträger« beinhaltet implizit, dass man sich von ihnen wie von einer Krankheit befreien solle. Das heißt, man soll sie bekämpfen, entfernen, ja ausrotten. Das, was vor einigen Jahren in den Reden nur unterschwellig enthalten war, wird heute direkt ausgesprochen, etwa wenn die Sozialisten als »entartet« charakterisiert und mit »auszurottendem Unkraut« verglichen werden. Diese Begrifflichkeit bedeutet die Vorwegnahme des realen Mordes als geistige Vision. Darauf deutet auch die zunehmende hygienistische Rhetorik der Völkischen hin.

In dem Film, der nach den von der Regierung Orbán 2011 erlassenen bildungspolitischen Richtlinien bald in den Schulen als Lehrmaterial verbreitet werden soll, wird auch die alte antijudaistische Vorstellung vom Ritualmord aufgegriffen und suggeriert, dass das christlich-magyarische Volk 1956 sein Blut für den »jüdischen« Kommunismus geopfert habe. Wie präsent heutzutage in Ungarn die Ritualmordlegende im Zusammenhang mit der sozialistischen Regierung oder auch mit der als »imperiale« Groß-macht geltenden EU ist, zeigt der Titel eines Artikels der Fidesz-nahen Tageszeitung *Magyar Nemzet* vom September 2008: »Die Gestalter des Imperium Europae. Blutritualmord am Nationalstaat: Der Versuch, eine Superregierung in Brüssel zustande zu bringen«.

Es sollte daher nicht verwundern, dass der Hass gegen die »Kommu-nisten« und die »Liberalen«, der die gesamte völkische Kommunikation beherrscht, sich in den letzten Jahren immer wieder auch in konkreten Anschlägen gegen sozialistische und liberale PolitikerInnen geäußert hat. Denn in dieser Denkweise wird die Lösung des Problems darin gesehen, dass »Freiheitskämpfer«, die unter dem Schutz der »Heiligen Ungari-schen Krone« gegen die »gojische Einheit« demonstrieren, das Joch auch in der Tat abschütteln müssen.

Wenn man nach dieser Darstellung noch immer meinen könnte, dass allein die berüchtigte »Lügenrede« Gyurcsánys und die »chaotische Miss-wirtschaft« der Sozial-Liberalen zum Sieg der Völkischen 2010 geführt hätten, dann soll ein weiteres Beispiel der völkisch-antisemitischen Insi-nuierung gegen den konstruierten »Feind der Nation« angeführt werden. Gerade anhand der Konzeption der ständigen Ausstellung im »Haus des Terrors« lässt sich exemplarisch die Täter-Opfer-Umkehr in der Kommu-nikation der Völkischen belegen, die als sozialpsychologische Grundlage der nationalen Inkarnation diente. Die Konzeption des inzwischen europa-weit bekannten Museums kommuniziert ebenfalls den oben beschriebenen antikommunistischen und antiliberalen Antisemitismus sowie jene ungari-sche Erinnerungsnarative, die auf eine Schuldabwehr abzielt.

Das Haus des Terrors wurde 2002 mit dem Anspruch eröffnet, den Besuchern sowohl die nationalsozialistische als auch die kommunistische Diktatur durch eine interaktive Vermittlung aufzuzeigen. Die Konzeption der Ausstellung ist jedoch so aufgebaut, dass in ihr das ungarische Volk als hilfloses und unschuldiges Opfer »fremder Mächte« dargestellt wird. Die Täter seien demnach nicht oder kaum im eigenen Volk zu suchen, sondern vor allem bei den »Fremden« oder den »inneren Fremden«, nämlich den »Kollaborateuren der Fremden« im eigenen Land. Das sind einerseits die ungarischen »Faschisten« oder »Nazis«. Diese Begriffe gehören heute in Ungarn zu den schlimmsten Schimpfwörtern überhaupt, obwohl viele mit der Bezeichnung als »nationaler Sozialist« oder als »national und sozial« durchaus einverstanden sind. Andererseits sind die Täter eben die »Bolschewisten« bzw. »Kommunisten« – Begriffe, die ebenfalls zu den gängigen Schimpfwörtern in Ungarn gehören.

Dem Mechanismus der Verdrängung entsprechend, beginnt die in der Ausstellung gezeigte Geschichte exakt erst ab Oktober 1944, also mit dem Putsch und der Machtübernahme durch die Pfeilkreuzler, die ungarischen Nazis. Nicht einmal erwähnt wird der gesellschaftliche Prozess der beiden vorausgegangenen Jahrzehnte unter dem christlich-nationalen Reichsverweser Miklós Horthy (1920-44). Dabei war es die Ära Horthy, in der die besondere antisemitische und völkische Atmosphäre enstand – unter anderem wurden die Judengesetze verabschiedet –, die den Pfeilkreuzlern der Weg zur Herrschaft in Ungarn ebnete.

Über die Zeit zwischen den beiden Weltkriegen steht im Begleitmaterial lediglich so viel, dass Ungarn nach dem verlorenen Ersten Weltkrieg mit dem Vertrag von Trianon (1920) von den Siegermächten um zwei Drittel seines Territoriums »gebracht« wurde. Infolge der Revolution nach dem Ersten Weltkrieg und des darauf folgenden »bolschewistischen Putsches« sei das Land in eine »hoffnungslose Lage« geraten. Hier entsteht also der Eindruck, als ob der »bolschewistische Putsch« die Ursache des langen und mörderischen Prozesses bis zum Holocaust sei. Weiter steht geschrieben, dass das politisch isolierte und militärisch entwaffnete Land »umgeben von feindlichen Ländern« gewesen sei. Es sei »zum kleinsten und schwächsten Land Mitteleuropas geworden« und habe »in den Mittelpunkt seiner Politik fortan den Kampf um die territoriale Revision und die Wiederherstellung des historischen Ungarns mit friedlichen Mitteln« gestellt. Ab den 1930er Jahren sei dann Ungarn ins Kreuzfeuer der immer aggressiveren Politik Nazi-Deutschlands einerseits und der erstarkenden Sowjetunion andererseits geraten.

Mit der nötigen Selbstreflexion und einem Anspruch auf historische Genauigkeit ausgestattet, hätte das Begleitmaterial eher folgendermaßen formuliert sein müssen: Nach dem Friedensvertrag von Trianon wurde die Revision der Grenzen von 1914 mehr und mehr die wichtigste Frage der Politik, der Kultur und des alltäglichen Lebens in Ungarn. Der Revanchismus wurde auf diese Weise zur Leitideologie des ungarischen Nationalsozialismus. Mit der Konzeption der Verteidigung der »reinrassigen Kultur« verstärkte sich der Antisemitismus in der politischen Kultur Ungarns. Dies ermöglichte im Sommer 1944 jene destruktive Dynamik, die in kurzer Zeit zur Deportation von beinahe einer halben Million ungarischer Juden und Jüdinnen führte und mit der bürokratischen Konsequenz und Gründlichkeit der deutschen Nazis vergleichbar ist.

In der Ausstellung findet man zahlreiche konkrete Aussagen, die historisch nicht haltbar sind und leicht zu widerlegen sind. Um ihre strukturell antisemitische Konzeption zu erfassen, ist es jedoch wichtiger, die Insinuierungen in Worte zu fassen, aus denen der Großteil der Ausstellung besteht und die die vorherrschende Erinnerungsnarrative in Ungarn widerspiegeln. Eine zentrale insinuierte Aussage ist zum Beispiel die, dass Ungarn bis zur quasi schlagartigen Belagerung durch Hitler-Deutschland ein demokratisches Land gewesen sei. Im Begleitmaterial steht dazu: »Bis zur Belagerung durch die Nazis im Jahre 1944 stand an der Spitze Ungarns eine durch Wahlen legitimierte Regierung und ein Parlament, und es waren oppositionelle Parteien tätig, deren Abgeordnete im Parlament vertreten waren. Trotz der kriegsbedingten Einschränkungen war die Pressefreiheit gewährleistet. Die ungarischen Bürger lebten besser und freier als ihre Nachbarn. Nach dem 19. März [Besetzung Ungarns durch Deutschland; M.M.] bekam aber das Land einen Vorgeschmack dessen, was passiert wäre, hätten die Nazis gewonnen.«

In dieser Passage ist vor allem wichtig, was verschwiegen wird, nämlich die bereits erwähnten innergesellschaftlichen Strukturen als Voraussetzung für den Holocaust. Hier wird der eindeutige Versuch unternommen, die Zeit zwischen den beiden Weltkriegen, die Horthy-Ära, zu rehabilitieren und »reinzuwaschen«, was notwendigerweise voraussetzt, dass man sich auch vom Holocaust säubert. Genau diese Bestrebung wird aus der weiteren Konzeption des Hauses ersichtlich. Sie suggeriert nämlich die Gleichrangigkeit des Nazi- und des kommunistischen Regimes, was nicht nur die Parallelisierung von Gulag und Auschwitz, sondern gleichzeitig auch die moralische Relativierung des Holocausts bedeutet.

Den Eindruck, dass jene Gleichsetzung bewusst inszeniert ist, empfindet man bereits vor dem Eingang des Hauses. In der breiten, schwarz gestrichenen »Granitklinge«, die als hauchdünn erscheinende Verlängerung des Dachsimses wie ein Passepartout hinausragt, steht in Spiegelschrift: »TERROR«. Und daneben sind, links und rechts, zwei gleich große Machtsymbole eingestanzt: das Pfeilkreuz und ein fünfzackiger Stern. Am Eingang wird dann der Besucher durch zwei gleich große und zueinander symmetrisch stehende Granitblöcke empfangen, die – einer rot, einer schwarz – zum Gedenken an die Nazis und die kommunistische Diktatur aufgestellt wurden.

Die Parallelisierung von Gulag und Auschwitz und die damit einhergehende Relativierung des Holocausts wird von der Wissenschaft »sekundärer Antisemitismus« genannt. Dieser bleibt allerdings, so die Antisemitismustheorien, nicht bei solchen moralischen Verkrümmungen stehen. Denn aus dem Motiv der Erinnerungsabwehr heraus entsteht zumeist eine neue »Judenfeindschaft«. In dieser Logik werden die Juden von unschuldigen Opfern zu schuldigen Tätern bzw. das »eigene« Volk zum Opfer jüdischer Täter stilisiert. Täter und Opfer sind also erneut verkehrt. Auch diese Sichtweise kommt im »Haus des Terrors« zum Ausdruck. Denn die symbolische Gleichwertigkeit von Gulag und Auschwitz wird in der Ausstellung dann doch nicht durchgehalten, stehen den zwei Räumen, die sich mit der Nazi-Zeit befassen, doch 21 Räume gegenüber, die der Zeit des Kommunismus gewidmet sind.

Der letzte Raum, der unter dem Schlagwort »Abschied« firmiert, zeigt schließlich den Abzug der sowjetischen Truppen aus Ungarn, so dass man den Eindruck bekommt, der Terror hätte bis fast in die Gegenwart gedauert. Verschwiegen werden jedoch reformkommunistische Bestrebungen und die damals illegale »demokratische Opposition«, aus der der liberale SZDSZ erwuchs. Zudem werden verschiedene Ebenen miteinander vermischt, so dass nicht klar ist, ob es in der Ausstellung um den kommunistischen Terror, um die Geschichte des Staatssicherheitsdienstes (AVH/AVO), um die kommunistische Diktatur als politisches System oder aber allgemein um die ungarische Geschichte nach 1945 geht.

Die Kuratoren scheinen die ohne Zweifel zusammenhängenden, aber dennoch verschiedenen Interpretationsebenen bewusst miteinander vermischt zu haben, um die pauschale Aussage treffen zu können: »Kommunismus ist gleich Terror«. Das »Haus des Terrors« ist somit das »Haus des kommunistischen Terrors«. Und die Philosophie der Ausstellung ist die Sicht der Opfer des Kommunismus, da ja die Opfer und Täter der Nazi-Zeit beinahe gänzlich ausgeklammert bleiben. Dem Betrachter wird so die Aussage insinuiert, dass beim Unglück des Landes der bolschewistisch-kommunistische Terror eine größere Rolle gespielt habe als der Nationalsozialismus und der Holocaust.

Ein weiteres Problem ist, dass ja etliche der »kommunistischen Täter« noch am Leben sind, so dass es schnell in eine tagespolitische Hetze abgleiten kann, wenn die Bilder nicht sachlich und historisch richtig eingeordnet gezeigt werden. Und genau dies passiert im »Haus des Terrors«, wie der Historiker Krisztian Ungváry nachgewiesen hat. So sind etwa zwei auf einem Tableau gezeigte Stasi-Mitarbeiter die Väter zweier liberaler Politiker, die – entgegen der väterlichen Tradition – im Realsozialismus in der »demokratischen Opposition«, zum Teil sogar im Untergrund, tätig waren. Durch die unreflektierte, kommentarlose Darstellung der Väter wird indirekt zum Hass gegen jene Politiker mobilisiert. Zugleich wird damit der für den ungarischen Diskurs typische »antiliberale Antisemitismus« gefördert, zumal die liberale Partei (SZDSZ) im Alltag ohnehin oft »die Judenpartei« genannt wird.

Der Raum mit dem Tableau der ungarischen Stasi-Mitglieder stellt daher im Bezug auf antisemitische Insinuierungen einen, wenn nicht *den* Höhepunkt der ständigen Ausstellung dar. Nimmt man in einer Gruppe ungarischer BesucherInnen an einer Führung teil, flüstern einige von ihnen spätestens in diesem Raum so etwas wie »dreckige Juden«. Sie meinen damit die Sozialisten und Liberalen bzw. stellvertretend das Denken in sozial-liberalen Kategorien. Zusammenfassend kann also festgehalten werden, dass die Wirkung des »Hauses des Terrors« eine Mobilisierung gegen die »verjudeten Sozialisten« und gegen die »verjudeten Liberalen« ist.

Dieser Prozess, bei dem die Täterschaft auf die heutigen Sozialisten und Liberalen (sprich: »Juden«) verlagert wird, kann als »Tätertransfer« bezeichnet werden. So wie die Übertragung des Statuses der Holocaustopfer auf das Magyarentum »Opfertransfer« genannt werden kann. Auch solche Transfermechanismen sind in der Ikonografie der Ausstellung erkennbar.

An erster Stelle sei das bekannte Motiv des Viehwagons genannt, das inzwischen sinnbildlich für Auschwitz und damit für den Holocaust steht. Der Genozid an den Juden und Jüdinnen ist zu einer globalen Metapher für das Böse geworden, und die traumatisierenden Bilder des Holocausts haben sich inzwischen auch verselbständigt. Sie sind Einzelelemente einer »Ikonographie des Holocausts« und werden universell verstanden. Ein solches, universell verstandenes Motiv ist das des Zuges. In der Ausstellung wurde dieses transferiert und für den Gulag übernommen: Einer der Ausstellungsräume, der sogenannte Gulag-Raum, ist so gestaltet, als würde sich der Besucher in einem Viehwagon befinden. Der Raum ist dunkel gehalten, das Licht dringt nur durch Schlitze hindurch. Außerdem sind an den Seitenwänden Monitore wie Fenster eingebaut, und in bestimmten Abständen fängt der Viehwagon an, zu »fahren«, was durch vorbeiziehende Landschaften auf den Monitoren inszeniert wird.

Ebenso transferiert wurde das berühmte Motiv vom »Eingang ins Konzentrationslager«. Im »Haus des Terrors« steht es nun für den Eintritt in das Gulag. Und auch das von den Holocaust Memorial Centers bekannte Motiv von der »Gedenkwand der Opfer«, auf der die Namen von Holocaust-Opfern aufgezählt sind, wurde übernommen und im »Raum der Tränen« verwirklicht.

Wenn wir uns nun die Personen anschauen, die für die Konzeption der Ausstellung verantwortlich sind, dann sehen wir uns in unserem Verdacht der Relativierung bestätigt. So ist die Direktorin des Museums die Historikerin Maria Schmidt. Sie war in der Zeit der ersten Regierung Orbán erste Beraterin des Ministerpräsidenten und relativierte schon damals den Holocaust. 1999 schrieb sie zum Beispiel:

»Im Zweiten Weltkrieg ging es nicht um das Judentum, um den Völkermord. So leid es uns auch tut: Der Holocaust, die Ausrottung oder Rettung des Judentums, war ein nebensächlicher, sozusagen marginaler Gesichtspunkt, der bei keinem der Gegner das Kriegsziel war. ... Es muss auch festgehalten werden, dass die Alliierten Nazi-Deutschland auf keinen Fall deshalb den Krieg erklärt hatten, um die geplante völkermörderische Politik gegen die Juden zu verhindern. Sie hatten weder vor, die Vertriebenen aufzunehmen, noch sie zu schützen. Daher ist für sie nichts Außergewöhnliches, mit anderen Worten Unikates, passiert. In unserem Jahrhundert ... ist ja eine ganze Reihe von Massenmorden und Genoziden passiert, wobei diese von der Außenwelt mit oder ohne Anteilnahme, aber bewusst wahrgenommen wurden. Ebenso wusste die Welt – jedenfalls die Interessierten oder die Betroffenen –, was seit der bolschewistischen Revolution in dem die Neue Welt verheißenden sozialistischen Russland ... passierte. Die kommunistischen Regime haben im Interesse der Festigung ihrer Herrschaft die Massenmorde zur wirklichen Regierungsmethode erhoben.«

Wissenschaftlicher Direktor des »Instituts für das 21. Jahrhundert«, welches das »Haus des Terrors« unterhält, ist wiederum Tamás Fricz. Der Politologe spricht immer wieder von einem »Antimagyarismus« in Ungarn, so etwa Anfang 2009, nachdem ein Roma-Vater und sein kleiner Sohn bei einem rassistischen Anschlag ermordet worden waren. Eines der Mitglieder im Aufsichtsrat der das Museum betreibenden Stiftung ist der bereits erwähnte Superminister Balog, dessen etwas verqueere Meinung es ist, dass die Menschenrechte nicht nur für die Minderheiten gelten sollten, sondern auch für die Mehrheit – als würde diese von den Minderheiten ausgebootet werden.

Dass zudem das »Haus des Terrors« im Kleinen den fließenden Übergang zwischen Fidesz-KDNP und der äußersten extremen Rechten in der

Gesellschaft widerspiegelt, zeigt das Beispiel des Kuratoriumsmitglieds Laszló Tóth Gy. Der Politologe war bis 2009 Vorsitzender im Redaktions-komitee der Jobbik-Internetzeitung *Barikád*. Tóth Gy. hetzte bisher gegen alles, was »links« ist. Er führte über einen längeren Zeitraum hinweg eine Gesprächssendung im Fidesz-nahen *Echo TV*. Dort sagte er im Dezember 2009, er sei ein »Weisser, ein Magyare, ein Christ und ein Europäer«, und es sei für diejenigen, denen in Ungarn etwas nicht gefällt, nicht verpflich-tend, im Land zu bleiben. Die Muslime dürften gerne abhauen, die »zio-nistischen Juden könnten nach Israel ziehen« und die »Mormonen in die USA«.

Man kann also festhalten, dass in den Jahren vor dem völkischen Wahl-triumph das Schlüsselelement in der Konzeption des »Hauses des Terrors« wie auch im gesamtgesellschaftlichen Diskurs eine Täter-Opfer-Umkehr war. Und diese ging einher mit einem »antikommunistischen« und »an-tiliberalen« Antisemitismus, der antisemitisch konnotierten Hetze gegen »Komis« und »Libschies« also, wie sie in der rechten Alltagssprache ge-nannt werden. Insbesondere die weitverbreitete Täter-Opfer-Umkehr be-stärkte die »wahren Magyaren« in ihrer Position, das ungarische Volk sei von »vaterlandslosen Verrätern« und »Fremden« (sprich: »Juden«) un-terdrückt. Durch diese Anklage legitimierte sich eine als notwendig emp-fundene Gegenwehr, die »uns« quasi aus der »Judenknechtschaft« be-freien soll. Diese »Befreiung« erlebte Ungarn mit den Parlamentswahlen 2010. Die versuchte Abrechnung der neuen Regierung mit den »Tätern« war deren logische Konsequenz.

Zwei Farben Braun: Der völkische Mainstream und das Verhältnis zwischen Fidesz und Jobbik

Wenn in den bisherigen Ausführungen nicht immer klar zwischen dem Fi-desz und seiner Satelittenpartei KDNP auf der einen und der faschistischen Jobbik auf der anderen Seite unterschieden wurde, dann geschah dies nicht zufällig. Denn zwischen diesen Parteien kann eine besondere ideologische Nähe festgestellt werden. Dies gilt es im Folgenden darzustellen.

Zuvor muss jedoch erwähnt werden, dass das völkische Denken in Un-garn nicht nur beim Fidesz und der Jobbik beobachtet werden kann. Und selbstverständlich gibt es innerhalb des völkischen Denkens auch verschie-dene ideologische Abstufungen. So kommt bei den SozialistInnen und den

Grünen das Völkische eher in Form einer oberflächlichen Kapitalismuskritik und der Abneigung gegen das »internationale Großkapital« zum Ausdruck, während beim Fidesz wie auch der Jobbik ein »revolutionärer Nationalismus« zu beobachten ist, bei dem ständig von der »Erneuerung und Wiedergeburt der Nation« gesprochen wird. Nach dieser Vorstellung soll in Ungarn eine gesunde, organisch gewachsene Gemeinschaft entstehen, die nicht nur von der Kultur, sondern auch von der gemeinsamen, blutsmäßigen Abstammung zusammengehalten wird. Bei der neu gegründeten DK unter Vorsitz Gyurcsánys ist zwar immerhin eine Abrenzung gegen das völkische Denken zu beobachten, diese blieb bisher jedoch eher intuitiv und wurde ideologisch nicht klar deklariert.

Die besondere ideologische Nähe zwischen Fidesz und Jobbik ist ganz augenfällig. Beide Parteien denken – da sind sie klar revanchistisch – in den Kategorien von Großungarn. Sie träumen dabei von der Erschaffung eines »wirtschaftlichen Lebensraums im Karpatenbecken« – diese Bezeichnung wurde von Orbán während seiner ersten Regierungszeit geprägt – und haben als politisches Ziel, den »Auslandsungarn« zumindest zur Autonomie zu verhelfen. Auch die Tendenz zur Sakralisierung der Nation ist bei Fidesz und Jobbik viel stärker ausgeprägt als bei anderen Parteien, und ihr politisches Leben und Handeln besonders von Symboliken durchdrungen. In ihrem organischen Nationalismus haben Personen oder Gruppen, die mit physischer oder moralischer Dekadenz, mit Kosmopolitismus oder aber mit »Entartung« assoziiert werden, keinen Platz. Das betrifft beispielsweise die Roma, aber auch die Armen und Obdachlosen, und ebenso die als »fremdbestimmt« angesehenen Sozialisten und Liberalen. Genau genommen handelt es sich hierbei um Merkmale einer Kultur des »Faschismus in Reinform« – so wie er vom Faschismusforscher Roger Griffin definiert wurde.

Im Januar 2009 war ein Artikel von Attila Buják in der Wochenzeitung *168 Óra* veröffentlich worden, in dem behauptet wird, der Fidesz sei an der Entstehung der Jobbik maßgeblich beteiligt gewesen. Demnach soll nach dem Wahlsieg der SozialistInnen und Liberalen 2002 der Kanzleramtsminister der vormaligen Fidesz-Regierung, István Stumpf, den Wunsch geäußert haben, eine radikalere Partei rechts vom Fidesz zu gründen, die sich Meinungen erlauben kann, die seriösen Parteien in Europa nicht gestattet sind. Sie sollte praktisch alles zur Sprache bringen, was bisher als Tabu galt, ohne der Mutterpartei zu schaden. Tatsächlich gründete Orbán damals als Oppositionsführer sogenannte Bürgerkreise, die er als außerparlamentarische Bewegung deklarierte. Die damit einhergehende revolutionäre Rhetorik ähnelte offenbar gewollt an die der APO-Bewegung während der 68er-Kulturrevolution in Westeuropa.

Während die 68er-Bewegung jedoch – so Orbán – eine »Gegenrevolution« gewesen sei, wie er 2007 in einer Rede meinte, stünde seine neue Bewegung für eine konservative Wende. Der ideologische Überbau zu diesem Gedanken wurde dann von dem Philosophen Kristof Nyíri geprägt, der 2011 in einem Fernsehinterview auch von einer »konservativen Revolution« sprach. Dabei griff er den deutschen Begriff des »gesunkenen Kulturguts« auf, dessen Ursprung auf die Zeit der Weimarer Republik zurückgeführt werden kann, und meinte, dass »die konservative Gesellschaftsphilosophie auf einer meritokratischen und nicht auf einer demokratischen Grundlage« stünde. Er fügte noch hinzu, dass die »Demokratie oft ein hervorragendes Mittel« sei, um »die Meritokratie zu verwirklichen, aber nur ein Mittel und nicht immer das richtige«.

In den von ihm geleiteten Bürgerkreis »Bund für die Nation« (*Szövetség a nemzetért*) lud Orbán Anfang 2003 auch den Anführer der seit 1999 bestehenden Jugendorganisation »Gemeinschaft rechtsgesinnter Jugendlicher« (*Jobboldali Ifjúsági Közösség*) ein. Dabei handelte es sich um den heutigen Jobbik-Vorsitzenden Gábor Vona. Dieser war damals Student an der renommierten ELTE-Universität in Budapest und Mitglied der dortigen christlich-studentischen Vereinigung. Zu diesem Zeitpunkt hatte er bereits viele Studierende um sich gruppiert. Orbán kann durchaus als Ziehvater von Vona bezeichnet werden.

Die Jobbik wurde dann am 23. Oktober 2003 – also an einem Jahrestag des »Ungarischen Volksaufstands« – unter dem Namen »Bewegung für ein besseres/rechteres Ungarn« (*Jobbik Magyarországért Mozgalom*) gegründet. Der junge Parteichef Vona, geboren 1978, und die Mitglieder stammen zu einem großen Teil aus Kreisen der jungen Intelligenz. An Hochschulen, vor allem an der ELTE-Universität, hat die Partei viele AnhängerInnen. Die Jobbik spricht offen an, was viele denken und richtet sich gegen vieles, gegen das auch die »national gesinnten« Medien und ein Großteil der Fidesz-KDNP-Politiker schon seit Jahren hetzen. Die Jobbik gilt als eine neue revolutionäre Generation, die endlich mal umsetzt, was ihnen ihre Väter eingebläut haben.

2006 nahm die Jobbik aktiv an den Herbst-Demonstrationen vor dem Parlament gegen die Regierung Gyurcsány teil. Die völkischen Kräfte, darunter die Jobbik, bezeichneten damals – und sie tun es auch heute noch –

den damit im Zusammenhang stehenden harten Polizeieinsatz als gezielten Angriff einer »illegitimen Lügenregierung«, ja als »Menschenjagd«. Es ist bezeichnend für die Rolle der völkischen Kräfte bei den Herbst-Ereignissen, dass der Fidesz-nahe Sender *Hír TV* die Krawalle als »Revolution« bezeichnete, während der damaligen Regierung immer wieder unterstellt wurde, die Polizeiübergriffe angewiesen zu haben.

Es gibt allerdings Vermutungen, dass die Angriffe mit Molotowcocktails auf das öffentlich-rechtliche Fernsehen, das zum Teil ausgebrannt ist und aus dem die Journalisten vor der antisemitischen Lynchstimmung über den Hintereingang fliehen mussten, vom Fidesz selbst angeleitet worden sind. Vor allem in Dokumenten, die im Zusammenhang mit den bekannten Wikileaks-Enthüllungen über Ungarn ans Tageslicht gekommen sind, gibt es deutliche Hinweise darauf, dass der Fidesz eine Rolle bei der Wahl des Demonstrationsortes spielte und in ständigem Kontakt mit den gewalttätigen Demonstranten stand. Ein Artikel des *Spiegel* zitiert aus einer der geheimen Verschlusssachen der US-Botschaft in Budapest, in dem die Verbindungen des Fidesz zu »gewalttätigen Demonstranten« angesprochen werden: »So sehr wir auch Viktor Orbán bei einem kürzlichen Botschaftstreffen von seiner besten Seite sehen konnten, diese Eskapade ... zeigt, dass er immer noch dazu neigt, mit dem Feuer zu spielen.«

Wie bereits beschrieben, kann man bereits vor den Herbst-Ausschreitungen in der Kommunikation Orbáns und des Fidesz deutliche Hinweise darauf finden, dass der Jahrestag des »Ungarischen Volksaufstands« für eine Art Befreiungsschlag gegen das »kommunistische Joch der Nachwendezeit« genutzt werden sollte. Dass der Fidesz dabei auch offene Gewalt in Kauf zu nehmen bereit war, beweist eine erst Mitte August 2011 bekannt gewordene Videosequenz, die zeigt, wie das Fidesz-Mitglied Maria Stadler den zwischenzeitlich inhaftierten und mittlerweile amnestierten Anführer der Krawalle, György Budaházy, quasi zur Ermordung des damaligen Ministerpräsidenten anstachelt: »Wenn Sie radikal genug wären, würden Sie diesen verdammten Gyurcsány abknallen«. Insofern steht der Fidesz der Jobbik auch in Sachen militanter Kommunikation nicht unbedingt nach.

Genauso gibt es bei den politischen Zielen zwischen dem Fidesz und der Jobbik Ähnlichkeiten. Beide Parteien meinen, dass in Ungarn mit der Besetzung durch Deutschland im Jahre 1944 die Rechtskontinuität unterbrochen worden sei, weshalb seitdem eine verfassungsmäßige Krise bestanden habe. Mit dem Rückbezug auf die Zeit vor 1944 wäscht man die Hände der Nation in Unschuld. Und auch die Horthy-Ära, also die Zeit zwischen den beiden Weltkriegen, in denen die gesellschaftlichen Bedingungen der ungarischen Faschisierung geschaffen wurden, wird von beiden Parteien rehabilitiert und reingewaschen. Darüber hinaus wird kommuniziert, dass Ungarn nicht nur bis zur Wende und dem Abzug der Roten Armee (1991) kein souveränes Land gewesen sei, es sei sogar mindestens bis zu den Wahlen 2010 ein »fremdbestimmtes« Land gewesen. Hier gibt es allerdings einen Unterschied in der Kommunikation der beiden Rechtsparteien. Für den Fidesz ist die eigentliche Wende nämlich 2010 endgültig erfolgt. Die Jobbik dagegen stellt die Sache so dar, als sei die Wende noch nicht vollständig vollzogen. Der Regierung wirft die derzeit aktivste der Oppositionsparteien dabei vor, die »nationalen Angelegenheiten« nur inkonsequent verfolgt zu haben.

Zugleich meinen sowohl die Regierung Orbán als auch die Jobbik, dass Ungarn nur mit einer Verfassung auf der Basis der »Heiligen Ungarischen Krone« aus der Krise kommen könne. Damit ist nicht nur ein Rückbezug auf traditionelle Werte gemeint, die Referenz auf die »Stephanskrone« beinhaltet – im Sinne von Großungarn – auch eine völkische Lebensraumideologie, deren Grundlage eine angenommene magyarische Kulturüberlegenheit im Karpatenbecken bildet. Ebenso teilen die Parteien eine »antiwestliche« Grundhaltung und propagieren eine »Hinwendung zum Osten«. (Zu Großungarn und dem Ost-West-Verhältnis siehe Kapitel 4). Nicht zuletzt befürworten beide Parteien einen »Wirtschaftspatriotismus« in strategisch wichtigen Wirtschafts- und Industriezweigen.

Der Fidesz betrachtet die Jobbik im Grunde nicht als eine gefährliche bzw. extremistische Partei. So übernahm etwa die schon erwähnte Fidesz-Ikone Wittner bei der Gründung der paramilitärischen »Ungarischen Garde«, die 2007 von der Jobbik ins Leben gerufen wurde, die Rolle der »Fahnenmutter«. Bereits bei den Kommunalwahlen 2006 hatte der Fidesz in etlichen Fällen auf lokaler Ebene mit der Jobbik koaliert. Und der ehemalige Kanzleramtsminister Stumpf meinte noch 2009, die Jobbik sei nicht rechtsextrem. Erst 2010, im Vorfeld der Parlamentswahlen, und wohl auf internationalen Druck hin, ging der Fidesz auf Distanz. Dass dahinter eher eine taktische Entscheidung stand als ein Wandel im Demokratieverständnis des Fidesz, deutet eine im März 2009 durchgeführte Umfrage des Politikforschungsinstituts *Progresszív Intézet* an. Diese ergab, dass nur 35 Prozent der potenziellen Fidesz-WählerInnen meinen, die Jobbik sei eine für die Demokratie gefährliche Partei. Allerdings stimmten auch bei den WählerInnen der Sozialisten lediglich 56 Prozent dieser Aussage zu.

An diesen Zahlen ist ablesbar, dass nicht nur die Jobbik und der Fidesz völkisch denken, sondern auch Teile der sozialistischen Kreise davon betroffen sind. Dies war wohl mit ein Grund dafür, dass in den Jahren der sozial-liberalen bzw. sozialistischen Regierungen (2002-10), als der völkische Homogenisierungsdruck Überhand nahm und das Denken in den Kategorien einer liberalen Demokratie immer mehr in den Hintergrund gedrängt wurde, keine wirklich demokratische Gegenkonzeption angeboten werden konnte. Heute arbeitet sogar eine »unabhängige« Gruppe völkisch denkender und ehemals sozialistischer Abgeordneter um die ehemalige Parlamentspräsidentin Katalin Szili mit der Regierung zusammen.

Im Falle von Ungarn kann man nicht von einer klar eingrenzbaren rechtsextremen Strömung oder Bewegung sprechen. Denn zu den Völkischen gehören ebenso Teile der Justiz, der Medien, der bürgerlichen Parteien und der Intelligenz. Mitglieder der christlichen Kirchen sympathisieren offen mit der (Neuen) Ungarischen Garde, ihre Würdenträger segnen die GardistInnen und ihre Fahnen, und eine Budapester Gemeinde der Lutherischen Kirche ist sogar Teil der Jobbik und der Garde. Den Hassreden werden seit Langem kaum Grenzen gesetzt. Sie werden als freie Meinungsäußerung geduldet, etwaige Verfahren endeten in den vergangenen Jahren meist mit Freisprüchen. Der Verfassungsrechtler Gábor Halmai stellte diesbezüglich bereits 2008 fest, dass »die ungarische Rechtsprechung ... die Praxis des Europäischen Gerichts für Menschenrechte nicht als Teil des ungarischen Rechtssystems« betrachte. Alles in allem scheint das völkische Denken derart ausgeprägt in der ungarischen Gesellschaft zu sein, dass offensichtlich antisemitische Hetze nicht als solche wahrgenommen und sanktioniert wird.

Die Gründe für die völkisch-autoritäre Entwicklung in Ungarn werden nicht selten im sozioökonomischen Bereich gesucht. Solche Analysen allein können einen wesentlich Teil der Problematik jedoch nicht erfassen, nämlich die lange Tradition der »Ethnisierung der Politik« und des völkischen Denkens. Wie schon dargestellt, dominiert in Ungarn schon lange ein Staatsverständnis, das auf der Annahme einer magyarischen Abstammungsgemeinschaft gründet – im Gegensatz zum demokratischen Staatsverständnis, bei dem die aus Individuen bestehende Gesellschaft durch das soziale Netz zusammengehalten wird. Da die auf einer solchen Ideologie aufgebaute Regierungspolitik mit allen ihr verfügbaren Mitteln die geglaubte »Reinheit der Volksgemeinschaft« erhalten will, übt sie auf alle, die vermeintlich anders sind, einen großen Homogenisierungsdruck aus.

Bereits nach der Wende 1989/90 wurde in Ungarn – wie in anderen postkommunistischen Staaten – die Konzeption der ethnisch-völkischen Kulturnation endgültig dominant. Auch die jeweilige Kulturpolitik wurde – je nach sozial-liberaler oder völkischer Regierung – mal mehr, mal weniger intensiv von diesem Kulturbegriff durchdrungen. Darin drückt sich eine Automatisierung von Ausgrenzungstendenzen aus, die, wie bereits erwähnt, darauf gründet, dass die völkisch gedachte Nation auf Feindbilder angewiesen ist, um sich selbst zu definieren.

Warum gerade in Ungarn die Radikalisierung im Verhältnis zu den anderen postkommunistischen Staaten so weit fortgeschritten ist, dürfte mit dem großen nationalen Trauma, dem »Friedensvertrag von Trianon«, zu tun haben. Wie sein deutsches Pendant, der Versailler Vertrag, wird er noch immer als ungerechtes Diktat erlebt und in der Kultur- und Bildungspolitik nachkommenden Generationen in diesem Sinne weitergegeben. Bekanntlich bieten nationale Traumata, wenn sie als nationale Narzissmen kultiviert werden und sich zum zum nationalen Opfermythos auswachsen, einen fruchtbaren Boden für die Radikalisierung der Gesellschaft.

Da der Kulturbegriff und die Kulturpolitik in Ungarn nach der Wende nicht demokratisiert wurden, wird aus dem Motiv des »ungerechten Friedensdiktats« heraus der national-narzisstische Opfermythos immer wieder aufs Neue lebendig gehalten, was die Konstruktion von Feindbildern begünstigt. Denn für das »Unheil« des Landes wird immer wieder nach »Schuldigen« gesucht. Entsprechend wird alles, was kommunistisch, sozialistisch, links oder liberal ist – oft verstanden als Synonym für »jüdisch« –, als »volksfeindlich« und »Vaterlandsverrat« beschimpft. Der Glaube an die homogene und »reine« (sündenfreie) Nation verspricht dagegen – als irdische Metaphysik – die »Erlösung vom Bösen«. Dies begründet die starke Anziehungskraft der völkischen Kräfte. Unter anderem damit ist deren überwältigender Wahlsieg 2010 zu erklären.

Hinzu kam die erfolgreiche Strategie des Fidesz in der Opposition: Wie bereits beschrieben, gründete Orbán nach den verlorenen Wahlen 2002 ein Netzwerk von »Bürgerkreisen«, die die völkische Ideologie an der Basis verbreiten sollten. Diese Strategie vermengte auf clevere Weise die Top-Down-Politik mit Bottum-Up-Elementen. Das heißt, dass die Basisarbeit von »Grassroots«-AktivistInnen, die gerne als »ziviler Demokratisierungsprozess« beschrieben wird, vom Fidesz mitfinanziert und instruiert wurde. Eine wichtige Rolle spielten dabei noch die in dieser Zeit gegründeten »national gesinnten« Medien und deren rechtsextreme Partner, die sie selbst als »zivile Alternative« darstellten. Dazu zählen *Hír TV*, das antisemitische und rassistische *Echo TV* und das *Lanchid Rádió* (alle drei Fidesz-nah) sowie das extrem rechte *Szentkoronarádió* (»Radio Heilige Ungarische Krone«). Auch sie sollten die völkische Ideologie verbreiteten und darüber hinaus jene Basisarbeit mit der völkischen Elite verbinden. Zwischen den »national gesinnten« und den rechtsextremen Medien gibt es bezeichnenderweise bis heute keine Abgrenzung, vielmehr sogar ideologische und personelle Überschneidungen.

Aus den anfänglich vereinzelten Bürgerkreisen ist so mit der Zeit eine pluralismusfeindliche Massenbewegung entstanden. Ein wichtiger Fürsprecher der Bewegung war der schon erwähnte Fricz vom »Haus des Terrors«. Der Politiologe sprach ohne Unterlass davon, dass die steigende »Zigeunerkriminalität« und der »Anti-Magyarismus« durch die sozialistische Regierung absichtlich angeheizt würden, um von den drängenden Problemen des Landes abzulenken. Das wichtigste Ziel der Bürgerkreise, die sich als ziviler Widerstand gegen die mit angeblich »bolschewistischen« Methoden arbeitende Regierung begriffen, war es, die sozialistische »Schädlingsregierung wegzuputzen«. Diesen Ausdruck hatte die Fidesz-Abgeordnete Ildikó Bíró 2009, anlässlich des zweiten landesweiten Treffens der Bürgerkreise, benutzt.

In den Jahren seit 2002 hat sich also das völkische Denken dermaßen verbreitet, dass es inzwischen in allen Gesellschaftsschichten Ungarns präsent ist. Es gibt völkische Wohnsiedlungen, in deren Inseraten es heißt: »Bei uns mögen sich nur national Gesinnte melden«. Es gibt eine Taxi-Gemeinschaft, die sich Jobb-Taxi nennt und – der Name zeigt es bereits an – der Jobbik nahesteht. Dort heißt es es dann: »Völkisch Gesinnte rufen uns an«. Manchmal erscheint in solchen Taxen die Kennzeichnung: »Judenfreies Auto«. Es gibt auch ein großes Supermarktnetz namens CBA, das damit beworben wird, dass es für »wahre Magyaren« »echte magyarische Waren« verkauft. Dessen Eigentümer, Vilmos Lázár, ist der Ehrenvorsitzende der deklariert antisemitischen Motorraddivision »Gój Motorosok«. Der Besitzer einer weiteren Ladenkette, der sogenannten Magor Bewegung, die Bio-Waren vertreibt, ist der Schauspieler Mátyás Usztics, der gleichzeitig Jobbik-Anhänger und Gründungsmitglied der Ungarischen Garde ist. Und parallel zum bekannten Sziget-Festival findet jährlich im Sommer auch das rechte Gegenstück »Magyar Sziget« statt, das in den letzten Jahren weit mehr als 10.000 Besucher zählte und 2011 sogar zu einem zentralen Versammlungsort europäischer Neonazis wurde.

Inzwischen scheint sich die völkische Massenbewegung bevorzugt an kultischen Orten zu versammeln, in Form von Volksfestivals in Ungarn, aber auch den Nachbarländern. Das »Kurultáj«-Festival etwa, eine Versammlung der sich zur »türk-hunnischen Abstammung bekennenden Kernmagyaren« findet immer Anfang August in der Puszta in Bugac statt. In diesem Jahr wurde es zum fünften Mal veranstaltet, und es nahmen daran rund 150.000 Besucher teil. Zum ersten Mal wurde das Festival von der Regierung Orbán subventioniert, und zwar mit 70 Mio. Forint (etwa 250.000 Euro). Schirmherr des Festivals war der Stellvertretende Parlamentspräsident, Sándor Lezsák. Sogar die Eröffnung fand im Parlament statt, und ebendort wurden auch die Gesandten des Festivals empfangen.

Ein weiteres Großfestival ist das der »Landesversammlung der Magyaren« (*Magyarok Országos Gyülése*) in Bösztörpuszta jedes Jahr Mitte August. In diesem Jahr nahmen daran ebenfalls um die 150.000 Menschen teil. Diesem und dem »Kurultáj«-Festival gemeinsam ist die ideelle Neubelebung des »Turanismus«, einer Rassentheologie, die den Ursprung der Magyaren in Zentralasien sieht und die Verwandtschaft mit anderen dort entsprungen Völkern betont (siehe dazu Kapitel 4). Auf beiden Festivals blüht der Okkultismus, das heißt, sogenannten Urreligionen wie dem Schamanenkult wird gehuldigt, vermeintlich uralte Wissenschaften und Künste wie die vermeintliche Urschrift der MagyarInnen, die Runenschrift, werden wiederbelebt, und es finden zum Beispiel Konzerte mit völkisch-antisemitischen Bands statt. (Übrigens ist allgemein in Ungarn die Tendenz zu beobachten, dass Ortschilder mit Runenschrift am Ortseingang aufgestellt werden.)

Ein weiteres völkisches Fest hat sich aus der Marienwallfahrt zu Pfingsten nach Csíksomlyó (Rumänien) entwickelt, woran jedes Jahr, so auch 2012, etwa eine halbe Million Menschen teilnehmen, darunter auch hochrangige PolitikerInnen aus Ungarn. Der Gottesdienst wird dort traditionell nicht nur mit der offiziellen ungarischen Nationalhymne, sondern auch mit der »Transsylvanischen Hymne«, einer revanchistischen Beschwörung Siebenbürgens, beendet.

Wie verbreitet das völkisch-revanchistische Denken in Ungarn ist, kam in der konstituierenden Sitzung des Parlaments im Mai 2010 deutlich zum Ausdruck. Obwohl nach der ungarischen Hymne von den Abgeordneten der Jobbik unerwartet die »Transsylvanische Hymne« angestimmt wurde, verließen doch nur wenige Parlamentarier den Saal. Beinahe alle, so auch die sozialistischen und grünen Abgeordneten blieben stehen, viele haben sogar mitgesungen. Einige bekreuzigten sich am Ende der Hymne, obwohl sie sich nicht in einer Kirche, sondern im Parlament befanden, und nicht zu Gott beteten, sondern Großungarn besangen. Irritierende Szenen spielten sich auch im April 2012 ab, als ein ritueller Reinigungstanz rund um die im Parlament aufbewahrte Krone durchgeführt wurde. Man könnte diesen Tanz als symbolische Vorwegnahme einer Reinigung des »Lebensraumes Karpatenbecken« (repräsentiert durch die Krone) von den Feinden der Nation verstehen. Dass diese Deutung nicht abwegig ist, soll im Folgenden gezeigt werden.

Glaubenssache: Die Mystifizierung und Sakralisierung der Nation

Die Mystifizierung und Sakralisierung der Nation stellt ein äußerst wichtiges Moment in der völkischen Ideologie dar. Während bis 2009 vor allem die Schaffung und das Benennen von Feindbildern die wichtigste Rolle in der Kommunikation der Völkischen einnahm, hat sich im Prozess der völkisch-ethnischen Schließung der Gesellschaft infolge der Parlamentswahlen 2010 zunehmend das Gewicht auf die mythische Erhöhung der Nation verlagert. Gerade die hochgradige Mystifizierung der Vergangenheit und Tradition einer Nation zählt für den Faschismusforscher Griffin zu den Kernelementen des Faschismus. Mit ihr wird die Wiedergeburt der Nation in einer autoritären neuen Ordnung vorbereitet. Es geht dabei um die Herstellung eines »Glaubens an die Nation«, welche die Fachliteratur auch unter dem Begriff »Sakralisierung der Nation« fasst. Diese kann auch für eine intensivere Hinwendung zum Christentum stehen, aber auch für einen Prozess, in dem eben die Nation die Rolle Gottes übernimmt. Das heißt, sie wird zu einer Ersatzreligion, zu einem Objekt der Anbetung bzw. zu einem sakralem Raum.

Dabei haben wir es mit einer modernen Erscheinung zu tun, die infolge der Aufklärung auftrat. Das nationale Erwachen begann zunächst als progressiver, demokratischer Prozess und ging mit der Säkularisierung einher. Die sich schließlich daraus entwickelnde völkische Ideologie ist allerdings eine konservative Erscheinung innerhalb der Moderne, wenn sie auch die Aufklärung zur Voraussetzung hat. Inhaltlich trägt der Glaube an die Nation einen heidnischen Charakter, selbst dann, wenn er in einen Zusammenhang mit dem Christentum gestellt wird, mit dem man ihn zu legitimieren versucht. Genau genommen verhalten sich die christliche und die völkische Auffassung sogar diskrepant zueinander, hat erstere doch einen universalistischen Anspruch, während letztere den Universalismus ablehnt und eine vollkommene »völkisch-nationale« Homogenität anstrebt.

Wie der ungarische Historiker András Gerö in seinem Buch »Vorgestellte Geschichte« beschreibt, verlief das Erscheinen des »Nationsglaubens« oder »Glaubens an die Nation« parallel zu der Agonie des Universalismus. In diesem Prozess, der bereits im 18. Jahrhundert anfing, aber erst in der zweiten Hälfte des 19. Jahrhunderts zur völligen Entfaltung kam, wurde der Gottesglaube langsam in den Hintergrund gedrängt und es trat an seine Stelle die Nation. Die neue, starke nationale Identität war insofern progressiv, als sie sich über die einander gegenüberstehenden religiösen Gruppen und gesellschaftlichen Unterschiede hinwegsetzte und eine neue, oftmals demokratische Identität schuf. Der Prozess aber, den wir als »Sakralisierung der Nation« bezeichnen, war überhaupt nicht mehr progressiv. Im Gegenteil: Er bedeutete einen antimodernen Prozess innerhalb der Modernität, da die Kohäsion der gesellschaftlichen Identität nicht von der Demokratie her abgeleitet wurde, sondern von einer neuartigen »Gottheit«.

Die nationale Identität erhob sich dabei über alles, was es bis dahin gab. Das Gefühl dieser eschatologischen Erhöhung konnte nur vermittelt werden, indem die Werte der Nation quasi dogmatisiert und gleichzeitig sakralisiert wurden. So wurde aus den nationalen Werten eine diesseitige Metaphysik bzw. eine weltliche oder diesseitige Gottheit. Gleichzeitig erschien auch der Menschentyp, der weniger an die Nation glaubte, als eine Art »nationaler Atheist«. Dieser Typus war dann gleichzeitig auch ein »Verräter der Nation« oder sogar ein »Judas der Nation«, verkörpert von Menschen, die sich jenem Konzept widersetzten und stattdessen universalistische, internationale Werte vertraten.

In der Antisemitismuforschung herrscht Konsens darüber, dass die Figur des »nationalen Atheisten« bzw. »des Judas der Nation« (Begriffe von Gerö) gleichgesetzt wurden mit dem »Juden« des modernen Antisemitismus, das heißt mit den Menschen oder Menschengruppen, deren Identität sich im Gegensatz zu der Vision des völkischen Nationalismus definierte, so etwa internationale, liberal-demokratische und urbane Intellektuelle oder kosmopolitische EuropäerInnen usw. Im Prozess der »Sakralisierung der Nation« wurde das »Volk« bzw. das »Volkstum« in den Mittelpunkt gestellt. Unter dem ethnischen Begriff »Magyarentum« etwa wurde nicht nur eine kulturelle, sondern auch eine blutmäßige Abstammungsgemeinschaft verstanden. Diese biologistische, ethnisch-kulturelle und abstam-

mungszentrische Bestimmung des Volksbegriffs bildete seit dem Ende des
19. Jahrhunderts die Basis für den Rassismus sowohl in Deutschland als
auch in Ungarn.

In der völkischen Auffassung wurde das als Abstammungsgemeinschaft
verstandene »Volk« zum Synonym der »Nation«, und es entwickelte sich
die Theorie von einer »Volksgemeinschaft«, die Griffin mit »racial-natio-
nal community« übersetzt. Diese Übersetzung verdeutlicht, was eigentlich
gemeint ist: Es geht hier im Grunde um den »Rassenbegriff«. Tatsächlich
hat der Begriff »Volk« oder »völkische Nation« auch in Ungarn die Bedeutung von »Rasse«. Der Historiker Péter Hanák schrieb dazu, in der Region um Ungarn herum hätte man unter dem Begriff »Volk« eine ethnische
Entität verstanden, die während des Wechsels vom 19. zum 20. Jahrhundert
als »Rasse« verstanden wurde. »Zusammen mit dem Sozialdarwinismus,
der konservativen Sozialreform und dem aggressiven Nationalismus gelten
dieser völkische Nationsgedanke und diese völkische Organisationspraxis
als Brutstätte des Rassismus, dessen diskriminierende Rechtspraxis inklusive
Antisemitismus im zweiten Drittel unseres Jahrhunderts in Deutschland,
Österreich, Ungarn und in Rumänien sowie in der ganzen Region eine derart brutale kulturelle Zerstörung und den Holocaust verursachten«.

Wie bereits erwähnt, beherrschte das ethnische Identitätsbewusstsein
Ungarn auch nach dem Zweiten Weltkrieg. Neueste Forschungen haben die
Annahme widerlegt, dass der »Kommunismus« den Begriff des »Volkes«
neu definiert hätte. Die Tradition der ethnisch definierten Kulturnation ist
auch während des real existierenden Sozialismus nicht nur in Ungarn, sondern auch in den anderen sozialistischen Ländern Wirklichkeit geblieben.

Im Gegensatz zu Deutschland, wo im Großen und Ganzen mit dieser
Tradition gebrochen werden konnte, blieb sie in Ungarn kontinuierlich bestehen, und es gelang in den letzten zwanzig Jahren überhaupt nicht, die
begrifflichen Inhalte von »Nation« und »Kultur« zu demokratisieren. So
blieb die völkische Sicht bestehen und konnte – trotz bester Absichten in
der kurzen Periode unter dem liberalen Minister für Kultur, András Bozóki
(2005–06) – nicht entschärft werden. Mit den Jahren entstand sogar eine
neue völkische Bewegung. Das heißt, dass man mit unzähligen völkischen
Kulturpojekten ständig die völkisch gedachte Nation beschwor und erneut
die völkische Sicht stabilisierte, so dass sie mit den Jahren eine absolute
Mehrheit in der Gesellschaft gewinnen konnte.

Der Prozess, der mit dem Begriff »Sakralisierung der Nation« charakterisiert wird, gehört auch in Ungarn zu den wichtigsten Mobilisierungs-

faktoren des Antisemitismus: Zum Feind ernannt werden vor allem diejenigen, die von den Völkischen als »antimagyarisch« bezeichnet werden, die also keine magyarische Identität besitzen. So lange ein Mensch, der sich als jüdisch definiert, »national gesinnt« ist, kann ihm in Ungarn – jedenfalls zum gegenwärtigen Zeitpunkt – noch nichts passieren. Gefährdet sind vor allem Menschen, von denen die Völkischen behaupten, dass sie ihre »Nation angreifen« würden.

Die eigentliche Anziehungskraft dieser Ideologie liegt in der national-religiösen Attitüde. Denn die Vision einer ethnisch homogenen, »sauberen«, quasi vom Holocaust unbefleckt gebliebenen Nation verspricht im Endeffekt eine diesseitige Erlösung. Ihre immanente Dynamik suggeriert: Je entschiedener der Kampf für die Befreiung der Volksgemeinschaft von den »nationalen Atheisten« bzw. von den »Judasfiguren der Nation« vollzogen wird, desto eher werde es gelingen, die – halluzinierte – völkisch-nationale Einheit zu verwirklichen. Die Vision ist in ihrer endgültigen Konsequenz aber nichts anderes als das Versprechen, dass bereits vor dem Tode, hier auf Erden, das Reich der »glücklichen Einheit des arischen Magyarentums« entsteht.

In der nationalen Erlösungsvision spielt der Mythos von der »Heiligen Ungarischen Krone« eine wichtige Rolle. Alle rechtsnationalen Gruppierungen betrachteten traditionell die »Lehre der Heiligen Ungarischen Krone« und nicht die oder eine demokratische Verfassung als Rechtsgrundlage. Seit dem 19. Jahrhundert ist die Krone eine politisch-mystisch aufgeladene Reliquie und wurde besonders zwischen den beiden Weltkriegen Objekt einer sakralen Verehrung. Die »Resakralisierung« der Krone erfolgte im Millenniumsjahr 2000, in der ersten Amtszeit Orbáns als Ministerpräsidenten, als die Krone per Gesetz aus dem Nationalmuseum feierlich in das Parlament überführt wurde. Mit diesem Akt wurde die völkische Deutung der »Lehre« aktualisiert.

Die Krone ist nun wieder mehr als nur ein museales Stück und soll im Parlament – nach den Vorstellungen der Völkischen und zum Ärger der DemokratInnen – die »Einheit der Nation« symbolisieren. Der Krone kommt bei den »völkischen Zeremonien« eine besondere Funktion zu, da die Mitglieder der unzähligen völkischen Organisationen ihren Eid auf die »Heilige Ungarische Krone« ablegen. Zu bestimmten völkischen Anlässen werden überall im Lande Bühnen aufgestellt, die wie »nationale Altäre« funktionieren. Wichtiges Moment dabei ist das feierliche Umhertragen der Krone in Form einer Replik. Es zählt dabei der Mythos der »völkischen

Botschaft«, der diese Replika umgibt. Sie ist vor allem Sinnbild einer völkischen, großungarischen Lebensraumideologie im Karpatenbecken.

Der Glaube an die Nation braucht völkisch-sakrale Gebetsorte bzw. Weihestätten, also kultische Orte, an denen der Nationsglaube auch in die Praxis umgesetzt werden kann. In Ungarn gab es solche bereits im 19. Jahrhundert, es gibt sie aber auch heute – und im letzten Jahrzehnt wuchsen sie sogar wie Pilze aus dem Boden. In den vergangenen Jahren wurden außerdem zahlreiche Monumente oder Skulpturen an öffentlichen Plätzen errichtet, die die Nation glorifizieren. So ein Monument ist die 2006 eingeweihte »Hymne« in einem Außenbezirk von Budapest, deren Zweck es ist, die Nation vor allem mit christlichen Motiven, aber auch mit Runen in »himmlische« Höhen emporzuheben. Die Botschaft dieser Glorifizierung entspricht der völkischen Narrative vom »Opfermythos«, in dem das Magyarentum als eine moralisch saubere Nation erscheint, die zwar Terror erleiden musste, im Grunde jedoch nicht daran teilgenommen habe und auch vom Holocaust unbefleckt geblieben sei.

Auf die Diskussion näher einzugehen, ob wir es hier nun mir einer »Ersatzreligion« oder lediglich mit einer »religiösen Dimension« des Nationalen zu tun haben, ist vielleicht gar nicht notwendig. Eines ist sicher: In den letzten Jahren nehmen die strukturellen Analogien zwischen religiösen und nationalen Inszenierungen eindeutig zu. Mal wird die völkisch verstandene Nation gepriesen, mal wird die Religion in kirchlichen Predigten nationalisiert, mal wird das magyarische Volkstum beschworen. Auch die für das völkische Denken typische Suche nach dem Urvolk und nach der Urreligion führt zu immer neuen Konstruktionen von Geschichte und zur Zunahme einer symbolischen Politik, die sich sowohl in der Tätigkeit von zivilen Initiativen als auch in der Kultur- und Bildungspolitik der Regierung niederschlagen.

Die 2005 eingeweihte Turul-Statue, die im 12. Bezirk von Budapest steht, ist dafür ein gutes Beispiel. Das Motiv der Figur geht auf ein Fabelwesen – in Gestalt eines Falken oder eines Adlers – aus dem ungarischen heidnischen Mythenkreis zurück. Allerdings enstand der sogenannte Turul-Kult erst um das Jahr 1896 herum, infolge der Suche nach Mythen aus der tausendjährigen Geschichte Ungarns. Vor dem Holocaust spielte der sogenannte Turul-Verband eine aktive Rolle in der antisemitischen Hetze, so dass der Symbolcharakter des Turul durch den ungarischen Faschismus belastet ist. Dies wird vor allem aus der Vogelperspektive klargestellt, aus der die Mauerzüge in Form stilisierter Pfeile – als Sinnbild der Pfeilkreuzler

– klar zum Ausdruck kommen. Für diese Deutung spricht auch die Farbgebung der Treppe. Die einzelnen Stufen sind abwechselnd mit roten und weißen Steinen ausgelegt, was dem Farbmuster der rot-weiß gestreiften Árpád-Fahne entspricht.

Ungeachtet dieser symbolischen Außenwirkung wurde die Aufstellung der Statue vom damaligen Fidesz-Bezirksbürgermeister veranlasst – ohne die Genehmigung der sozial-liberalen Stadtverwaltung Budapests –, offiziell zum Gedenken an die ungarischen Opfer des Zweiten Weltkriegs. In den Folgejahren hat die Stadtverwaltung von Budapest immer wieder versucht, den Abriss der illegal errichteten Statue in Angriff zu nehmen. Doch dagegen ist die Ungarische Garde immer wieder aufmarschiert, um die Statue, wie es hieß, »mit dem Leben der Gardisten zu verteidigen«. Mehr noch: Seitdem der Turul-Vogel im August 2008 von Vertretern der christlichen Kirchen gesegnet worden ist, wird er in Reden rechter Politiker gerne »heiliger Turul« genannt.

Eine der ersten Maßnahmen der 2010 vereidigten Fidesz-Regierung war es, mit dem »Gesetzesvorschlag für die Aufstellung von Skulpturen im öffentlichen Raum«, der sogenannten »Lex Turul«, den Status quo der Bronzefigur zu legalisieren. Diese Entscheidung passt vollkommen in den Gesamtkontext der völkischen Kulturpolitik der Regierung Orbán. Besonders problematisch ist sie deshalb, weil in ihr nicht nur eine angenommene Schicksalsgemeinschaft mit dem faschistischen Ungarn zum Ausdruck kommt, sondern auch deshalb, weil sie wieder einmal für eine Täter-Opfer-Umkehr steht. Auch hier geschieht dies allerdings nicht deklariert, sondern ikonografisch. Wie im »Haus des Terrors« wurde ebenso hier das Motiv von der »Gedenkwand der Opfer« adaptiert und an der Seite des Pfostens in eingesenkte Metallbänder eingestanzt.

Dass die Statue eine antisemitische Konnotation aufweist, zeigt die Reaktion auf eine Performance der britischen Künstlerin Liane Lang, die den Turul im Juli 2009 mit einer abgeschnittenen Plastikhand im Schnabel fotografierte. Am nächsten Tag wurde prompt das Holocaust-Mahnmal »Schuhe am Donauufer« in Budapest geschändet, in dem Unbekannte Schweinshaxen in die einzelnen Schuhe steckten. Und dass die Botschaft auch von den PassantInnen in jenem Sinne verstanden wird, obwohl sowohl von der Stadtverwaltung als auch von der Regierung Orbán jegliche antisemitische Motivation bestritten wird, wurde in einem aufschlussreichen Kunstprojekt gezeigt. In der Dokumentation sagen die meisten Befragten, der Turul sei ein uraltes Symbol des Magyarentums. Unabhängig davon, wofür er vor und im Zweiten Weltkrieg benutzt wurde, sei er dafür da, die Nation zu verteidigen, und er symbolisiere, dass die Nation dazu auch alleine fähig sei.

»Wenn die Rechtsextremen das Symbol benutzen«, sagt eine Frau im Film, »dann ist es Aufgabe der Historiker, das Problem aufzuarbeiten. Aber solche, die sich vielleicht nicht einmal dem Magyarentum zugehörig fühlen, haben nicht das Recht, der hier lebenden Zivilisation den Turul zu nehmen. ... Wenn die hier lebenden Mitglieder der SZDSZ meinen, wir hätten nicht das Recht auf das Symbol des Turul, dann fühlen sie sich wohl nicht der Volksgemeinschaft zugehörig und brauchen nicht hier zu leben. Sie können woanders leben, wo andere Symbole verehrt werden. Denn jedes Volk hat seine eigene Vergangenheit und Tradition, vor der diejenigen, die dort leben, den Kopf verneigen müssen«.

Am besten kommt die Mystifierung und Sakralisierung der Nation im 2010 eingeweihten »Tempel Karpatenheimat« zum Ausdruck. Er ist eine Weihestätte des Magyarentums und befindet sich in der malerischen Kleinstadt Veröce, etwa sechzig Kilometer nördlich von Budapest. In den letzten Jahren entstand diese Kultstätte vor allem mit Hilfe der Stiftung »Julianus Barát«. Aber auch der quasi unabhängige Bürgermeister Farkas Bethlen und zivile Organisationen, unter anderem des völkischen Bürgerkreises »Glaube und Heimat«, halfen dabei. Am neunzigsten Jahrestag des Friedensvertrages von Trianon (4. Juni 2010) wurde der Tempel eingeweiht: als Symbol für den Erhalt des Magyarentums im Karpatenbecken.

An bestimmten völkisch-nationalen Feiertagen beten im oder vor dem Tempel die »Nationsgläubigen« für die »nationale Befreiung« bzw. für eine – vermeintlich – zu erwartende »völkische Einheit des reinen Volkstums der Magyaren«. Diese Rituale nennt die Nationalismusforschung »nationale Liturgien«, weil sie nach dem Vorbild der christlichen Liturgien ablaufen. Wie in allen solchen »nationalen Liturgien« erschien auch im März 2011, beim sogenannten »Gebet für das Magyarenland«, eine Replik der »Heiligen Ungarischen Krone«, die von druidenähnlichen »Kronenwächtern« umhergetragen wurde und worauf die »Nationsgläubigen« ihren Eid schworen.

Im Tempel wurde die Turul-Figur ebenfalls übernommen. So entsteht eine direkte Verknüpfung zur Epoche des faschistischen Ungarn. Im kleinen Rundfenster über dem »Altar des Volkstums« erscheint der Turul-Vogel sozusagen als männliche Gottheit. Vor ihm liegt die weibliche langhaarige Figur Emese – nach einer Legende aus dem 9. Jahrhundert die Stammmutter der Árpád-Könige. Sie ist hier – im Sinne der Blut-und-Boden-Ideologie und im Sinne der Kommunikation der Regierung – Sinnbild der fruchtbaren magyarischen Frau und damit der intakten magyarischen Familie, quasi als Urmutter des Magyarentums und der Nation und zugleich als Mutter Erde. Da nach der Legende Emese vom Turul schwanger wurde, kann das Paar als völkische Entsprechung des Heiligen Geistes und Marias gesehen werden, wobei Emese den »völkischen Messias« gebiert. Sie ist – im Einklang mit der blühenden vermeintlichen Urreligion, dem Schamanenkult – wie eine Schamanin gekleidet, und bei der Eröffnungsfeier des Tempels gab es auch Schamanenrituale.

Der Tempel ist einer der kultischen Orte des »nationalen Mitleides« oder des »nationalen Narzissmus«, wo die »Leidensgeschichte« oder »Via Dolorosa« des Magyarentums verkörpert wird. Das Motiv dazu wird auf einem Entwurf an einer Tafel, aufgestellt neben dem Tempel, ersichtlich und soll in Zukunft auch die terassenförmigen Stufen schmücken, die wie Stationen eines Kreuzweges funktionieren sollen. Durch den Opfertransfer kann die »Leidensgeschichte des Magyarentums« geradezu christliche Dimensionen bekommen, wenn es um die »Auferstehung der Nation« in der Parallele zur Auferstehung Christi geht. So etwa in einer Rede Wittners auf dem schon erwähnten Festival »Magyar Sziget«, das jährlich unweit vom Tempel stattfindet. Dort verglich sie das Symbol der 1956er-Revolution, die durchschossene, zerfetzte Nationalflagge, mit der »Wunde der magyarischen Nation«, der »Wunde Christi« und den »Wunden der gefallenen Helden«, die »dem Satan« gegenüberstünden. »Diesen Kampf müssen wir kämpfen!«, rief sie zum Schluss.

Die »Nationsgläubigen«, die an den nationalen Liturgien teilnehmen, werden somit allgemein für die Reinkarnation der heldenhaften Kämpfer gehalten, deren Aufgabe es sei, die »Revolution« zu vollenden. Gegen wen gekämpft werden soll, wird auch in den »völkischen Liturgien« gezeigt: Da die völkische Einheitsvision ihre Vitalität aus der Dichotomisierung schöpft und sich gegenüber »nationalen Atheisten« bzw. den »vaterlandslosen Linken« abgrenzt, die keine magyarische Identität hätten, werden diese mit dem zu besiegenden Satan identifiziert.

Regelmäßig wird in der völkischen Liturgie – nach dem Muster der christlichen Tradition – die Figur eines »diesseitigen Erlösers« oder eines »völkischen Messias« (András Gerö), also ein Führer angedeutet, dank dem die »Dunkelheit zum Licht« und das »Chaos zur Ordnung« werde. Auf dem Weg zur »nationalen Erlösung« befindet sich Ungarn zur Zeit in einer Art »nationalem Fegefeuer«. Für viele ist der »nationale Messias« in Gestalt Orbáns bereits eingetroffen. Dieser ruft derzeit immer wieder dazu auf, »Opfer für die Nation« zu bringen und »Zurückhaltung« zu demonstrieren. Das kann auch eine »nationale Askese« bedeuten, die man für das künftige »irdische Paradies« oder für die »nationale Erlösung« ertragen müsse.

Das »Opferbringen« verlangt aber auch eine aktive Beteiligung der »Nationalgesinnten«, um die »nationalen Atheisten« oder die »Antimagyaren« aufzuspüren und zu entfernen. Dieser Prozess ist in Ungarn zurzeit in vollem Gange. Alle, die der völkischen Ideologie nicht wohlgesonnen sind, werden entlassen, ausgeschlossen oder angeklagt. Und missliebigen Vereinen, Stiftungen, Kirchen und Orden werden die Existenzgrundlagen entzogen, so dass die Menschen, die mit solchen Organisationen zusammenarbeiten, im Grunde ausgehungert werden. Von diesen können immer mehr das Nötigste für das tägliche Leben nicht mehr zusammenbringen.

Dass auch beim Entstehen der paramilitärischen Ungarischen Garde das Motiv von der »Erlösung der Nation« die wichtigste Rolle spielte, soll im Folgenden dargestellt werden. Die Garde ist eine Kreation der Jobbik und deren Vorsitzendem Vona. Die ersten 56 Mitglieder wurden im August 2007 auf dem Burgberg von Buda, direkt vor den Fenstern des Palais des damaligen Staatspräsidenten László Sólyom, unter dem Beifall mehrerer tausend AnhängerInnen vereidigt. Mitte Oktober marschierten bereits mehr als zehnmal so viele neue GardistInnen auf der Prachtstraße zum Budapester Heldenplatz zu ihrer Vereidigung. Danach wurden zu jedem großen nationalen Feiertag – 15. März. (Märzrevolution 1848), 20. August (Tag des Heiligen Stephan und Staatsgründung) und 23. Oktober (Volksaufstand 1956) jeweils immer weitere sechshundert GardistInnen vereidigt. In zweieinhalb Jahren wuchs ihre Zahl auf etwa 3.500.

2008 wurde die Garde in erster, 2009 in zweiter Instanz gerichtlich verboten. Doch als eine »Bewegung«, die »den Herzen der Menschen« entspringe, sei sie eine »unbesiegbare Idee«, wie Vona immer wieder betont. Morvai, seit 2009 Abgeordnete des Europa-Parlaments, meint, die Garde sei ein Sinnbild für den »nationalen Widerstand«, das dem Verbot widerstehen und das Land von seinen »Geiselnehmern« zurückerobern werde. So kamen tatsächlich am 4. Juni 2009, dem Jahrestag des Friedensvertrags von Trianon, alle Gardenmitglieder zusammen, tauschten ihre Gardensakkos in Gardenwesten um und nannten sich fortan »Neue Ungarische Garde«, um auf diese Weise das Verbot zu umgehen. Heute marschieren

| 55

die GardistInnen unbeirrt weiter, vor allem in Roma-Siedlungen, um gegen die »Zigeunerkriminalität« vorzugehen. Denn dort würden, wie es Csanád Szegedi, Vize-Vorsitzender der Jobbik und Europa-Abgeordneter, formulierte, »von unserem Geld Zigeunerzüchtungen betrieben«.

Der Trägerverein der GardistInnen bezeichnet sich harmlos als »Vereinigung für kulturelles Erbe und Heimatpflege«. Seine Mitglieder wollen, wie es in der Gründungsurkunde steht, »die magyarische Kultur pflegen« und die Traditionen aus der ungarischen Geschichte »zur Erbauung den heranwachsenden Generationen weitergeben«. Die Garde sei eine reine Selbstverteidigungsorganisation, eine Wehrgarde, die »in einem Augenblick« ins Leben gerufen wurde, in dem »das Magyarentum nunmehr physisch, seelisch und geistig wehrlos« dastehe. Sie wolle alles, was »dem Erwachen und der Erneuerung der Nation« diene, fördern, aber all denjenigen widerstehen, die sie »atomisieren, erdrücken und vernichten« wollen. Sie möchte die Gesellschaft wachrütteln: »Erwacht! Die Zeit ist reif!«-

In Vonas Reden bricht sich der tief greifende Kulturpessimismus, die wichtigste Antriebskraft für den Antisemitismus in Ungarn, immer wieder Bahn. So sagte er anlässlich der Gardenweihe im Oktober 2007: »Wir sind wie ausgesetzte Hunde ... und haben keine Vergangenheit, keine Gegenwart, keine Zukunft.« Deshalb brauche Ungarn eine »Erneuerung der Nation«. Orbán, der bisherige Hoffnungsträger der Rechten, ist für die Jobbik nicht mehr »national gesinnt« genug, denn er habe sich zusammen mit der ehemaligen »politischen Garnitur« – den Sozialisten und den Liberalen – dem »Globalismus« ergeben, der »riesige finanzielle Mittel in die Auflösung unserer traditionellen Werte steckt, um eine ultraliberale, sogenannte offene Gesellschaft zu verwirklichen«. Dies ginge »mit der endgültigen Beschneidung unserer nationalen Souveränität einher«. Die »Garde der ungarischen Hoffnungen« sei daher die Lösung, weil sie die »siegreiche Revolution des Aufbaus des nationalen Bewusstseins« vollenden würde.

Die Garde genießt in großen Teilen der Gesellschaft ein hohes Ansehen. Zu den Gründungsmitgliedern zählt etwa Lajos Für, der zeitweilig vor der Wende Kandidat für das Amt des Staatspräsidenten und Verteidigungminister in der Regierung Antall-Boross (1990-1994) war. Auch der Starjournalist der »national gesinnten« Medien, Sándor Pörzse, seit 2010 Parlamentsabgeordneter der Jobbik, und der Schauspieler und Begründer der erwähnten Magor-Bewegung Mátyás Usztics waren an der Gründung beteiligt, ferner der Chefredakteur des Lieblinsperiodikums von Orbán, der Wochenzeitschrift *Magyar Demokrata*, András Bencsik, der im Fidesz-nahen *Echo TV* regelmäßig Sendungen leitet. Und wie schon erwähnt, übernahm die Fidesz-Ikone Wittner bei der Gardengründung sogar die Rolle der »Fahnenmutter«. Ein wichtiges ideologisches Zentrum der Gardenbewegung ist die reformierte Kirchengemeinde *Hazatérés* im Zentrum der Hauptstadt Budapest, auf dem Szabadság-Platz.

Flucht in die Nestwärme? Ein Fazit

Eine Zunahme völkischen Denkens ist also schon seit der Wende zu beobachten. 2010 kulminierte diese Entwicklung schließlich in den Wahlsiegen der konsequent völkischen Parteien, des Fidesz und der KDNP einerseits und der Jobbik andererseits. In den Kategorien von links und rechts zu sprechen, ist in Bezug auf Ungarn allerdings häufig missverständlich, denn der gesellschaftliche Bruch verläuft nicht entlang dieser Trennlinie, sondern entlang der zwischen den völkischen und den nicht-völkischen Kräften – wobei die Völkischen über die Jahre die absolute Mehrheit erlangten. Das völkische Denken infiltriert die Gesellschaft seit Jahrzehnten.

Mit dem Fidesz und seinem KDNP-Anhängsel gelangten die völkischen Kräfte 2010 an die politische Macht und haben nun die diskursive Deutungshoheit. Die neue Verfassung, das neue Mediengesetz, die neue Roma-»Integrationsstrategie«, die Maßnahmen in der Kultur-, Bildungs- und Wirtschaftspolitik, die Judikative, die Exekutive – einfach das gesamte Handeln des Staates unterliegt heute völkisch-idealistischen Kategorien. Die Gewaltenteilung wird dadurch obsolet. Diejenigen Menschen, die in den Kategorien einer liberalen Demokratie denken, sind in der Minderheit. Das haben die letzten Parlamentswahlen deutlich gezeigt. Allerdings muss auch festgestellt werden, dass selbst ein großer Teil der Mitglieder der sozialistischen Partei oder der Grünen völkisch denkt, nur weniger konsequent.

Mit ihrer Zweidrittelmehrheit verabschiedete die Regierung Orbán zügig nach Regierungsantritt eine Reihe neuer Gesetze, die die Gleichschaltung aller strategisch wichtigen Lebensbereiche bedeuteten. Im Eiltempo wurden wichtige Schlüsselpositionen mit Parteifreunden und Getreuen besetzt und die Schlüsselbereiche des politischen, kulturellen, zum Teil auch des wissenschaftlichen, und im Großen und Ganzen auch die des wirtschaftlichen Lebens übernommen. Überall wurden und werden noch immer Personen aus politischen Gründen ausgetauscht. Die ohnehin labile

Demokratie des Landes wird damit weiter untergraben, was dazu beiträgt, dass sich die Gesellschaft in eine geschlossene, völkische Gemeinschaft verwandelt. Die demokratische Opposition kann dabei nur zusehen – sie ist machtlos.

Dass als einer der ersten Handlungsakte ein Gesetz verabschiedet wurde, dass den »Auslandsungarn« ermöglicht, ungarische StaatsbürgerInnen zu werden (siehe Kapitel 4), ist gewiss kein Zufall, sondern drückt eine deutliche Botschaft der neuen Regierung aus. Orbán nannte den Ausgang der Wahlen im April 2010 eine »Revolution in der Wahlkabine«. Tatsächlich kommt der Wahlsieg von Fidesz-KDNP einer völkischen Revolution gleich. Seit Orbán 2002, nach vierjähriger Regierungszeit, abgewählt worden war, kämpfte er für die »Wiederauferstehung der in Trianon erniedrigten Nation« und für die »Wiederherstellung der nationalen Einheit über die gegenwärtigen Grenzen hinweg«, das heißt für jenes Großungarn ante Trianon.

Der »Wiedergeburt« der angeblich organisch gewachsenen, biologischen Abstammungsgemeinschaft diente auch die Verabschiedung eines zweiten Gesetzes gleich nach Regierungsantritt. Der 4. Juni, der Tag des Friedensvertrags von Trianon, wurde nun zum »Tag des nationalen Zusammenhalts« auserchoren. Er soll symbolisieren, dass Ungarn den Vertrag von Trianon im Grunde nicht akzeptiert. Die Zahl der Zeitungen, die am ersten offiziellen »Gedenktag« mit einem irredentistischen Bild erschienen, wuchs dramatisch an. 2011 wurde sogar ein gigantisches völkisches Fest in Ópusztaszer beim Denkmal des heidnischen Landesfürsten Árpád organisiert, das sich zu einem neuen Mythos, zu einem »magyarischen Walhall« zu entwickeln scheint.

Auch wurde umgehend das »Gesetz zur Bestrafung der Leugnung des Holocausts« geändert, das die alte Regierung noch im April 2010 verabschiedet hatte. Im neuen Gesetzesentwurf wurde der Begriff »Holocaust« gestrichen und der »Völkermord des Nationalsozialismus« mit dem »des Kommunismus« gleichgestellt. So wird in Ungarn jede Person strafbar, die »den Völkermord des Kommunismus« leugnet. Dies ist im Grunde nichts anderes als eine Parallelisierung oder Gleichstellung der Verbrechen der Nazis mit den Verbrechen der KommunistInnen, was der Relativierung des Holocausts gleichkommt.

Zum Vorsitzenden des Parlaments wurde einer der engsten Weggefährten Orbáns gewählt, der schon erwähnte Kövér, der während der letzten zwei Jahrzehnte immer wieder die politischen Gegner, zuletzt den ehemaligen Premier Gyurcsány, antisemitisch beschimpft hatte. Zudem hat die Regierung Orbán das eigenständige Kulturministerium abgeschafft. Zuständig ist jetzt ein Staatssekretär im »Superministerium« für »Nationale« bzw. »Humanressourcen«. Der erste Mann auf diesem Posten war – bis Juni 2012 – der siebenbürgische Schriftsteller Géza Szőcs, ein Parteifreund Orbáns, der gleich nach seinem Amtsantritt angekündigt hatte, im Zuge der nationalen Selbstfindung eine Forschungsgruppe zu gründen, die mit einer DNA-Analyse dem Ursprung der Magyaren nachgehen solle, um so die Identität im »Volkskörper« zu festigen. Die bereits erwähnte und für das völkische Denken in Ungarn so typische »Hinwendung zum Osten« (siehe Kapitel 4) ist auch hinter dieser Maßnahme zu spüren. Zudem soll die ungarische »Kulturüberlegenheit«, die in der Kulturpolitik der Zwischenkriegszeit zum Ausdruck gekommen sei, in der nationalen Identität verankert werden.

In diesem Zusammenhang spielt die sogenannte »Aufarbeitung der Vergangenheit« eine äußerst wichtige Rolle. Die zwei »Vergangenheiten«, die kommunistische und die faschistische, werden dabei gegeneinander insofern ausgespielt, als dass die kommunistische im Grunde instrumentalisiert wird, um die faschistische zu relativieren. Auch in der kulturpolitischen Strategie ist die deutliche Tendenz zu spüren, dass nicht nur – wie bereits erwähnt – die Zeit zwischen den beiden Weltkriegen rehabilitiert werden soll, sondern dass sogar die faschistische Vergangenheit (im Sprachgebrauch der Völkischen: »national gesinnten«) im Vergleich zur kommunistischen im positiven Licht erscheint.

Bei der jährlichen Feier zum Gedenken an den Ausbruch ungarischer und deutscher Soldaten aus einem Kessel der sowjetischen Armee am 11. Februar 1945 – dem sogenannten »Tag der Ehre« – wird auf dem Burgberg von Budapest sogar die Schicksalsgemeinschaft mit den »heldenhaften Verteidigern« von Budapest (Soldaten der Waffen-SS und deren ungarische Verbündete) herausgestellt. Und im Holocaust-Gedenkzentrum soll die ständige Ausstellung umgestaltet werden, da sie die Geschichte verfälsche: Der Einmarsch Ungarns in Rumänien stünde in keinem Bezug zu den späteren Deportationen, heißt es im Ministerium. Nach den Absichten des neuen Direktors soll viel mehr Gewicht auf die Rettung des Judentums gelegt werden, das heißt, »Ermordung und Rettung« sollen gleich behandelt werden.

Wichtiges Moment in der Kulturpolitik der neuen Regierung ist auch die Umbenennung von Plätzen und Straßen. Bei der größten Umbenennungsaktion der Nachwendezeit 2011 wurden Bezeichnungen geändert, die mit dem Gedanken der Republik – ob liberaler oder sozialistischer Prägung – auch nur entfernt etwas zu tun haben: Platz der Republik zu Platz Johannes-Paul II., Roosevelt-Platz zu Szécheny-Platz, Moskau-Platz zu Széll-Kálmán-Platz usw. Die unreflektierte, ja heroisierende Rückbesinnung auf die Zwischenkriegszeit führt sogar zu einem Auflammen des Horthy-Kultes, so dass überall im Lande entsprechende Gedenktafeln und Statuen aus dem Boden spriesen, so in Gyömrö, Kereki, Debrecen, Siófok usw. Auch nationalsozialistische Autoren der Zwischenkriegszeit wie Albert Wass und Jószef Nyírö werden kultifiziert und sollen sogar in den offiziellen Lehrplan aufgenommen werden.

Mit möglichst wenig Opposition regieren zu wollen, das hatte Orbán 2009 in einer Rede in Kötse deutlich gemacht. Auf dem Parteikongress sprach er damals von einem »zentralen politischen Kraftfeld«, in dem er – frei von den »überflüssigen Wertedebatten« mit der Opposition – ungehindert für die nächsten 15 bis 20 Jahre schalten und walten möchte. Zu diesem Zweck wurde nach dem Wahlsieg im Parlament auch ein neues Kommunalgesetz ohne Absprache mit den anderen Parteien verabschiedet. Im Vergleich zum alten Gesetz wurde es dahingehend geändert, dass alle BewerberInnen viel mehr Unterstützungsschreiben (sogenannte »Klopfzettel«) in einer viel kleineren Zeitspanne beschaffen müssen als bisher, um als EinzelkandidatInnen zugelassen zu werden. KandidatInnen großer Parteien schaffen das ohne Probleme, KandidatInnen kleiner Parteien stoßen auf technische Schwierigkeiten, so dass sie in Zukunft keine Chancen mehr bei Kommunalwahlen haben dürften. Die Wirkung der Gesetzesänderung hat sich bereits bei den Kommunalwahlen im Oktober 2010 gezeigt: Die Kleinparteien fielen den verschärften Regeln des modifizierten Kommunalwahlgesetzes zum Opfer und der Fidesz konnte einen weiteren erdrutschartigen Sieg erzielen. Dadurch hat Orbán derzeit eine Machtfülle, die so außergewöhnlich ist wie unter dem langjährigen Führer im Realsozialismus, János Kádár.

Außerdem arbeitet die Regierung stetig an Veränderungen des allgemeinen Wahlrechts, die ihr in Zukunft bei den Parlamentswahlen ihre Machtfülle sichern könnten. Dazu zählt etwa eine Neustrukturierung der Wahlbezirke, die – so der Vorwurf von Kritikern – es der linken Opposition schwerer macht, Direktmandate zu erobern. Zudem ist eine Regelung geplant, wonach sich WählerInnen einige Wochen vor den Wahlen registrieren lassen müssten. Hierbei steht zu befürchten, dass vor allem die ärmeren

Schichten – und dazu gehört insbesondere die Roma-Bevölkerung – daran gehindert werden, überhaupt zur Wahlurne zu gelangen. (Mehr zum neuen Wahlrecht im Schlusswort.)

Als Ergebnis des lange anhaltenden und von großen Teilen der Bevölkerung befürworteten völkischen Strebens nach einer »cultural whiteness« werden heute der demokratische Widerstreit als Chaos und die kulturelle Diversität als Unordnung erlebt. Die ungarische Bevölkerung konnte und kann noch immer nichts mit dem individuellen Angebot der Demokratie anfangen und wählte lieber die vermeintliche »Nestwärme«, den Weg zum kollektiven Zwang. Im Sinne dieser »cultural whiteness« werden in Ungarn jetzt nicht nur die Bereiche Kultur und Medien, sondern auch die Rechtsprechung völkischen Ordnungsprinzipien unterworfen.

So wird etwa der Minderheitenschutz permanent ins Gegenteil verkehrt. Während sich die neue Verfassung nicht zur »Würde des Menschen« und stattdessem zum Glauben an die Nation bekennt (»Nationales Glaubensbekenntnis«), steht in der Präambel des neuen Mediengesetzes explizit, dass neben den Minderheiten auch die »Mehrheit« zu schützen sei. In einem Land, in dem es nicht um das Individuum, sondern ausschließlich um eine ganz bestimmte kulturelle Gemeinschaft geht, wird mit solch einer Auffassung erreicht, dass die Minderheit zugunsten der Mehrheit weichen soll. Auch dies hat eine Täter-Opfer-Umkehr zur Folge: 2010 und 2011 sind bereits drei Urteile gefallen, in denen Roma im Verhältnis zu ihrer Tat extrem hohe Gefängnisstrafen bekamen, weil ihnen die Absicht unterstellt wurde, die magyarische Nation vernichten zu wollen. Man hatte ihnen zusätzlich zu ihrer Straftat Volksverhetzung bzw. »Hetze gegen die Gemeinschaft des Volkstums der Magyaren« unterstellt.

Dass die ungarische Gesellschaft bis zu 80 Prozent feindlich den Roma gegenüber eingestellt ist, zeigen schon seit längerem Meinungsumfragen. Der Hass ist bereits öfter in Gewalt umgeschlagen. Jetzt ist zu befürchten, dass das, was der Kulturwissenschaftler Ákos Szilágyi Ende 2009 prophezeit hat, wahr werden könnte. Er meinte, dass in Ungarn eine neuartige, postmoderne »ethnonationale Diktatur« verwirklicht werden könnte. Samuel Salzborn sieht die Situation ähnlich. Er sieht wesentliche Konturen eines autoritären Regimes, das sich in Richtung Diktatur zu entwickeln scheint. Alles Kritische werde damit aus- oder gleichgeschaltet, wodurch das individuelle Angebot zum kollektiven Zwang wird.

Ungarn gehe es, so Salzborn, »offensichtlich nicht um das Individuum, sondern ausschließlich um den Menschen als – halluzinierten – Teil einer ganz bestimmten kulturellen Gemeinschaft. Die Vorstellung einer kulturellen Gemeinschaft unterscheidet sich von der einer pluralistischen Gesellschaft aber gerade dadurch, dass sie als homogen und letztlich unveränderlich unterstellt wird, wobei das Individuum nichts, das Kollektiv aber alles zählt. Freiheiten werden auf diese Weise suspendiert, der Mensch in ein ethnopolitisches Kollektivgefängnis gesperrt.«

Im Transformationsprozess seit dem Jahr 1989 erleidet Ungarn gerade einen antidemokratischen Rückschritt. Die Angst vor Veränderungen, vor Freiheit und einer liberalen, offenen Gesellschaft hat derzeit die Oberhand. Gespenstisch ähnlich ist die Situation in Ungarn zu der, die der US-amerikanische Historiker Fritz Stern in seinem Buch »Kulturpessimismus als politische Gefahr« im Bezug auf Deutschland Anfang des 20. Jahrhunderts als »konservative Revolution« beschrieb. Die »nationale Wiedergeburt«, der Kampf für Werte, die man als die »althergebrachter Traditionen« ansieht, der Kampf gegen den Liberalismus und den »westlichen Hedonismus«, gegen die Sozialdemokratie, gegen das Denken in Kategorien der liberalen Demokratie usw. – all das geht einher mit einer Art nationaler Religion, mit der die neue Regierung im Namen des Volkstums eine Art Sendung zu vollenden meint. Die »magyarische Sendung« strahlt nach außen mit dem Traum von Großungarn als »Hungaria irredenta« – und nach innen als Vision einer »sauberen« Nation, in der bald Ordnung herrschen soll.

Kapitel 2

Ensemble der Abwertung
Die Konjunktur von Feindbildern im Inneren der ungarischen Gesellschaft

Von Andreas Koob

Schwarze Westen mit altungarischem Wappen: Zunächst trugen die ersten Gardenmitglieder bei ihrer Vereidigung jene Kluft, die der Uniform der einstigen ungarischen Nazis gleicht, dann Massen verstreut im ganzen Land und später Gábor Vona, der Vorsitzende der faschistischen Jobbik, bei seinem Amtseid als Abgeordneter im ungarischen Parlament. Seit nunmehr fünf Jahren ist die »Ungarische Garde« *(Magyar Gárda)* aktiv. Während sie zu Anfang auch außerhalb Ungarns großes, mediales Aufsehen erregte, ist es inzwischen ruhig um sie geworden. Das gilt allerdings nicht für ihr Auftreten: Ihre Hasschöre hallen noch immer laut in den Ohren ihrer AdressatInnen, ob in Budapest oder in der ungarischen Provinz.

Mit ihren Aufmärschen prägen die GardistInnen, darunter tatsächlich nicht nur Männer, in unvergleichbarer Weise das politische Klima Ungarns und kultivieren das Denken im Vorurteil. Ihre Beliebtheit ist längst mehr als nur eine Stimmung. Die von ihnen auserkorenen Feindbilder erfahren das stetig aufs Neue. Ein politisches Gegengewicht, das dem Einhalt gebieten könnte, gibt es gegenwärtig nicht. Vielmehr etabliert auch der regierende Fidesz mit seiner rechtsnational-völkischen Politik ein Ensemble der Abwertung von Missliebigen. Denn die Partei Viktor Orbáns entwirft selbst Feindbilder und ignoriert oder reproduziert die eklatanten Vorurteile gegenüber bestimmten Gruppen. Das führt vielfach zur Zuspitzung und Verschärfung bestehender Konflikte und Diskurse.

Alter Hass und neue Hetze: Gegenwärtige Virulenzen des Antiziganismus und Antisemitismus

Abwertung hat Konjunktur in Ungarn. Und niemanden trifft der Hass so oft, so unverhohlen, so gewaltsam wie Roma. Antiziganismus ist zur Alltäglichkeit geronnen. Es ist der Hass der Mehrheit – brutal und zugleich salonfähig:

62 Prozent der UngarInnen nehmen laut einer Umfrage etwa an, dass Roma »kriminell veranlagt« seien. Hier holt die Jobbik ihre WählerInnen ab. Es ist ihr Metier. Mit einer Politik der ständigen Provokation erhebt sie den Antiziganismus immer mehr zur Norm. Das färbt ab, immer mehr wird die Romafeindlichkeit zum Bezugspunkt verschiedenster Akteure. Aber es ist kein plötzlicher Aufstieg eines alten Vorurteils, der Antiziganismus stieg nicht wie Phönix aus der Asche auf. Schon 1975 lehnten, einer von der Sozialwissenschaftlerin Brigitte Mihok angeführten Studie zufolge, 75 Prozent der ungarischen Bevölkerung Roma ab. »Lösungsmöglichkeiten der ›Zigeunerfrage‹ sahen die Befragten im Entzug der Hilfeleistungen, der Verstärkung der Kontrolle, der Absonderung und physischen Vernichtung der Roma. Diese Einstellung verstärkte sich nach 1990«, schrieb Mihok bereits 1999. Im real existierenden Sozialismus war Romafeindlichkeit allgegenwärtig, staatlich wie nicht-staatlich, obwohl sie offiziell als diskreditiert galt. Nach der Wende steigerte sich die antiziganistische Rhetorik, verbreitete sich ganz ohne Tabus und gepaart mit brachialen biologistischen Rassismen.

Die Äußerungen des bekannten Dramatikers und rechtsextremen Politikers István Csurka sind dafür ein gutes Beispiel: »Wir können nicht länger ignorieren, dass die Fäulniserscheinungen genetische Ursachen haben. Es muss erkannt werden, dass sozial benachteiligte Gruppen, bei denen die harten Grenzen der natürlichen Auslese nicht funktionieren, viel zu lange unter uns gelebt haben.« Csurka, sonst vor allem als Antisemit bekannt, war 1992 Abgeordneter und einer der Vize-Vorsitzenden der damaligen Regierungspartei MDF, des rechtskonservativen *Magyar Demokrata Fórum.* Später wurde er Vorsitzender der rechtsextremen »Ungarischen Wahrheits- und Lebenspartei« (MIEP), bevor er, kurz vor seinem Tod, als künstlerischer Leiter eines renommierten Budapester Theaters gehandelt wurde. Wie Csurka hat auch der Antiziganismus Karriere gemacht – allerdings auf getrennten Wegen.

Etwa im Fahrwasser der Jobbik, aus deren noch junger Parteigeschichte der Antiziganismus nicht wegzudenken ist. Beispiellos macht sie sich das Ressentiment zu Nutze, schürt die Vorbehalte und heimst Wahlerfolge ein und erreicht sogar lokale Mehrheiten. In vier ungarischen Gemeinden stellt die Partei gegenwärtig den Bürgermeister. Der renommierte ungarische Soziologe Pál Tamás stellt fest: »Die größte politische Innovation von Jobbik ist die Wiederaufnahme von ethnischen Fragen in ihre Agenda ... und der Versuch, das Feindbild (oder zumindest die Bedrohung) von den Juden auf eine andere ethnische Gruppe, die Roma, zu lenken.«

Diese Strategie ist zweifelsohne aufgegangen. Während sich der Antisemitismus auch jenseits der Jobbik hartnäckig im codierten Sprachgebrauch hält (siehe Kapitel 1) und sich gerade im Kontext der wirtschaftspolitischen Debatte als erschreckend elaboriert erweist (siehe Kapitel 3), offenbart sich der Antiziganismus in alltäglicher Militanz. Die Jobbik-nahe Garde vereinnahmt seit 2007 ganze Dörfer mit ihren Aufmärschen, bei denen oft mehrere tausend Rechte im Pulk das lokale Geschehen aufmischen. Im nationalsozialistischen Dress der ungarischen Pfeilkreuzler (*Nyilaskeresztes*) versammeln sie sich vor den Häusern lokaler Roma. Als »Machtdemonstration« beschrieb 2009 Lídia H. Balogh, eine Absolventin der Budapester Central European University, die Präsenz der Rechten. Sie vergleicht dabei zwei Orte: An einem lief die Garde auf, am anderen nicht. Ihre Untersuchung geht der Annahme nach, dass sich dort, wo die Garde aufmarschiert, bestehende Spannungen weiter entfachen, über die Präsenz der rechten Massen hinaus verstetigen und das lokale Geschehen eintrüben. Während es ohne die Garde – trotz vergleichbarer lokaler Konflikte – nicht zu dieser Ereigniskette kommt.

Das düstere Gebaren der Garde machte in Windeseile selbst die abgelegensten Nester der ungarischen Provinz international bekannt. Inzwischen dürfte es schwierig sein, überhaupt noch einen Ort zu finden, an dem die Rechten noch nicht aufmarschiert sind. Obwohl bereits 2009 gerichtlich verboten, sind sie weiter ungestört aktiv. Mit immer neuen Namen – etwa als »Neue Ungarische Garde« (*Új Magyar Gárda*) oder »Bürgerverein Schönere Zukunft« (*Szebb Jövőért Polgárőr Egyesület*) – schikanieren die Rechten die Opfer ihres Hasses und provozieren zugleich, sichtlich vergnügt, den ungarischen Staat. Als bisheriger, trauriger Höhepunkt können die Geschehnisse im Ort Gyöngyöspata gelten, wo 2011 Gardenmitglieder über mehrere Wochen völlig ungestört das staatliche Gewaltmonopol außer Kraft setzten (dazu später mehr).

Als Reaktion auf jene unvergleichlichen Geschehnisse hat die Regierung Orbán die Versammlungsgesetze drastisch verschärft. Unter anderem kann die Mitgliedschaft in verbotenen Vereinigungen härter sanktioniert werden. Doch dem regen Treiben scheinen diese neuen Maßgaben keinen Abbruch zu tun. Als Beispiel dafür kann der diesjährige Geburtstag der Garde gelten. Ganz offiziell zelebrierten die GardistInnen und ihre SympathisantInnen im August das fünfjährige Bestehen mit einer Demonstration mitten in der Budapester Innenstadt, gekleidet im üblichen Dress, geschützt von der Polizei. Zwar war das Ereignis zunächst polizeilich verboten, dann aber doch erlaubt worden, nämlich durch ein Gericht, das das polizeiliche Verbot aufhob. Auf diese Weise konnte sich die verbotene Vereinigung ganz legal formieren und über den Pester Prachtboulevard zum prestigeträchtigen Heldenplatz bewegen.

Zeitgleich versammelten sich die Rechten auch in der Provinz, und zwar ganz ungestört im Ort Dunaföldvár – worüber Jobbik-Chef Vona auf seiner Facebook-Seite postete. Nach eigenen Angaben wurden dort 130 neue Gardemitglieder vereidigt. Die Polizei war mit bewusst gestreuten Falschinformationen ausgetrickst worden: 600 PolizistInnen warteten vergebens im falschen Ort. Die sozialliberale Tageszeitung *Népszabadság*, die die Jobbik-Performance mit nur einigen hundert Leuten in Budapest als misslungen einschätzte, bedauerte, dass die Partei dank des blamablen Polizeieinsatzes in der Provinz den Tag dennoch als Erfolg verbuchen konnte.

Die Geschehnisse rund um das Jubiläum sind nur ein Beispiel für die fortgesetzte Symbol- und Machtpolitik der militanten FaschistInnen, der substantiell nichts entgegensteht. Dass die nötigen rechtlichen Voraussetzungen dafür eigentlich gegeben wären, verleiht dem Umstand eine noch größere Tragweite. Schließlich werden damit Gesetze und Verbote überstrapaziert bzw. ausgehöhlt. So wurde im April 2012 die Aktivität in nichtregistrierten Bürgerwehren mit Geldstrafen von bis zu 100.000 Forint (fast 360 Euro) belegt, und im Mai folgte eine Gesetzesverschärfung, welche das Organisieren illegaler Bürgerwehrhandlungen mit einem Strafmaß von bis zu zwei Jahren Gefängnishaft bemisst. Doch faktisch hat sich dadurch nicht viel getan. Die rechtlichen Instrumentarien werden kaum oder gar nicht zur Anwendung gebracht. Eine schlechte Bilanz im Umgang mit den Paramilitärs, die offiziell vorgeben, unbewaffnet zu sein, weist jedoch nicht nur die Regierung Orbán auf. Auch die sozialistische Vorgängerregierung begegnete der rechtsstaatlichen Herausforderung mit wenig Bravour. So hatten sich während ihrer Amtszeit die penetranten Provokationen der Jobbik längst gesellschaftlich etabliert.

Auch wenn wiederkehrend über mögliche Spaltungen in Jobbik-Kreisen spekuliert wird, dem politischen Klima täten eben solche keinen Abbruch. Ohnehin gab es derartige Anlässe schon zur Genüge, ohne dass die Partei Schaden davon genommen hätte. Vonas Vorgänger Dávid Kovács etwa hatte die Partei bereits 2008 verlassen, weil er mit der zunehmenden Verzahnung von Garde und Partei nicht einverstanden war. Jüngst machte der Rauswurf des Europa-Abgeordneten Csanád Szegedis Schlagzeilen. Er hatte seine jüdische Herkunft verschwiegen und eingeweihte Mitglieder der rechten Szene mit Subventionszahlungen ruhig gehalten. Als alles aufflog – in rechten Kreisen munkelte man von einem »Coming out« –, verließ er die Partei.

Trotz solcher Vorkommnisse kann kein Analyst die politische Bedeutung der Partei in Abrede stellen. Selbst ihre schlechtesten Umfragewerte liegen bei mindestens 15 Prozent. Auch die Hasstiraden des geschassten Szegedi, der zum Beispiel die Sozialhilfe als »staatliche Zigeunerzüchtung« bezeichnete, werden weiter fortwirken. Überhaupt scheint sich die Rhetorik der FaschistInnen nicht zu verbrauchen. Das gilt insbesondere für das Gerede von der angeblichen »Zigeunerkriminalität«. Gerade dieser Slogan ist wohl am engsten mit dem rapiden Aufstieg der Partei verbunden. Mit ihrem antiziganistischen Jargon hat die Jobbik die Sprache des Vorurteils weiter kultiviert. Dabei instrumentalisieren die FaschistInnen immer wieder tragische Einzelereignisse, um den Hass gegen Roma anzustiften.

Diese Strategie offenbarte sich erstmals 2006, als im Ort Olaszliszka, wo ein Nicht-Roma, der einen Verkehrsunfall verursacht hatte, durch mehrere Roma brutal getötet wurde. Nicht nur in diesem Fall wurde, sich des klassischen Repertoires antiziganistischer Sinngehalte bedienend, ein Stereotyp umcodiert, wie die Journalisten Gregor Mayer und Bernhard Odehnal beschreiben: »Der neue Totschlag-Slogan [sic] vermengte den schrecklichen und spektakulären Einzelmord mit der den Roma zugeschriebenen Kleinkriminalität«. Die Erfolge dieser Dauerkampagne »gegen die Zigeunerkriminalität« halten bis heute an. Jüngstes Beispiel ist die Diskussion über die Vergewaltigung und Ermordung der 25jährigen Pécser Polizeipsychologin Kata Bándy im Juli 2012. Das Medienecho ist groß – der mutmaßliche Täter: ein Rom. Die Jobbik schlachtet die Geschichte aus.

Aber auch andere halten sich in diesem Fall nicht zurück, so etwa der eng mit Orbán befreundete Journalist Zsolt Bayer in der rechtskonservativen Tageszeitung *Magyar Hírlap*: »Sogar Millionen [weißer] Ungarn werden ausgeraubt, zusammengeschlagen, erniedrigt und umgebracht – tagtäglich – von *den* Zigeunern, die neben ihnen leben«, gibt ihn die Online-Presseschau *Budapost* wider. Darüber hinaus folgert Bayer, der Anfang Januar 2012 – unter dem Motto »Ungarn wird keine Kolonie werden!« die Massendemonstration gegen die EU mitorganisierte: »Wenn die Zigeuner-Community nicht selbst einen Weg findet, sich von dieser Mentalität zu säubern, dann muss eine Vereinbarung gefasst werden, dass es unmöglich ist, mit ihr zu koexistieren.« All dies geschieht, obwohl, wie Medienberichte zu entnehmen war, die Eltern des Opfers ausdrücklich darum baten, ihre familiäre Tragödie nicht zu »politisieren«.

Ähnliches gilt für die Hinterbliebenen des 2009 in Veszprém von Mafia-Angehörigen niedergestochenen rumänischen Handballers Marian Cozma. Aber auch hier folgte – in bisher unvergleichbarem Ausmaße – der öffentliche Aufschrei: »Zigeunerkriminalität«. Selbst die erstinstanzliche Urteilsschrift des Gerichts ließ die ethnische Herkunft der angeklagten Täter verlauten, wie der Sportsender *Eurosport* meldete: Erst der Berufungsrichter monierte diesen Umstand im April 2012 und setzte zugleich die Strafen niedriger an. Statt zu zweimal lebenslänglich und einmal 20 Jahren verurteilte er die Männer zu zwei mal 18 Jahren und einmal acht Jahren.

Auch wenn der Fall Cozma nun gerichtlich abgeschlossen ist, so ist er öffentlich längst noch nicht besiegelt. Als Reaktion auf das seinem Vernehmen nach zu milde Urteil schaltete sich Justizminister Tibor Navracsics ein. Der Fidesz-Politiker wandte sich – *checks and balances* hin oder her – direkt an Péter Darák, den Vorsitzenden der Kurie, wie das höchste ungarische Gericht seit diesem Jahr wieder heißt. Das abgemilderte Urteil, lässt sich das Schreiben sinngemäß zusammenfassen, sei gesellschaftlich nicht vermittelbar. Das *Hungarian Helsinki Committee* (HHC), eine Menschenrechtsorganisation mit Sitz in Budapest, kritisierte Navracsics Intervention als im Kontext der Gewaltenteilung höchst problematisch. Es sei schwierig, dessen Brief nicht als Maßnahme zu verstehen, mit der die Exekutive Druck auf die Judikative ausübe, schrieb die NGO an den Justizminister.

Dass HHC erinnerte Navracsics auch geflissentlich daran, dass die Richter nur dem Gesetz verpflichtet seien: »Die öffentliche Meinung ist bei der Beurteilung richterlicher Entscheidungen irrelevant. ... Gerade unter Berücksichtigung dessen, dass sich 68 Prozent der ungarischen Bevölkerung [grundsätzlich] für die Todesstrafe aussprechen«. Unbeirrt antwortete Navracsics der NGO, dass menschliches Verhalten nicht nur durch Gesetze, sondern auch durch Tradition, Moral und ethische Normen reguliert sei. Deshalb, so der Minister, »ist es notwendig, die Meinung und das Gerechtigkeitsgefühl der Gesellschaft zu berücksichtigen, wenn Gesetze gefasst und angewendet werden«. Würden Gesetze ihr Ziel verfehlen, fühle er sich moralisch dazu verpflichtet, dies gegenüber relevanten Gremien aufzuzeigen. Die langwierige Schlammschlacht um jenes schwere Verbrechen ist damit in den höchsten Etagen angekommen. Die Jobbik bleibt sich unterdessen treu und spricht dem wahren Volkszorn aus der Seele: »Die Morde geschehen. Die Täter stammen zu 90 Prozent aus ein- und demselben soziokulturellen Milieu. Sprechen wir es aus: Sie sind Zigeuner. Die Opfer hingegen sind zu 100 Prozent Ungarn. Deshalb brauchen wir die Todesstrafe.« So zitierte der *Spiegel* jüngst einen Blog-Eintrag Vonas – im Hass wohl kaum steigerbar.

Dreh- und Angelpunkt des gegenwärtigen Antiziganismus bleibt somit die ethnisch zugeschriebene Kriminalität. Doch dahinter offenbaren sich zugleich viel umfassendere Dimensionen des Vorurteils. Ein Beispiel: Es gebe »Zigeunerkriminalität«, und diese sei eine Art von Kriminalität, um den Lebensunterhalt zu bestreiten; zudem seien Roma »als soziale Gruppe kollektivistisch, nahezu auf dem Level eines Stammes« im Vergleich zur individualistischen, ungarischen Gesellschaft. Das HHC gibt hier nicht etwa den Jargon der Jobbik wieder, sondern ein Statement Máté Szabós, des damaligen Parlamentarischen Ombudsmannes für Bürgerrechte. Für seine Aussagen im April 2009 entschuldigte er sich später, doch bis heute ist er im Amt. Inzwischen ist er als einzig verbliebener Ombudsmann mit den Grundrechten beauftragt – eigentlich als Anwalt aller UngarInnen, als Fürsprecher ihrer Bürgerrechte.

»Ein Sprung vom Hassvokabular der Rechtsextremisten in die Sprechweise und damit Wirklichkeitswahrnehmung breiter Kreise der Bevölkerung« kennzeichne die gegenwärtige Diskursdynamik, schreibt der Osteuropa-Forscher Wolfgang Aschauer im »Jahrbuch für Antisemitismusforschung 2010«. Der Vorbehalt gegenüber Roma hat viele Facetten: verlauste Kinder, rachsüchtige Eltern, Selbstjustiz in der eigenen Community, parasitäres Sozialschmarotzertum und eine zu hohe Geburtenrate – all diese gängigen Attribute speisen das Image der Roma, das die Mehrheitsgesellschaft entwirft. Die ungarische Sozialwissenschaftlerin Mariann Dósa schreibt: »Soziale Anomalien wie Dreck, Unordnung und Unhygiene werden Roma zugeschrieben ... und dienen dazu, abweichende Roma-Subjektivität herzustellen«. Und dieser Umstand habe sich mit dem EU-Beitritt Ungarns nochmals verschärft. Denn im Zuge dieser Orientierung gen Westen, habe sich für viele UngarInnen ein Selbstbild der »Rückständigkeit« ergeben, so Dósa. Zur Kompensation werde eine noch prägnantere Rückständigkeit in der Roma-Bevölkerung ausgemacht und zugleich gefürchtet.

Nicht nur in Ungarn bietet der Antiziganismus die Möglichkeit, sich durch den Blick nach unten auf den als »Zigeuner« Verschrienen selbst zu erhöhen. Das Vorurteil zieht eine klare Grenze zwischen Mehrheit und Minderheit und kaschiert dabei zugleich andere Hierarchien. Die AdressatInnen des Vorurteils werden deklassiert. Diese Deklassierung erfüllt eine spezielle Funktion gerade im Kontext zunehmender sozialer Ungleichheiten. Was für die von Aufstieg und Abstieg gezeichnete (post-)moderne Gesellschaft ganz allgemein gilt, gilt im Kontext der Wende-Transformation im speziellen: Auch wenn es viele VerlierInnen der Wende gibt, so behalten die als »Zigeuner« diskreditierten die rote Laterne. Antiziganismus ist gewissermaßen ein »Ticket« für die Mehrheit.

Die zuvor beschriebene Rhetorik läuft darauf hinaus, nicht nur die Vorbehalte anzustiften, sondern sie zugleich festzuschreiben, ja, sie zu kulturalisieren. Für den ungarischen Antiziganismus stellt Aschauer in seinen Analysen folgendes Schema fest: »Roma sind als solche anders, haben eine andere Kultur und sind innerhalb der problematischen Beziehung mit der Mehrheitsgesellschaft derjenige Teil, der eine Bringschuld hat«. Dem Vernehmen der Masse nach sei klar: ihr Verhalten, nicht etwa ihr Status, mache sie zur »underclass« der ungarischen Gesellschaft.

Die Roma werden unterdessen nicht nur abgeschrieben, sie werden degradiert und schikaniert. So wie die Sprache immer wieder einem kollektiven Rufmord gleichkommt, verlagern sich auch die antiziganistischen Praxen ins Extreme. Dabei erschöpft sich die Militanz nicht in Machtdemonstrationen, wie sie zuvor schon anhand der Gardeaktivitäten beschrieben wurden. So kulminierte in den Jahren 2008 und 2009 der Hass in einer Mordserie, bei der sechs Roma getötet wurden. Die inzwischen überführten vier Täter verwendeten Molotow-Cocktails und Schrotflinten, so etwa beim Doppelmord in Tatárszentgyörgy. Dort setzten sie im Februar 2009 ein Familienhaus in Brand und schossen dann den aus dem Feuer fliehenden Vater – sein fünfjähriges Kind im Arm – nieder.

Das *European Roma Rights Center* (ERRC) führt für den Zeitraum 2008 bis 2010 weitere 13, ganz ähnliche Gewalttaten an, die nach Annahmen der Polizei nicht von jenen Serientätern begangen wurden. Das ERRC bilanziert dabei mindestens zwei weitere Tote. Aber nicht nur diese rassistischen Tatbestände lassen aufhorchen, auch der behördliche Umgang mit ihnen: In Tatárszentgyörgy kam es erst auf Initiative der damaligen liberalen EU-Abgeordneten Viktória Mohácsi zu Mordermittlungen, obwohl zu diesem Zeitpunkt bereits eine 50-köpfige Polizei-Sonderkommision mit den Fällen betraut war. Als die von Mohácsi hinzugezogenen ErmittlerInnen des »Nationalen Ermittlungsbüros« (*Nemzeti Nyomozó Hivatal*) erschienen, hatten, laut NGO-Angaben, Polizei, Rettungsdienst und Feuerwehr den Fall schon als Gasexplosion abhaken wollen, für die sie die Familie sogar selbst verantwortlich machten. Zudem habe einer der anwesenden Polizisten auf Fußspuren uriniert und wie die anderen KollegInnen Patronenhülsen übersehen, welche die SonderermittlerInnen später sicherstellten.

Sachverhalte wie diese zeugen von handfesten Rassismen in staatlichen Gremien, Organen und im öffentlichen Leben. So griffen im Ort Patka im Juni 2008, Angaben des ERRC zufolge, Mitglieder der »Freiwilligen-Polizei« (*Polgarörség*), eine in ländlichen Gebieten Ungarns offiziell legitimierte und mit Gemeinde und Polizei kooperierende Bürgerwehr, mit sechs Molotow-Cocktails die Häuser dreier Familien an. Außerdem unterzeichnete die landesweite Polizeigewerkschaft TMRSZ im Mai 2009 ein Abkommen mit der Jobbik, in dem sie sich unter anderem für die Wiedereinführung der Todesstrafe stark macht. Die Organisation trägt den vielsagenden Namen »Ungarische Polizeigewerkschaft Tatbereit« (*Tettrekész Magyar Rendörség Szakszervezete)* und vertritt mit ihren 5.000 Mitgliedern mehr als zehn Prozent der ungarischen Polizeibelegschaft.

Bezeichnend auch Folgendes: Der auf der Berlinale 2012 ausgezeichnete Film »Just the Wind« (im Original: »Csak a szél«) des ungarischen Regisseurs Benedek Fliegauf zeichnet die Zeit der oben geschilderten Mordserie nach. In einer der Schlüsselszenen stehen zwei Polizisten in einem von Schüssen durchlöcherten Haus einer ermordeten Familie. »Anständige Zigeuner zu töten, das versaut bloß die Message«, sagt der eine der beiden. Auf der Pressekonferenz des Films legten Vertreter der ungarischen Regierung Flugblätter aus, die zwar auch Details zu den Vorkommnissen enthielten, zuallererst aber den »fiktionalen« Charakter des Films betonten. Fiktion? Der Film zeigt neben der Gewalt vor allem die Alltäglichkeit des Vorurteils, etwa in einer Szene, in der ein Schulleiter zu der Putzfrau, die ihm direkt gegenübersteht, sagt: »Es stinkt nach totem Tier«. Die Frau ist Romni, der Mann nicht.

Szenen wie diese lassen nachfühlen, wie Roma im Alltag – ob in der Schule oder bei der Arbeit – diskriminiert werden, wie sie auf sich gestellt sind, wenn sie Opfer von rechtsextremer Gewalt werden, und wie sie aus den Siedlungen ausgeschlossen werden, in denen »echte Ungarn« wohnen. Dutzende *hate groups* auch jenseits der Garde heizen diese Routinen weiter an, provozieren Konflikte oder verleihen den schon bestehenden eine brutale Militanz. Sie verleihen dem Antiziganismus gegenwärtig ein unvergleichbares Alleinstellungsmerkmal im Feld abwertender Praxen, deren Ausmaße ohnehin schon erschreckend sind.

Dabei darf nicht übersehen werden, dass auch beim Antisemitismus eine zunehmende Virulenz zu beobachten ist. Davon zeugen neue Schmierereien am Budapester Holocaust-Mahnmal, Schweinefüße an der Statue von Raoul Wallenberg, der viele ungarische Juden und Jüdinnen vor der Deportation bewahrte, und Friedhofschändungen wie im Juli 2012 in Kaposvár. Im selben Monat war auch ein Flashmob vor dem Haus des in Budapest überführten Kriegsverbrechers László Csatáry organisiert worden. In dessen Folge veröffentlichte das rechtsextreme Internetportal *kuruc.info* die Kontaktdaten einzelner TeilnehmerInnen des Protests und setzte zugleich ein Kopfgeld aus. Mit den gleichen Methoden arbeiten auch andere Hetzportale wie etwa *deres.tv*. In kruder Manier promoten sie Antisemitismus wie auch Antiziganismus und Homophobie.

Nachdem sich 50 Mitglieder des US-amerikanischen Kongresses mit der Bitte an Orbán wandten, er solle sich gegen die antisemitischen Vorfälle positionieren, stritt dieser seine Verantwortung ab und verwies auf den in den USA befindlichen Server von *kuruc.info*, den man abstellen solle. Dieser sei das Zentrum des ungarischen Antisemitismus, so Orbán gegenüber der öffentlich-rechtlichen Nachrichtenagentur MTI. Ein solcher Umgang mit Antisemitismus scheint ähnlich unadäquat wie die Episode mit dem Berlinale-Flugblatt. Was ins Virtuelle oder Filmische verdrängt wird, bleibt erschreckend präsent. So wie die am Flashmob beteiligten AktivistInnen gegenwärtig bedroht werden, verlassen Roma inzwischen aus Angst ihr Herkunftsland oder sterben nachts im Kugelhagel. Fiktional ist daran nichts.

Die Aussagen Orbáns sind, ebenso wie das Flugblatt, das den Kopf des Ministeriums für Öffentliche Verwaltung und Justiz trägt und vom Staatssekretariat für Soziale Integration angefertigt wurde, nicht die einzigen Fälle, in denen Mitglieder der ungarischen Regierung mit relativierenden Aussagen irritieren. Auch Zoltán Kovács, Staatssekretär für Regierungskommunikation, sagte bei einem Besuch in New York im Mai 2012: »Nach unserer Ansicht gibt es keine Diskriminierung gegen Roma in Ungarn«.

Strategische Apathie: Die ungarische Minderheitenpolitik zwischen Anspruch und Wirklichkeit

»Diskriminierung existiert«, betitelte die »Gesellschaft für Freiheitsrechte« (TASZ) kurz und knapp einen Appell an Kovács. In ihrem Schreiben verweist die ungarische NGO sogar auf die von der Regierung eigens erarbeitete, in 133 Seiten abgefasste »Nationale Strategie zur sozialen Inklusion«. In dem Strategiepapier, das sich vor allem der Lage und Zukunft der Roma widmet, ist etwa auf Seite 30 zu lesen: »Wir brauchen effektive Maßnahmen, um die Diskriminierung und das Vorurteil gegenüber Roma zu bekämpfen«. Diese Strategie bestimmt derzeit zweifelsohne die politische Debatte in Sachen ungarischer Minderheitenpolitik. Sie gilt als umstritten. Was also hat es mit dem Papier auf sich?

Alle EU-Mitgliedsländer hatten sich im April 2011 gegenüber der EU-Kommission verpflichtet, eine solche nationale Strategie zur Integration der Roma bis 2020 innerhalb von acht Monaten vorzulegen. Vorangetrieben und verabschiedet wurde das Vorhaben während der ungarischen EU-Ratspräsidentschaft. Über deren Presseverteiler tickerte es: »Die Situation der Roma [in Europa] ist noch immer vorherrschend von Diskriminierung gezeichnet, sozialem und oft auch ökonomischen Ausschluss«. Aber nach Kovács artikulierter Auffassung scheint es Diskriminierung doch gar nicht zu geben, jedenfalls nicht in Ungarn. Was veranlasste ihn zu diesem Statement?

Es war eine Antwort auf einen sehr detaillierten Länderreport des amerikanischen Außenministeriums, der über die Menschenrechtspraxen in Ungarn 2011 berichtet. Neben zahlreichen kritischen Notizen spricht der Bericht der Regierung auch ein direktes Lob aus: »Während des Jahres spielte der dem Ministerium für Öffentliche Verwaltung und Justiz unterstellte Staatssekretär für Soziale Integration, Zoltán Balog, innerhalb der Regierung eine fortgesetzt kritische Rolle, um die Belange der Roma voranzubringen«. Es wird eine Harmonisierung der Inklusions-Politiken angeführt, und daneben fortwährende Stipendienprogramme und eine Stärkung der politischen Repräsentation der Roma. Warme Worte, war doch die allgemeine Reaktion auf die unter Federführung Balogs entstandene nationale Strategie sonst ein Wechselbad der Gefühle.

Ein nur sehr bedingtes Lob spricht etwa die schon genannte TASZ aus: »Die Situationsanalyse der Strategie ist – im Kontrast zu anderen Abschnitten des Dokuments – nahe an der Realität«. Tatsächlich hantiert das Strategiepapier mit gewaltigen Zahlen: 174.000 Personen in Haushalten mit Kindern sollen dem Armutsrisiko geholt werden, in 204.000 Haushalten soll sich die Beschäftigungsintensität der Mitglieder steigern und 354.000 Menschen sollen ernster materieller Armut entkommen. Es geht dabei explizit nicht nur um Roma, sondern um alle in Armut lebenden Personen, deren Situation sich bis 2020 verbessern soll.

Ein Wandel täte tatsächlich Not – für Roma wie für niemand anders. Vergleicht man ihre Situation mit der von Nicht-Roma ist die allgemeine Diskriminierung nicht zu verkennen. Die durchschnittliche Lebenserwartung der Roma liegt zehn Jahre unter dem landesweiten Mittelwert. Zudem ist von einer doppelt so hohen Säuglingssterblichkeit auszugehen. Das sind drastische Konsequenzen, in denen sich die materielle Schlechterstellung und der allgemeine Ausschluss der Roma offenbart: Das fängt schon in der Bildung an. An zahllosen Schulen ist der Alltag durch ein segregiertes Nebeneinander gekennzeichnet. Gängige Praxis ist, dass Roma in Klassen für Lernbehinderte abgeschoben werden. Rund ein Fünftel der Roma-Kinder verlässt die Schule ohne Abschluss, völlig chancenlos im Kontext der ohnehin hohen Arbeitslosigkeit auf dem Land. Überhaupt lebt die Mehrheit der Roma abgelegen in den strukturschwächsten Regionen des Landes, vor allem im armen Nordosten. Sie sind abgeschnitten von der Nicht-Roma-Bevölkerung und wohnen meist am Rand der Ortschaft in segregierten Siedlungen, der sogenannten »Roma-Reihe«. Wollen und können sie in ein Umfeld von Nicht-Roma umziehen, führt das regelmäßig zu Konflikten, die nicht selten in Gewalt eskalieren.

In jenen entlegenen Zipfeln, an Orten, wo die Wende ganze Industrie-Regionen zur Brache machte, leben Roma schlechter als die zum Großteil auch arbeitslosen Nicht-Roma. Das zeigt eine aktuelle Studie der Agentur der Europäischen Union für Grundrechte (FRA). Ihr Fokus liegt auf der Lebenssituation von Personen, die in jenen Gebieten wohnen, wo mehr Roma leben als im landesweiten Schnitt, im Grunde genommen genau dort, wo die Jobbik besonders gerne Stimmen fängt. Die Daten schlüsseln den jeweiligen Status von befragten Roma und Nicht-Roma auf und vergleichen, vereinfacht ausgedrückt, Roma mit ihren Nicht-Roma-NachbarInnen.

Selbst in diesen sogenannten »benachteiligenden Regionen« unterliegen Roma einem mehr als doppelt so hohen Armutsrisiko wie Nicht-Roma und leben doppelt so wahrscheinlich in einem Haushalt, in dem es keine Küche, Toilette, Dusche oder Strom gibt. Während zudem mehr als jede dritte Roma-Person im Monat zumindest einmal hungrig schlafen ging, gilt das unter den Nicht-Roma »nur« für jede zehnte Person. »Verglichen mit den in ihrer unmittelbaren Nähe lebenden Nicht-Roma lassen sich erhebliche Unterschiede feststellen, wobei die Situation der befragten Nicht-Roma ebenfalls häufig besorgniserregend ist«, urteilt die FRA.

In den Ergebnissen der Studie manifestiert sich ein Bild absoluter Armut, allerdings mit Abstufungen. Als die Schornsteine der Schwerindustrie noch rauchten, waren die Roma die ArbeiterInnen in der niedrigsten Position, heute sind sie die ärmsten Arbeitslosen. Die Verhältnisse haben sich verschärft, aber die Hierarchie bleibt gewahrt. Hier scheint das Vorurteil am Werk: Mehr als 40 Prozent der befragten Roma fühlten sich im vergangenen Jahr zumindest einmal diskriminiert, unter anderem bei der Suche nach Arbeit. So ist es kein Zufall, dass 58 Prozent der 15- bis 24jährigen befragten arbeitslosen Roma noch nie gearbeitet haben.

Arbeit ist nun auch einer der zentralen Punkte der Strategie: Bis spätestens 2015 sollen 100.000 arbeitslose Roma in Arbeit gebracht werden. So sieht es das Abkommen zwischen der Regierung und der sogenannten Roma-Selbstverwaltung vor. Die Frage bleibt nur, zu welchen Bedingungen? Verbunden sind diese Vorhaben etwa mit dem »Neuen Széchenyi-Plan«, der vorsieht, insgesamt eine Million neue Jobs zu schaffen, aber auch mit den harten Restriktionen bei der Gewährung von Sozialleistungen: Sie kann fortan an die Teilnahme an öffentlichen Beschäftigungsprogrammen geknüpft werden. Diese werden offiziell als dritter Arbeitsmarkt deklariert. Und wie in Deutschland wird die finanzielle Unterstützung durch sie aufgestockt. Die EmpfängerInnen säubern dreckige Straßen, räumen illegale Mülldeponien oder werden landesweit abgestellt, um auf industriellen Großbaustellen zu arbeiten – all das sieht die Inklusionsstrategie explizit vor. Der Einsatz erfolgt unabhängig von der eigentlichen Qualifikation und unter dem Niveau des in Ungarn geltenden gesetzlichen Mindestlohns. Ernő Kállai, bis zur jüngsten Abschaffung seines Amtes Ombudsmann für Minderheitenbelange, warnte: »Die Arbeitspflicht kann das Recht auf Familie und Privatleben außer Kraft setzen«. (Mehr zur Beschäftigungspolitik in Kapitel 3.)

Aus diesen Details speist sich die Kritik. Wie auch Balog selbst kommt seine Strategie mal gut, mal schlecht an. In zahlreichen Einschätzungen changiert er eher als Politiker oder gar Freund Orbáns denn als Fachmann. Zugleich genießt er europaweit inzwischen das Renommee eines gern konsultierten Experten. Besser punkten lässt es sich dabei für den Pfarrer gewöhnlich mit den Bildungszielen seiner Strategie. Sie werden unumstrittener vernommen als die Beschäftigungsvorgaben: 20.000 junge Roma sollen Berufsschulen besuchen, 10.000 die Schule bis zum Ende durchlaufen und »5.000 talentierte [sic] Roma« an der Uni weitermachen können, so das Strategiepapier.

Neben den beschäftigungs- und bildungspolitischen Zielen sind auch Veränderungen in den Bereichen Gesundheit, Wohnen und Diskriminierung beabsichtigt. Das *Open Society Institute* (OSI) der international tätigen Soros-Stiftung legte während der Erarbeitungsphase ein eigenes Strategiepapier vor, das – vergleichbar einer Handreichung – zahlreiche politische Einschätzungen bereithält. Einige der für Ungarn vom OSI gewünschten Vorgehensweisen scheinen in der letztendlich verabschiedeten Strategie Berücksichtigung gefunden zu haben, etwa der Einbezug und die Stärkung der nationalen Roma-Selbstverwaltung.

Doch die tatsächliche Relevanz jener lokalen, regionalen und nun auch nationalen Selbstverwaltungen, die vor allem ein kulturelles Mandat besitzen, ist strittig. Ihr Vertreter Flórián Farkas bezeichnete die mit der Regierung getroffene Vereinbarung »als völlig einzigartig, als beispiellos«. Orbán selbst unterzeichnete jenes mit Farkas getroffene Abkommen. Aus der Sicht einiger ist dies ein Signal gegen die vom OSI attestierte politische Willenlosigkeit im Bezug auf die Situation der Roma, aus Sicht anderer ist es nur gelungene PR-Arbeit.

Ferner unternahm die Regierung zur gleichen Zeit, aber außerhalb der Strategie, auch Maßnahmen, vor denen das OSI ausdrücklich gewarnt hatte: Etwa die Kriminalisierung von Bagatelldelikten, für die inzwischen auch Minderjährige mit Gefängnisstrafen belegt werden können. Das ist besonders pikant, da NGOs davor warnen, dass zahllose Kleinstdelikte von der Polizei meist nur dann verfolgt würden, wenn sie von Roma begangen wurden. Daneben führt das OSI in Bezug auf bisherige Empowerment-Vorhaben einen allgemeinen Paternalismus in der Politik an, der mit dem öffentlichen Handschlag Orbáns und Farkas nicht überwunden scheint. Dieser Umstand ändert sich auch nicht dadurch, dass neben Farkas auch die Europa-Abgeordnete und Romni Lívia Járóka (Fidesz) stark in die Erarbeitung der Pläne einbezogen war. Auf dem internationalen Symposium »Was heißt denn hier Zigeuner?« in Berlin im November 2011 betonte Balog, »Die Leute sind noch kein Partner«. Die Frage sei, wie man sie zum Partner mache. Das klingt nach allem andern als nach einer Konsultation auf Augenhöhe, die das ungarische Strategiepapier vorgibt.

Was wiederum das *Handling* der von Vorurteilen geprägten Einstellungen der Mehrheit angeht, ginge eine Gefahr von regierungsinternen Konflikten aus, so das OSI. Dabei sind es nun gerade diese Vorurteile, die mit jenen Formen von Benachteiligung und Diskriminierung in einem direkten Verhältnis stehen. »Um in der Gesellschaft etwas zu werden, ist es nicht gut, Roma zu sein. Mit der Rahmenstrategie wird das sehr anders«, bemerkte Kállai, selbst Rom, ironisch bei einer Diskussion in der ungarischen Botschaft in Berlin. Der ehemalige Ombudsmann für Minderheitenbelange müsste es eigentlich einschätzen können, schließlich weiß er wie kein anderer, was vergleichbare Vorhaben von Seiten der Politik zuvor bewirkt haben. Zu nennen ist etwa die europäische »Dekade zur Inklusion der Roma«, aber auch die zahlreichen allgemeinen Standards zum Minderheitenschutz, die Ungarn seit der Wende und im Rahmen des EU-Beitritts verabschiedet hat. Alle diese Maßgaben bieten eigentlich – formell zumindest – beste Garantien gegen materiellen Ausschluss und gegen diskursive Abwertung.

Schon 1996 schrieb Mihok: »Es kann festgehalten werden, dass das ungarische Minderheitengesetz einen *Modellcharakter* aufweist und von einem Höchstmaß an Toleranz gegenüber Minderheiten zeugt«. Tatsächlich erkannte der »Minderheitenakt« von 1993 13 Minderheiten offiziell an. Mit dem Gesetz wurde die Einrichtung jener schon genannten Minderheiten-Selbstverwaltungen initiiert. Im gleichen Jahr wurde auch der Posten des Ombudsmanns für nationale und ethnische Minderheiten ins Leben gerufen, der bis zu seiner Abschaffung als eine Art Anwalt in Minderheitenbelangen fungierte. 2003 folgten weitere Standards, unter anderem das »Gesetz zur Gleichbehandlung und Antidiskriminierung«, das Ungarn im Rahmen seines EU-Beitritts ratifizierte.

Im Unterschied etwa zu Deutschland regeln Gesetze explizit die Ahndung von Hasskriminalität: Der Artikel 174B des ungarischen Strafgesetzbuchs etwa stellt Übergriffe unter Strafe, die wegen einer tatsächlichen oder angenommenen Zugehörigkeit der betroffenen Person zu einer Gemeinschaft begangen wurden. Von solchem *hate crime* ist dann zu sprechen, wenn Personen wegen ihrer nationalen, ethnischen, religiösen oder einer anderen bestimmten Zugehörigkeit zum Opfer von Gewalt werden. Für die TäterInnen sind Strafen von bis zu fünf Jahren vorgesehen, unter bestimmten Umständen sogar bis zu acht Jahren, zum Beispiel dann, wenn Waffen im Spiel waren, besondere Grausamkeit ausgeübt wurde oder im Falle von Gruppenhandlungen. Der juristische Handlungsrahmen ist vorhanden, bloß leider ohne ausreichende praktische Konsequenz. Es klaffe eine eklatante Lücke zwischen Gesetz und Implementierung, stellt etwa Amnesty International Ungarn in einer Studie fest.

Tatsächlich, in Bezug auf Vorfälle gruppenbezogener Gewalt listeten staatliche Statistiken über Jahre hinweg nur einen Bruchteil dessen auf, was die Berichte aktiver NGOs oder des Ombudsmanns an Vorfällen dokumentierten, wie Amnesty aufzeigt. Brutale, vorurteilsbasierte Praxen mündeten allzu oft in Straflosigkeit, was nicht nur für Roma gilt. Der Umgang mit *hate crime* ist grundsätzlich ein wunder Punkt in Ungarn. Erst kürzlich schuf man ein Protokoll, das klare polizeiliche Standards im Umgang mit Hassverbrechen festlegt.

Unterdessen mangelt es weiterhin an praktischen Schulungen für PolizistInnen. Gegenüber LGBTIs (Lesben, Schwulen, Bi-, Trans- und Intersexuellen) äußerten PolizistInnen wiederholt den Vorwurf der Provokation: Als 2010 ein rechter Mob drohte, ein Budapester Kino zu stürmen, an dessen Fassade eine Regenbogenflagge hing, sagte einer der Polizisten laut Augenzeugen zu seinem Kollegen: »Ich werde niemanden [zu Hilfe] rufen, sie sollen ihre Schwuchtel-Fahne herunternehmen«. Die Hassparolen blieben ohne Konsequenz. Auch nach zahlreichen tätlichen Übergriffen nahm die Polizei keine unmittelbaren Ermittlungen wegen *hate crime* auf, etwa, als einem australischen Touristen 2010 die Nase gebrochen wurde, nachdem er beim Warten an einer Budapester Ampel seine Hand über die Schulter seines Freunds gelegt hatte.

Gegenüber von antiziganistischer Gewalt Betroffenen kam es gar zu Gegenermittlungen. Nachdem im November 2008 Unbekannte einen Molotow-Cocktail in den Garten einer Roma-Familie in Pusztadobos geworfen hatten, der dort ohne weitere Konsequenz ausbrannte, erstattete die Polizei nach angelaufenen Ermittlungen eine Gegenanzeige wegen vermeintlicher Falschaussagen der Opfer, so das ERRC in einem Bericht. Diese Beispiele offenbaren einen dilettantischen oder ignoranten Umgang mit Hassgewalt. »Es gibt wenige, sogar sehr wenige Fälle, in denen Nicht-Roma für *hate crime* an Roma verurteilt wurden«, sagt Eszter Jovánovics, die Leiterin des TASZ-Roma-Programms auf Autorenanfrage.

Die Gesetze zum Minderheitenschutz laufen unterdessen aber nicht nur ins Leere, sondern vielmehr aus dem Ruder. Denn inzwischen gibt es gleich drei Verfahren, bei denen sich Roma wegen *hate crime* an »ethnischen Ungarn« verantworten müssen. Erst im Juli 2012 wurden mehrere Roma wegen eines Vorfalls zu insgesamt 34 Jahren Haftstrafe verurteilt. Die Verurteilten hatten den Insassen eines Autos, das nachts durch ihr segregiertes Wohnviertel fuhr, leichte Verletzungen zugefügt. Die Personen im Auto hatten laut TASZ einen Benzinkanister bei sich, und einer von ihnen sei nachweislich mit dem rechten Skinhead-Milieu verstrickt. Zudem falle die Tat in die Zeit der bereits geschilderten Mordserie, so die NGO. Daher habe die TäterInnen eine wahrgenommene Bedrohung zum Handeln bewogen und nicht die »ethnisch-ungarische« Identität der Autopassagiere. Das Verfahren musste wegen formaler Fehler neu aufgerollt werden, im ersten Prozess waren noch höhere Haftstrafen verhängt worden, eine Revision steht noch aus.

Nach zwei weiteren Vorfällen – einer in Sajóbábony und einer in Budapest – kam es ebenfalls zu Verurteilungen von Roma wegen *hate crime*.

»Diese Art des ›Missbrauchs‹ von *hate crime* ist nicht nur juristisch falsch, es ist auch eine gefährliche Botschaft an die Minderheiten und die Menschenrechtler und -rechtlerinnen«, beurteilt das »Rechtsschutzbüro für ethnische und nationale Minderheiten« (NEKI) in einem Autorengespräch jene Gerichtsverfahren. Ganz konkret verdeutlichen diese Richtersprüche den Vorwurf eines *reversed racism*, den die Mehrheit den Roma unterstellt: »Der Vorwurf des ›umgekehrten Rassismus‹, [wird] gegenüber einer von Marginalisierung und rassistischer Diskriminierung betroffenen Bevölkerungsgruppe erhoben ... und erlaubt eine De-Thematisierung der Rassismuserfahrung dieser Gruppe durch eine diskursive Täter-Opfer-Umkehr, im Zuge derer die eigene Machtposition, Diskriminierungspraxis und Privilegien der weißen Mehrheitsgesellschaft ausgeblendet werden«, schreibt die Sozialwissenschaftlerin Yasemin Shooman.

Eine solche Täter-Opfer-Umkehr propagiert die Jobbik schon lange. Schließlich verdeutlicht sich nichts anderes in der Rhetorik von der »Zigeunerkriminalität«. Denn immer wenn Kriminalität gedacht wird, werden aus kriminologischer Sicht auch die fixen Kategorien von Täter und Opfer mitgedacht. Dass sich die Rechtssprechung diesen umgekehrten Schemata hingibt, spricht Bände. Von Minderheitenschutz zeugt es auf jeden Fall nicht.

Antiziganistisches Agendasetting: Garden, Paramilitärs und der Staat im Ort Gyöngyöspata

Inzwischen ist der Name des kleinen Orts Gyöngyöspata eine Chiffre für einen hochgradig militanten und zugleich mehrheitsfähigen Antiziganismus geworden und weit über Ungarn hinaus bekannt. Spätestens die Evakuierung der Mehrheit der lokalen Roma im April 2012 machte große Schlagzeilen. Aber das war weder der Anfang noch das Ende, sondern nur ein Glied in einer ganzen Kette von Ereignissen, die den Ort seit März 2011 völlig verändert haben. Bevor die lokalen Roma zum Arbeitsdienst mussten, bevor die Mehrheit die Jobbik wählte, bevor bewaffnete Paramilitärs aus allen Landesteilen angereist kamen und bevor die Garden aufliefen, zu der Zeit war Gyöngyöspata nur ein verschlafenes Nest eine Autostunde entfernt von Budapest.

Das ändert sich schlagartig mit einer Parteikundgebung der Jobbik Anfang März 2011. Die Rechten mobilisieren 2.000 AnhängerInnen, Parteichef Vona spricht. Eine riesige Masse von Leuten säumt die kleinen Straßen des Orts, in dem nur 2.800 Menschen wohnen, darunter etwa 450 Roma. Die Menge schweifte umher, in einem Meer von Árpád-Fahnen, begleitet wird alles von unaufhörlichem Hassvokabular. Das ist eine krude Praxis, über die in Ungarn aber niemand mehr überrascht ist. Solche Auftritte der Rechten werden als Rituale inszeniert und nach einem Tag ist der hasserfüllte Spuk in aller Regel vorbei. Ganz anders kommt es in Gyöngyöspata.

Dutzende Rechte bleiben vor Ort und spielen sich – in eigener Uniform – zu vermeintlichen Ordnungshütern auf. Über Wochen hinweg diktieren die Rechtsmilitanten fortan das Geschehen. Zusammen mit AnwohnerInnen übernehmen sie das Sagen im Ort, kontrollieren den Alltag der lokalen Roma, terrorisieren sie, lassen nicht von ihnen ab. Das Dorf ist euphorisch, erst nach 14 Tagen gibt es eine Versammlung. Da wird klar, was schon zu ahnen war: Die Garden sind beliebt. Erst gab es Kaffee, Essen und Unterkunft von einzelnen AnwohnerInnen, dann tobenden Beifall und breite Zustimmung. Die Botschaft ist eindeutig: Sie sollen bleiben.

Die Rechten haben hier ganz in Ruhe ein Exempel statuiert. Die Jobbik brüstet sich damit. Genau genommen macht die Partei die perfide Diskriminierungspraxis zur politischen Kampagne. Im Unterschied zum Fidesz unternehme man etwas, heißt es. Denn man habe bewiesen, dass die Jobbik auf dem Land für Ruhe und Ordnung sorge – in nur zwei Wochen, wie es Csanád Szegedi auf der zentralen Parteiveranstaltung zum Nationalfeiertag in Budapest am 15. März betont. Das *Spiegel Online* vergleichbare Internet-Nachrichtenportal *index.hu* urteilt: »Ungarn hört in Gyöngyöspata auf.« All das schreit nach der Staatsmacht, aber es erfolgt nicht einmal eine wirkungsvolle Polizei-Intervention.

Die kruden Praxen gehen weiter. Drohend bauen sie sich vor einzelnen Häusern auf, sie lassen die BewohnerInnen, wie diese später erzählen, nicht mehr auf die Straße, zum Teil nicht einmal in den eigenen Garten. Das gilt auch für Kinder. Auf dem Weg in die Schule werden sie tagtäglich von den Garden begleitet, bis sie aus Angst zu Hause bleiben. Neben den Straßen wird auch der Zugang zum kleinen Supermarkt durch die Rechten kontrolliert. Die Bürgerwehr lässt nichts aus, alles wird fortab von den Leuten in Weste geregelt und kommentiert.

Sie nennen sich »Bürgerwehrverein für eine schönere Zukunft« (*Szebb Jövőért Polgárőr Egyesület*). Der Ausruf »Eine schönere Zukunft – gebe Gott« war der Wahlspruch der paramilitärischen Levente-Jugend im Ungarn der Zwischenkriegszeit, nun ist er Namensgeber jener 2010 gegründe-

ten Bürgerwehr. Die »Ungarische Garde« als Vorläufer des Bürgerwehrvereins hatte den Spruch ohnehin schon adaptiert und bei Aufmärschen
zum festen Bestandteil ihrer Zeremonie gemacht. Das gleiche gilt für die
Jobbik – aus Vonas Reden ist der Ausruf nicht mehr wegzudenken. Das ist
die Gegenwart, wenn auch alles viel mehr wie eine unverhohlen-revisionis-
tische Zeitreise anmutet.

Der Soziologe Pál Tamás schreibt: »Die wichtigsten politischen Themen der 1920er- bis 1940er-Jahre sind nach wie vor ein determiniernendes
Element der heutigen extremen Rechten in Ungarn«. So traurig – so wahr.
Was für das Outfit gilt, trifft also auch für die Inhalte zu. Anlässe dafür, das
damalige und heutige politische Klima zu vergleichen, wie Pál es tut, gibt es
genügend. Gemeinsam mit dem Bürgerwehrverein lief auch eine Gruppe
auf, die sich selbst »Gendarmerie« (*Csendörseg*) nennt. Damals an Deportationen und Pogromen beteiligt, laufen ihre heutigen Namensvetter gegen die vermeintliche »Zigeunerkriminalität« auf. Im Unterschied zu den
normalen Gardenmitgliedern sind sie speziell trainiert.

Die örtliche Polizei interessiert sich für die neue Konkurrenz wenig.
Im Gegenteil – sie lässt die Bürgerwehr gewähren. Das hat Signalwirkung.
Andere rechte Gruppen aus dem ganzen Land reisen begeistert nach und
mischen das Geschehen auf, darunter die bewaffnete »Betyáren-Armee«
(*Betyársereg*) und die »Schutzmacht« (*Vederö*). Gemeinsam schaffen diese
rechten Schlägertrupps eine martialische Atmosphäre voller Angst. Während
der ersten beiden Märzwochen gehört das Dorf ihnen. Viele Roma verlassen
in dieser Zeit den Ort, wohnen, wenn sie irgendwie können, bei FreundInnen oder Verwandten. Diejenigen, die bleiben, sind in Panik versetzt.
Niemand ist bis dato physisch verletzt worden, aber die Folgen der rechten Präsenz sind massiv: Eine schwangere Frau fühlt sich, wie sie sagt, so bedroht, dass es zur Frühgeburt kommt, ihr Kind muss auf die Intensivstation,
wie die Eltern später bangend berichten. Andere Kinder hat die Situation
im Ort derart traumatisiert, dass sie nachts wieder ins Bett machen. Kein
Wunder, denn die uniformierten Schlägertrupps lassen nichts aus, auch im
Dunkeln sind sie unterwegs, funken sich mit ihren Walkie-Talkies zu, strei-
fen auf den Wegen im Dorf und postieren sich vor einzelnen Häusern. Einer der Gardisten uriniert später vor den Häusern der lokalen Roma – eine
Überwachungskamera hält es fest. Nichts passiert, bei all dem bleiben die
Roma sich selbst überlassen.

Das Treiben geht weiter, bis die *Outlaws* fürs erste selbst genug haben. Sie kündigen an, mit ähnlicher Absicht in weiteren Orten auflaufen

zu wollen. Vom »Rotieren« in der ungarischen Provinz ist die Rede. Die nächsten Stationen sind Hejőszalonta und Hajdúhadház. Was dort nicht funktioniert, steht für Gyöngyöspata außer Frage: Sie haben den Ort zur rechten *homezone* gemacht. Was zunächst nicht mehr war als eine riesige Provokation, bestimmte bald die Agenda. Bis dahin hat die lokale Dominanz der Rechten dafür gesorgt, dass es solcher konkreten Praktiken gar nicht mehr bedarf. Die Normierung war bereits zur neuen Norm geworden. Konkret hatte sich das militant-antiziganistische Moment längst fest im Alltag verankert.

Die Bürgerwehr als Aktionsform bildet dafür die ideale Schnittstelle. Sie ruft die von einer Mehrheit geteilten antiziganistischen Ressentiments ab und wendet sie in die Praxis. Dieser Prozess war bereits vollzogen, als dann auch noch die *Vederö* ankündigte, im April ein Wehrsport-Training im Ort abhalten zu wollen – auf einem Gelände in der unmittelbaren Nachbarschaft der Roma. Im Unterschied zum Bürgerwehrverein tritt die *Vederö*, die schon früher in Gyöngyöspata aktiv war, offen mit Schusswaffen auf. Von AnwohnerInnen hat sie ihr eigenes Areal im Ort erhalten. Für einen symbolischen Forint hatte der Anführer der *Vederö*, Tamás Eszes, das Nachbargrundstück hinter den Häusern der Roma »gekauft«. Dorthin lud er Ungarns rechte Szene und deren SympathisantInnen über Ostern zu einem Camp mit Schießübungen ein.

Beim Ortstermin präsentierte Eszes vor MedienvertreterInnen sein Arsenal an Waffen: neben sogenannten Airsoft-Geschossen auch Schnellfeuergewehre, vergleichbar dem Typ Kalaschnikow. Daraufhin brachte das Rote Kreuz gemeinsam mit dem Geschäftsmann Richard Field die Mehrheit der lokalen Roma an einen der Öffentlichkeit zunächst unbekannten Ort. In Reisebussen verließen sie den Ort. Die einen, darunter die lokalen Roma und vor Ort engagierte NGOs, sprachen in diesem Zusammenhang von einer Evakuierung. Die anderen, vor allem die Regierung, nannten es einen »Osterausflug«. Das Rote Kreuz wiederum sprach zunächst von ersterem, dann von letzterem. Extrem Widersprüchliches sickerte in der Folgezeit an die Öffentlichkeit.

Das Ereignis entfachte eine hitzige Debatte – bizarrerweise allerdings mehr um jene sprachliche Deutungshoheit als um den Umstand, dass Rechte erneut das Dorf in Beschlag genommen hatten. Ziemlich treffend gibt die knappe Notiz aus dem »Amnesty Report 2012« den weiteren Sachverhalt wieder: »Im Juni richtete das Parlament einen Ausschuss zur Untersuchung der Vorgänge ein. Im Mittelpunkt stand die Frage, wer Ungarn durch die Verbreitung von Falschinformationen diskreditiert habe«. Die TASZ spezifiziert diesen Aspekt in einer Stellungnahme: Auch wenn es bei dem Untersuchungsausschuss eigentlich um die »uniformierte Kriminalität« gehe, »prüften fünf der insgesamt neun Fragen des Komitees den ›Ausflug‹, der durch das Rote Kreuz organisiert wurde, und daneben die Rolle des amerikanischen Geschäftsmanns Richard Field«. Man konstruierte also eine Intrige, die überstrapazierte Fidesz-Semantik folgte – wie so oft – jenem Propagandaschema, das Ungarn als »Opfer« feindlich gesonnener, ausländischer NGOs und Medien darstellt.

Tatsächlich griff die Polizei gegenüber den Organisatoren des Wehrsport-Camps durch. Einzelne Mitglieder der Gruppierung wurden über das Wochenende in Gewahrsam genommen, woraufhin das Camp nicht wie geplant abgehalten werden konnte. Das alles geschah allerdings erst, als 267 Roma den Ort bereits verlassen hatten. Nach Einschätzung des *Athena-Instituts* war während des April-Wochenendes ausreichend Polizei vor Ort. Längst war diese aber nur noch ein Ordnungshüter unter vielen. Einzelne Mitglieder der *Vederő* hatte man auch schon im März in Gewahrsam genommen, nachdem sie ihre Ausweise nicht zeigen wollten. Für den gemeinsam mit den Paramilitärs auftretenden Bürgerwehrverein interessierten sich die PolizistInnen nicht, im April ebenso wenig wie schon im März.

Orbán sagte Ende April 2011 im ungarischen Parlament sinngemäß, dass man erst dann eingreifen könne, wenn die notwendige Unterstützung durch die Bevölkerung gewährleistet sei. Innenminister Sándor Pintér hatte in einer diesbezüglichen Pressemitteilung schon im März verlauten lassen, dass es »in Ungarn keinen Platz gibt für rassistische Handlungen« gebe. An Gegenstrategien, die solche Absichtserklärungen untermauern, mangelt es unterdessen. Das Wehrsport-Camp ist ein weiteres Indiz dafür, dass sich Gyöngyöspata mehr und mehr einer »national befreiten Zone« angleicht. Rechte proklamieren an solchen Orten, ungestört auflaufen, drohen oder agitieren zu können – auch mit der Absicht, die Lokalpolitik mit ihren Inhalten zu vereinnahmen.

Dabei ist zu betonen, dass Gyöngyöspata bis 2011 keineswegs eine Hochburg der FaschistInnen war. 2010 votierten 5,8 Prozent für denselben Jobbik-Politiker, der später Bürgermeister werden sollte. Der Fidesz hatte damals den parteilosen, bisher amtierenden Bürgermeister László Tabi aufgestellt, der auch wiedergewählt wurde. Von ihm war dann zu all den Vorkommnissen im Frühling 2011 nicht viel zu hören, bis er später zurücktrat – aus gesundheitlichen Gründen, wie er versicherte. Die daraufhin obligatorischen Neuwahlen waren für die Jobbik ein gefundenes Fressen: Die Partei bekam 33,8 Prozent der Stimmen, und der Mann, der den Bürgerwehrverein ins Dorf geholt hatte, wurde nun zum Bürgermeister gewählt: Oszkár Juhász.

Für die Jobbik war es der Clou schlechthin. Noch Monate danach, etwa auf dem Parteitag im Mai 2012, prahlten sie damit. Die Online-Zeitung *Pester Lloyd* gibt Parteichef Vona folgendermaßen wider: »Am Beipsiel Gyöngyöspata habe die Öffentlichkeit ›Jobbik in Aktion und aus erster Hand erleben können‹ und nicht durch die lügenhaften Verzerrungen der Medien. Prompt gewann man dort die Bürgermeisterwahlen und nannte dies ›ein Zeichen‹.« Der Schnauzbartträger Juhász krempelt seitdem das Dorf um – fortan aus dem Bürgermeistersessel. Für NGOs, aber auch für offizielle Amtsträger wie Ombudsmann Kállai scheint er nicht ansprechbar. Bei einem Vorort-Termin verließ er sein Büro sogar durch die Hintertür, und Schriftverkehr blieb mehrfach unbeantwortet, wie Kállai in einer Stellungsnahme schildert.

Unterdessen gibt es im Ort für unabhängige BeobachterInnen genug zu tun. Die Ereigniskette in Gyöngyöspata wirkt wie eine unendliche Geschichte. Mit dem von der Regierung Orbán eingeführten öffentlichen Beschäftigungsprogramm (siehe Kapitel 3) spinnt sie sich fort. Die Auswirkungen des Arbeitspflichtregimes könnte man sicherlich auch andernorts gut unter die Lupe nehmen. In Gyöngyöspata gewinnt die Angelegenheit allerdings durch die neue politische Konstellation an zusätzlicher Brisanz. Die vom Programm betroffenen BezieherInnen staatlicher Sozialleistungen sind verpflichtet, öffentliche Arbeiten zu übernehmen. In besonderem Maße betroffen sind Roma in den ländlichen Gebieten Ungarns, da sie in der Gesamtheit der Arbeitslosen als klar überrepräsentiert gelten. Das trifft auch auf Gyöngyöspata zu.

Dort beforsten die Arbeitslosen nach den Aussagen des Ombudsmanns unter anderem ein abgelegenes Waldstück, das an eine illegale Mülldeponie grenzt. Die Arbeit wird zur Tortur, da es an Sicherheits- und Hygienestandards mangelt: unzureichende Schutzbekleidung, keine Toilette und keine Möglichkeit zum Händewaschen während der Einsatzzeit, so die Untersuchungsergebnisse des Ombudsmanns im Herbst 2011. Für die konkrete Umsetzung des Beschäftigungsprogramms ist die Gemeinde verantwortlich, sprich: Jobbik-Bürgermeister Juhász. Die allgemeine Konzeption des Programms kommt von der Regierung Orbán, genau genommen ist das Innenministerium zuständig. Auch die landesweiten Spielregeln sind dementsprechend hart. So droht Arbeitlosen, die gegen die Vorgaben des Beschäftigungsprogramms verstoßen, der Verlust des Anspruchs auf Unterstützung für einen Zeitraum von bis zu drei Jahren.

Eine weitere Klausel knüpft die Zahlung staatlicher Gelder an die Pflicht, die eigene Lebensumgebung in Ordnung zu halten – gemeint sind Haus, Garten, aber auch Wohnräume. Definitorischer Willkür bei der Implementierung des Gesetzes ist Tür und Tor geöffnet. Für die Jobbik-Lokalpolitik im Ort Gyöngyöspata kommt diese Maßgabe einer Steilvorlage gleich. Sie führen laut Kállais Abschlussbericht unangekündigte Besuche bei lokalen Roma-Familien durch. Zugang zu den Wohnungen verschafften sich *en bloc* der Bürgermeister samt seines Vertreters, der Notar der Kommune, zwei SozialarbeiterInnen und laut den Betroffenen auch zwei PolizistInnen. Dabei schien auch eine Videokamera im Einsatz zu sein.

Erst nach der Wahl wurde ein Gesprächsmitschnitt aus dem Wahlkampf publik, in dem Juhász sinngemäß von einem unvermeidbaren Bürgerkrieg zwischen Roma und Nicht-Roma spricht, auf den man sich aber erst ausreichend vorbereiten müsse. Solange die »Zsidesz«-Regierung (»Judesz«-Regierung«) im Amt sei, würde man von der ihr loyalen Polizei niedergemacht, gibt die Online-Presseschau *Budapost* seine Gedankenwelt wieder. Militant, antiziganistisch, antisemitisch: Der Jobbik-Politiker lässt nichts aus und nutzt auch gegenwärtig seinen Spielraum bei der Ausführung der Fidesz-Reformen voll aus. Für die AnwohnerInnen bedeutet das Schikane pur – inzwischen nicht mehr durch den rechten Mob, sondern durch amtliche Stellen. Denn Jobbik-AnhängerInnen und ihre SympathisantInnen bekleiden öffentliche Ämter und Positionen.

Ein von Kontrollen zersetzter Alltag begann aber schon zuvor mit der hohen Präsenz der Polizei, die nach Gyöngyöspata abbestellt war, mit der Absicht, das verlorene Gewaltmonopol wiederzuerlangen. Tatsächlich fokussierten sich die Ordnungskräfte auf die Sanktionierung von Ordnungswidrigkeiten und Bagatelldelikten. Es hagelte Strafgelder, etwa für das Schieben von Kinderwagen auf der Straße oder für Fahrradreifen mit zu wenig Profil. Davon betroffen waren nahezu ausnahmslos Roma. Ende März 2011, nach den ersten Wochen des Fanals, als die nicht-lokalen Mitglieder des Bürgerwehrvereins den Ort verlassen hatten, saß Péter Juhász, der Koordinator des Roma-Feldprogramms der TASZ in der Küche des Vorsitzenden der lokalen Roma-Selbstverwaltung, János Farkas. Auf die Autorenfrage, ob Gyöngyöspata typisch sei für die ungarische Provinz, antwortete Juhász: »Eigentlich nicht, denn typisch für die Situation von Roma in den Dörfern ist vor allem die Kriminalisierung von Kleindelikten durch die Polizei«.

Aus dem Nachhinein betrachtet wirkt es wie eine Prophezeiung, auch deshalb, weil Farkas während des Gesprächs bei jedem anfahrenden Auto von Nervosität gepackt zum Fenster hastete und angespannt nach draußen blickte: Die Sache war eben noch nicht vorbei. Unter bisher ungeklärten Umständen brannte im Februar 2012 sein Dachstuhl aus.

Chauvinistisches Rollback: Die Marginalisierung von LGBTIs, Frauen und Obdachlosen

Antiziganismus und Antisemitismus gehen oft auch mit anderen ausgrenzenden Einstellungen einher, etwa Homophobie gegenüber Lesben, Schwulen, Bi-, Trans- und Intersexuellen (LGBTI), Sexismus vor allem gegenüber Frauen oder Sozialchauvinismus etwa gegenüber Obdachlosen. Was in der Vorurteilsforschung als Zusammenhang betrachtet wird, kann in Ungarn gegenwärtig als Zusammenspiel beobachtet werden.

Dabei sind die Rahmenbedingungen der LGBTIs eigentlich nicht schlecht. Noch 2009 wurde die eingetragene Partnerschaft eingeführt, die gleichgeschlechtlichen Paaren alle Rechte zugestand außer Erben und Kinder-Adoption. Überall in Budapest gibt es Orte für schwul-lesbisches Leben: Cafés, Bars, Clubs. Seit 1992 gibt es das »Pride-Festival«, das als Plattform und Motor für die Belange der LGBTIs steht. Damit wirkt Budapest wie eine liberale Insel, verglichen etwa mit Belgrad, Bratislava oder Bukarest, aber auch mit der ungarischen Provinz. Die im Juni 2012 ausgerichteten »EuroGames«, die schwul-lesbischen Sportwettkämpfe mit TeilnehmerInnen aus ganz Europa, sind die ersten in der Region. Das Leben der Community hat also Fortbestand.

Doch das alles tut Homophobie keinen Abbruch. Die SoziologInnen Andreas Zick, Beate Küpper und Andreas Hövermann präsentieren in ihrer europäischen Vergleichsstudie »Die Abwertung der Anderen« vernichtende Statistiken. Fast 70 Prozent der UngarInnen stimmen Eheschließungen zwischen gleichgeschlechtlichen PartnerInnen nicht zu. Ebenfalls mehr als zwei Drittel der Befragten empfinden Homosexualität als unmoralisch. Zwischen den gesetzlichen Standards und der Einstellung der Bevölkerung scheint offenbar eine gewaltige Lücke zu klaffen. Die aktuelle

Regierungspolitik scheint bestrebt, diese Lücke zu schließen, allerdings zum Nachteil der LGBTIs. Das Gunda-Werner-Institut (GWI) der Heinrich-Böll-Stiftung warnte schon in einem Länderbericht aus dem Jahr 2010 vor einer möglichen »Einschränkung der Rechte von Menschen jenseits der Heteronorm«.

Spätestens zum Januar 2012 ist diese Befürchtung wahr geworden. Die relevanten Passagen der neuen ungarischen Verfassung höhlen eben jene Standards aus, die Ungarn bis dato in ein progressives Licht gerückt hatten. So schreibt das Grundgesetz die Ehe als Lebensform nur zwischen Mann und Frau fest und glorifiziert sie als Grundwert neben dem Begriff der Nation. Das ist einer der impliziten Ausschlussmechanismen der neuen Rechtsgebung, neben anderen. Noch gibt es keine konkreten Gesetze, die sich am neuen Verfassungsrahmen orientieren. Doch die Autorinnen des GWI beurteilen die regierende Fidesz als erklärten Gegner des Partnerschaftsgesetztes für gleichgeschlechtliche Paare. Das gleiche gelte auch für die oppositionelle Jobbik. Während letztere Partei das Thema auf der Straße und im Parlament besetzt, wird es von ersterer eher ausgelassen.

Die Ausblendung trifft allerdings auch dann zu, wenn es um rechtliche Garantien geht, derer sich die Community bisher gewiss sein konnte. Denn der explizite Schutz vor Diskriminierung aufgrund der sexuellen Orientierung taucht in der neuen Verfassung nicht mehr auf. Zwar gilt nach wie vor das Gleichbehandlungsgesetz aus dem Jahr 2003 mit seinem ausdrücklichen Verbot von Diskriminierung aufgrund der Identität oder der sexuellen Orientierung. Die ungarischen LGBTIs fühlen sich jedoch bewusst hintergangen. Für sie ist Diskriminierung ein stetes Motiv, sie gehört – ob auf der Straße oder bei der Arbeit, ob unterschwellig oder hochgradig – zum Alltag in Ungarn. Daneben gibt es immer wieder auch gewalttätige Übergriffe. Viele ungarische TeilnehmerInnen der EuroGames etwa wollen als schwullesbische SportlerInnen nicht öffentlich bekannt werden – aus Angst vor physischen Konsequenzen.

Rückhalt aus der Politik können sie nicht erwarten. Von dort weht eher Gegenwind. Der Budapester Oberbürgermeister István Tarlós, zum Beispiel, sorgte vergangenes Jahr für Schlagzeilen mit seiner öffentlich bekundeten Distanzierung gegenüber Homosexualität: keine Unterstützung für die EuroGames, keine Sympathie für die Pride. Der parteilose, Fidesz-nahe Politiker schrieb in einem Brief an Berlins regierenden Bürgermeister, Klaus Wowereit: »Von meiner Seite aus, als Oberbürgermeister und auch als Privatmensch, distanziere ich mich ... sowohl von einer solchen Lebensweise als auch von der Veranstaltung«. Wowereit, selbst homosexuell, hatte an Tarlós appelliert, sich für die EuroGames einzusetzen. Auf diese Weise fand das europäische Sportevent in der ungarischen Hauptstadt erstmalig ohne kommunale und staatliche Unterstützung statt.

Tarlós gibt sich linientreu. Schon als Bezirksbürgermeister von Óbuda wollte er das jährliche Sziget-Festival wegen des schwullesbischen Programms verhindern. Auf dem Musikfestival ist das »Magic-Mirror-Zelt« eine von dutzenden Bühnen. Den meisten der rund 450.000 BesucherInnen würde sie wohl gar nicht auffallen. Den BudapesterInnen dürften diese und andere Allüren des 64-jährigen bekannt gewesen sein, trotzdem votierten sie mit mehr als 53 Prozent der Stimmen für ihn.

Schon zu Oppositionszeiten zeigten sich wiederholt offen homophobe Tendenzen innerhalb des Fidesz. Wie das Internetportal *Gayösterreich.at* berichtete, sagte etwa die Abgeordnete Ilona Ékes 2009, dass sich Schwule »von Fachleuten untersuchen lassen« sollten. Ihr Parteikollege Gábor Tóth stimmte zu und wollte die Pride-Parade im gleichen Jahr verbieten lassen, was er mit einer Gefährdung der »Entwicklung von Minderjährigen« begründete. Ein derartiger Wirbelwind bleibt gegenwärtig aus. Der Teufel steckt vielmehr im Detail. Seit Jahren schon ist die Pride geprägt von gewalttätigen homophoben Angriffen und kann nur stattfinden dank beispielloser Sicherheitsvorkehrungen und höchstem Polizeischutz. Bei dieser schwierigen Ausgangslage ist das LGBTI-Festival auf die Gunst von Behörden und Polizei angewiesen.

Als dann einige Wochen nach dem Regierungswechsel die ersten obligatorischen Personalwechsel bei der Budapester Polizei folgten, schienen die langfristig getroffenen Abmachungen zwischen Polizei und Festival-OrganisatorInnen schlicht irrelevant. Seit April war über das Event im Juli verhandelt worden, aber das schien gleichgültig zu sein, als zwei Stunden vor der Pride-Demo die letzten neuen Auflagen mitgeteilt wurden – und zwar direkt vor Ort, durch den frisch ernannten Chef der Budapester Polizei, Tamás Toth. »Wir sind erpresst worden. Der Polizeipräsident hat Bedingungen gestellt, die wir nicht erfüllen können«, sagte damals Adrian Balaci, einer der langjährigen Organisatoren des Festivals. Ohnehin war die Demonstrationsroute von offizieller Seite zuvor auf die halbe Wegstrecke reduziert worden. Kurzzeitig stand die ganze Parade zur Disposition.

Das angespannte Verhältnis zwischen VeranstalterInnen und Polizei schreibt sich fort. In 2011 wie auch 2012 wurde die Pride zunächst polizeilich verboten. Sie stelle ein Verkehrshindernis dar, hieß es von offizieller Seite. In beiden Jahren scheiterte das erteilte Verbot auf eine Klage der VeranstalterInnen hin vor Gericht, die Pride fand jeweils statt. Auch Tamás Tóths Vorgänger und Namensvetter Gabor Tóth wollte die Parade 2008 aus dem gleichen Grund verbieten. Um ihn umzustimmen, genügte allerdings öffentlicher Druck, vor allem von Seiten der Politik. Er zog sein Verbot eigenhändig zurück.

Zu jener Zeit genoss die LGBTI-Szene noch verhältnismäßig mehr Lobby. Ein damaliger Staatssekretär, Gábor Szetey, hielt 2007 die Eröffnungsrede und überraschte das Festival mit seinem Coming Out. Zuvor hatte ausschließlich Klára Ungár, damals Abgeordnete der liberalen Partei SZDSZ, dem »Bund freier Demokraten«, als erste ungarische Politikerin im März 2005 ihre Homosexualität öffentlich gemacht. Das an sich unpolitische Festival genoss Rückhalt aus der Politik. Doch die politischen Akteure von damals kämpfen inzwischen mit der Bedeutungslosigkeit, wie etwa Ungár mit ihrer neuen Partei SZEMA (»Freie Leute für Ungarn«), oder sie sind zum verrufenen Hassobjekt erkoren worden, wie der ehemalige Ministerpräsident Ferenc Gyurcsány, der in den vergangenen Jahren wiederholt am *Pride March* teilnahm.

Dass die Eröffnungsrede und die Schirmherrschaft unterdessen BotschafterInnen der ausländischen Vertretungen zufallen, ist bezeichnend für die Marginalisierung der LGBTIs in Ungarn. Neben anderen Aktivitäten stellte die britische Botschaft wiederholt ihre Räume zur Verfügung, und die amerikanische Botschafterin Eleni Tsakopoulos Kounalakis zeichnete jüngst die für LGBTI-Belange kämpfende NGO *Háttér* aus. Von insgesamt 16 Botschaften gab es in den vergangenen Jahren ein gemeinsames Statement zum Festival. Auch der deutsche Bundestag befasste sich im Februar 2012 auf eine kleine Anfrage der Grünen-Fraktion hin – neben der allgemeinen Menschenrechtslage – auch mit der Budapester Pride. Trotz expliziter Nachfrage der Grünenfraktion nach einem Verbot des CSD, enthält die schriftliche Antwort durch die ExpertInnen der Bundesregierung keinen Verweis auf die problematische Situation im Jahr 2011 und 2012. Das Papier erwähnt nicht, dass die Budapester Polizei die Veranstaltung zunächst verbot, und verschweigt damit eine nicht unwichtige Nuance des gegenwärtigen politischen Klimas.

Denn der mit der Regierungspolitik verbundene Wandel erzählt sich in solchen Anekdoten, in minutiösen Details, in den Einstellungen von Einzelpersonen. Ein offenkundiges Statement sucht man vergebens. Im Gegenteil. Auf Autorenanfrage teilte Regierungssprecherin Anne Nagy im

Vorfeld der Pride 2011 mit, dass es »wohl bei niemandem auf der Agenda steht, an der Pride-Parade teilzunehmen«. Das klingt eher smart als kategorisch. Faktisch war kein Fidesz-Politiker bei den vergangenen LGBTI-Paraden sichtbar. Und wie die Regierungssprecherin mitteilt, gebe es darüber hinaus keinen Anlass, das Festival weiter zu kommentieren, so lange es sich, wie vergleichbare Veranstaltungen, im Rahmen des Legalen bewege. Dass unterdessen eben jene rechtlichen Garantien nicht unantastbar sind, zeigen die kommunalen Auflagen und Verbote wie auch die neue Verfassung.

Man kann von einem zunehmend schmalen Grat sprechen, auf dem sich Ungarns LGBTI-Community bewegt. Denn beim allgemeinen Desinteresse der gegenwärtigen Regierung hört es lange noch nicht auf. Das Schweigen des Fidesz befördert den diskursiven Stellenwert der Rechtsextremen: »schwul« gilt in Ungarn als Schimpfwort, und die vulgären Anfeindungen der Jobbik beschränken sich nicht auf Beschimpfungen.

Die »Jagdsaison« sei eröffnet titelten einschlägige rechte Websites zu Beginn der diesjährigen EuroGames. Wie für die militante Rechte üblich, lieferten sie Fotos, Adressen und Telefonnummern einzelner Personen gleich mit. »Jagdsaison« wirkt dabei fast schon wie eine chiffrierte Referenz an die Roma-Mordserie, bei der die Täter ihre Opfer mit Schrotflinten niederschossen. Ein bestialischer Jargon ist es in jedem Fall.

Wie die Jagd unter den Sportarten als männliche Domäne gilt, so verhält es sich mit der Homophobie unter den Vorurteilen. Denn laut MeinungsforscherInnen sind vor allem Männer homophob. Dass daran etwas dran ist, kann man bei der jährlichen Parade vernehmen. Es sind vor allem Männer, die den Ton bei den Hasstiraden angeben, die die Veranstaltung begleiten. Seit 2007 überschatten auch gewalttätige Ausschreitungen das Event. Rechtsextreme ziehen dabei durch die Stadt und attackieren die TeilnehmerInnen. Wenn dies auch in den letzten Jahren deutlich glimpflicher ausfiel, so geht es für die LGBTIs nie ohne Repressalien über die Bühne.

Die Sicherheitsmaßnahmen wirken beispiellos. Als Reaktion auf die Gewalt bahnt sich der Budapester CSD in einem polizeilichen Schutzkorridor seinen Weg durch die Innenstadt, hinter Bauzäunen, und protegiert von behelmter Einsatzpolizei. Alle TeilnehmerInnen durchschreiten eine Gesichts- und Taschenkontrolle der VeranstalterInnen. Es gibt nur einen einzigen Einlass, der weitere Weg ist wie ein nahtloser Transit durch die abgeriegelte Pester Innenstadt. Die größte Wegstrecke führt seit Jahren über die Andrássy út, Budapests breiten Pracht-Boulevard. Wo sonst Autos und TouristInnen den Weg säumen, demonstrieren dann die LGBTIs und ihre

UnterstützerInnen. Auch wenn sie laut und viele sind, so bleibt der Spuk aus den abgeriegelten Nebenstraßen doch stets präsent. Von dort hallen die Hasschöre der GegendemonstrantInnen hörbar hinüber. Mit Pfefferspray und Hunden werden die Absperrgitter vor jenen wild aufgebrachten GegendemonstrantInnen verteidigt.

Diese Sicherheitsvorkehrungen sind zum festen Ritual geworden, seit die Demonstration 2007 mit Eiern, Flaschen und Pflastersteinen attackiert wurde. In einer an die Route angrenzenden Wohnung wurden noch rechtzeitig Molotow-Cocktails durch die Polizei sichergestellt. 2008 folgten Brandanschläge auf verschiedene Treffpunkte der Budapester LGBTI-Szene. Dass sich das Festival bis dato recht unbehelligt und progressiv entfalten konnte, ist gegenwärtig kaum mehr vorstellbar. Hadley Z. Renkin, Professor am Institut für Gender Studies an der Budapester CEU, erinnert an diese Periode im Kampf für Anerkennung, während der in den Straßen getanzt und für die Belange der LGBTIs gefeiert worden sei. Bis 2007 war das so. Erst der allgemeine politische Wandel mit seinen im Zuge der Staatskrise verstärkt aufkommenden klaren Feindbildern habe auch die LGBTI-Community zum Hassobjekt werden lassen.

Diese Stimmung hält an. Das GWI konstatiert in einem Länderbericht für das Jahr 2010 im Jobbik-Umfeld eine »hasserfüllte Ablehnung von Homosexualität«. Aber das Phänomen lässt sich nicht auf die faschistische Anhängerschaft eingrenzen. Ein Querschnitt aus der ganzen Bevölkerung stimmt homophoben Aussagen zu, nicht zu unterschätzen ist dabei auch das Alter der Person: Immerhin noch mehr als die Hälfte der unter 40-jährigen akzeptiert Homosexualität den Daten des *European Social Survey* zufolge. Bei den 40- bis 59-jährigen ist es nur noch knapp die Hälfte, und nur ein Drittel der befragten Personen ab 60 Jahren stimmt gleichgeschlechtlicher Sexualität zu. Dass dieser Index die Einstellungen verhältnismäßig »soft« abfragt, zeigt sich im Hinblick auf die tatsächliche Akzeptanz Homosexueller im unmittelbaren Umfeld: Werten der Loránd-Eötvos-Universität zufolge wollen 67 Prozent der Bevölkerung keinen schwulen Verwandten, 65 Prozent keinen als Freund und 46 Prozent keinen als Nachbar.

Dieser Umstand bildet sich auch im gängigen Konfrontationsmuster der homophoben Anhängerschaft ab. Ihr Credo ist es, die Sichtbarkeit von Schwulen, Lesben, Trans- und Intersexuellen als unlautere Provokation einzustufen und sie zugleich mit allen Mitteln zu bekämpfen. Die Hemmschwelle gegenüber Aggressivität und Gewalt ist unvorstellbar herabgesetzt. Nur ein pinkes Oberteil zu tragen, kann schon »zu viel« sein. Die allgemeine Diffamierung nimmt unvorstellbare Züge an. Beobachtbar ist dabei ein wilder Mix aus verschiedenen Ressentiments, die sich in der Ablehnung der LGBTIs vereinigen. Es gibt etwa religiöse Motive, die mit dem Vorwurf der Blasphemie daherkommen: »Wenn jemand bei einem Manne liegt wie bei einer Frau, so haben sie getan, was ein Gräuel ist, und sollen beide des Todes sterben; Blutschuld lastet auf ihnen.« Auf diese Bibelstelle, hier nach der Einheitsübersetzung wiedergegeben, verwies 2010 die Schändung des Grabsteins von Károly Kertbeny, der im 19. Jahrhundert das Wort »schwul« in der ungarischen Sprache etabliert hatte.

Das Kontingent der Motive erschöpft sich aber bei Weitem nicht in diesen eher klassischen Mustern der Homophobie. So präsentierten anlässlich der EuroGames die Mitglieder der Budapester Jobbik ein Banner: »10.000 Homosexuelle kommen in die Stadt, passt auf eure Kinder auf«. Die Ansichten der Rechten spinnen sich so fort in Figurationen des pädophilen und zugleich übergriffigen Schwulen. Zugleich befürchtet die Partei, dass Budapest als das »homosexuelle Zentrum Osteuropas ausgewählt« worden sei, so Pál Losonczy, der Vorsitzende der Budapester Jobbik.

Wortgewaltig wird eine große Bedrohung inszeniert. Und das Jobbik-Umfeld beweist dabei seine routinierte Expertise, derartige Gefährdungsszenarien parteipolitisch ausschlachten zu können. Beim Appell an die ungarischen Eltern fällt auch auf, dass Homosexualität als von außen kommend und nicht ungarisch wahrgenommen wird. Das ist nicht untypisch für den gesellschaftlichen Diskurs. Als 2009 die gesetzlichen Regelungen für die Erziehung in ungarischen Kindergärten von der damals noch amtierenden sozialistischen Regierung modifiziert wurden – die Verstärkung von Geschlechterstereotypen sollte bewusst vermieden werden –, war der Tenor ähnlich. Rechte witterten darin eine Bedrohung: »Die EU wolle Kinder schon im Kindergarten zur Homosexualität erziehen«, geben die Autoren des GWI in ihrer Studie die öffentliche Resonanz gegenüber dem Gesetz wieder. Hier verschränken sich die Ablehnung der EU und die Homophobie. Bekräftigt wird diese Annahme durch Ergebnisse der Vorurteilsforschung: Zur Erklärung homophober Zustimmung scheint eine negative Einstellung zur EU relevanter als die politische Selbsteinstufung »rechts«.

Die diskursive Ablehnung von Homosexualität geht aber auch mit anderen bizarren Konnotationen einher: »Geht nach Hegyeshalom«, skandiert der homophobe Mob alljährlich am Rande der Pride. Eine widerwärtige Anspielung auf die Todesmärsche von Jüdinnen und Juden in

Richtung österreichische Grenze – eines der letzten grauenvollen Verbrechen der ungarischen Pfeilkreuzler zum Ende des Zweiten Weltkriegs. Mit Homophobie lässt sich auch Antisemitismus promoten – und das gleiche gilt vice versa.

Die parlamentarischen Initiativen der Jobbik sind nicht minder verachtend als dieses Potpourri von Hassrede. Erst im April reichte die Parlamentsfraktion, allen voran der Abgeordnete Adam Mirkoczki, einen Gesetzesentwurf ein, der – nach Petersburger Vorbild –, Homosexualität aus der Öffentlichkeit verbannen sollte: bis zu acht Jahre Haft für Händchenhalten, ein allgemeines Verbot der Pride. Mirkoczki ging es laut Medienberichten darum, »die öffentliche Moral und die psychische Verfassung junger Generationen« zu bewahren. In direkter Reaktion auf diese Debatte sprach sich das Europa-Parlament in einer Resolution gegen derartige homophobe Politiken aus und erwähnt dabei auch den Fidesz, der »im Vorfeld der Budapest Gay Pride eine lokale Anordnung vorgebracht habe, obszöne Aufläufe zu beschränken«. Der Fidesz hatte allerdings schon zuvor sein Anliegen wieder fallen gelassen.

Derartige Vorstöße wie auch die immer wieder aufkommenden Gerüchte über Absichten der Regierung, das Partnerschaftsgesetz zu ändern, verdeutlichen die klar reaktionären Tendenzen im ungarischen Parlament wie auch in der Regierung. Progressive Maßgaben und gesetzliche Standards für Teilhabe und Gleichstellung der LGBTIs wirken im Kontext gegenwärtiger Politiken wie ein seltsam anmutendes Überbleibsel des EU-Beitrittsprozesses, der solche Kriterien erst auf die Agenda gesetzt hatte.

Ähnliches lässt sich in Bezug auf die Gleichstellung von Frauen festhalten. Die Normierungsvorstellungen, die den Umgang mit LGBTIs kennzeichnen, treten auch hier zu Tage. Als dominantes Muster erweist sich das Bild der Frau als Hausfrau und Mutter, was sich statistisch belegen lässt: Eine Quotenregelung für die Politik war 2007 in der Diskussion und scheiterte 2008 an einer mehrheitlichen Ablehnung durch das Parlament. Das gegenwärtige Regierungskabinett startete die Amtszeit ohne Frau und ist gegenwärtig mit Ausnahme einer Ministerin rein männlich besetzt. Im Parlament sind laut dem international vergleichenden Monitoring der Interparlamentarischen Union (IPU), nur 8,8 Prozent der Sitze an Frauen vergeben. Vor den Wahlen 2010 waren es immerhin 11,1 Prozent. Damit rutscht das Land auf Rang 115 im weltweiten Vergleich ab. Innerhalb der 139 zu vergebenen Positionen ein denkbar schlechtes Ergebnis. Im Vergleich mit anderen EU-Mitgliedsstaaten schneidet nur Malta schlechter ab.

Im aktuellen »Gender Gap Report« des Weltwirtschaftsforums werden diese Eindrücke bestätigt: »Ungarn findet sich unter den zehn niedrigst eingestuften Ländern weltweit in Bezug auf die Umsetzung politischen Empowerments«. Auch in dieser Studie fällt Ungarn im Gesamtranking um sechs Plätze zurück, da die männliche Dominanz zugenommen hat, während die weibliche Beteiligung in verschiedenen Bereichen gesunken ist. Konkret untersuchen die AutorInnen der Studie unter anderem die Erwerbsbeteiligung, die Repräsentation und Positionierung in Politik und Wirtschaft und ziehen einen Einkommensvergleich. Eine patriarchal-machistische Segmentierung scheint sich äußerst hartnäckig zu halten, für die Periode 2001 bis 2011 lässt sich laut dem Bericht nahezu keine Entwicklung ausmachen, dabei änderten sich die gesetzlichen Grundlagen enorm, etwa durch das Gleichstellungsgesetz. Während sich für andere Länder emanzipatorische Anzeichen ausmachen lassen, fällt Ungarn jedoch im internationalen Ländervergleich mit seiner Stagnation seit 2006 gar um 30 Plätze zurück.

Ein unverkennbarer Chauvinismus prägt nicht nur die Genderfrage sondern auch den Umgang mit Armut. Zum Dezember 2011 wurde Obdachlosigkeit per Gesetz zur Ordnungswidrigkeit erklärt. Wer auf der Straße schläft, wird polizeilich verwarnt. Wird dieselbe Person innerhalb eines halben Jahres noch einmal aufgegriffen, droht eine Strafe von umgerechnet bis zu 490 Euro. Obdachlose, die das horrende Bußgeld nicht zahlen, kommen in Haft. Auch das Containern, das Suchen nach Verwertbarem im Abfall, ist illegalisiert worden. In klassischer Manier rechtspopulistischer Maßnahmenpolitik werden zuvor nicht geahndete Handlungen unter Strafe gestellt. Der Arme wird zum Kriminellen.

Wie das funktioniert, hatte Máté Kocsis, der Bürgermeister des achten Budapester Bezirks, zuvor erprobt. Im Frühjahr 2011 schon führte er jene neuen Maßgaben ein – wohlgemerkt aus Eigeninitiative. Er erwies sich als Pionier. In seinem Bezirk ist eine spezielle Polizeieinheit mit den neuen Vorgaben betraut. Liberale Medien veröffentlichten Fotos, die zeigen, wie alte Obdachlose samt klapprigen Rollator abgeführt werden. Von hunderten solcher Fälle geht etwa die AktivistInnen-Gruppe *A város mindenkié* (»Die Stadt ist für alle«) aus – nur in jenem Bezirk, nur im Oktober 2011. Die Gruppe schätzt, dass es mindestens 8.000 Wohnungslose gibt, zugleich aber nur 4.500 Übernachtungsmöglichkeiten.

Wohnungslosigkeit erweist sich gegenwärtig als Index für einen zunehmend prekären Alltag immer breiterer gesellschaftlicher Schichten. Die im Kontext des Staatsdefizits seit Jahren andauernde Sparpolitik hat längst ihre Spuren hinterlassen. Laut Stimmen von lokalen BudapesterInnen gibt es etwa auch Wohnungslose, die regulär arbeiten gehen. Ob *working poor*, TransformationsverliererInnen oder Arbeitslose – Armut trägt in Ungarn nicht mehr nur relative Züge, hungrige Obdachlose auf der Suche nach Essen im Abfall gehören fest zum Straßenbild in der Hauptstadt.

Das soll sich ändern. »Wir haben vor, Sicherheit, Rechtsmäßigkeit und annehmbare Umstände zu schaffen, und zwar doppelt: für die Hauptstadtbewohner und die Wohnungslosen«, erklärte Innenminister Pintér in einer Veröffentlichung der Regierung. Juristisch betrachtet, ist das neue Gesetz etwa mit der deutschen Rechtslage vergleichbar. Denn wer auf der Straße lebt, verstößt auch hier gegen die öffentliche Ordnung, und vereinzelte Gerichtsurteile haben das Mülltauchen schon als Diebstahl gewertet. Die Zuständigkeit für die Wohnungslosen zentral an den Innenminister zu übergeben, markiert aber den feinen Unterschied. Das Credo lautet: *law and order*.

Noch sichtbarer könnte die institutionelle Schikanierung der Wohnungslosen wohl kaum Anwendung finden. Zumindest Kocsis gesteht das offen ein: »Es gibt keine Obdachlosenfrage. Es sind nur polizeiliche Fragen. Wenn wir die Obdachlosen nicht verdrängen, verdrängen sie die Bürger aus dem achten Bezirk«, zitiert die Initiative *Új Szemlélet* (»Neuer Ansatz«), in der sich kritische SozialarbeiterInnen organisieren, den Fidesz-Politiker. Dessen Partei stellt gegenwärtig 19 der 23 Budapester BezirksbürgermeisterInnen. Noch 2010 konnten sich Wohnungslose über Lüftungsschächten oder in den Eingängen der Metro einrichten, im europäischen Vergleich sogar mit ungewöhnlicher Akzeptanz. Dann begann der ordnungspolitische Wandel mit ersten polizeilichen Verbannungen aus Unterführungen. Die Aufgaben der PolizistInnen gleichen nunmehr denen von *Securities*. Öffentliche Orte werden zum exklusiven Terrain – nicht jede Person ist mehr erwünscht.

Das »Gesetz der Straße« ist passé, Budapest besitzt nun eine Hausordnung, wie sie in *Shopping-Malls* gilt. Normierung und Homogenisierung stehen da ganz oben. Während allerdings der Bau weiterer solcher Malls in der Innenstadt durch die Politik beschränkt wurde (siehe Kapitel 3), wird deren uniformer und ausschließender Charakter auf den städtischen Raum kopiert. So etwas passiert natürlich nicht nur in Budapest, der abrupte Wandel und die harte Handhabe verleihen dem Prozess allerdings seine spezifische Note. Ein aufschlussreiches Beispiel ist der Fall von Norbert Ferencz. Der Sozialarbeiter hatte mit dem *Új Szemlélet* zu einer Kundgebung aufgerufen, bei der demonstrativ containert wurde. Ein Gericht wertete dies in erster Instanz als Landfriedensbruch und verurteilte Ferencz zu drei Jahren Haft auf Bewährung. Erst in zweiter Instanz erfolgte ein Freispruch.

Unterdessen scheint es an weiteren Ideen der Sicherheitspolitik nicht zu mangeln. Der junge Hardliner Kocsis wartet im achten Bezirk inzwischen mit einer »mobilen Polizeistation« auf – einer 24-Stunden-Wache im metallenen Bau-Container. Die wird einfach auf der Straße abgestellt, und zwar gegenwärtig dort, wo aus kriminalistischer Sicht »eine der infiziertesten Ecken der Stadt« sei, so die Pressemitteilung der Regierung. Die innerhalb von zwei Stunden überall hin abrufbare Polizeibox ist neben der Obdachlosenstrategie ein weiteres *Joint Venture* seines Bezirks mit der Regierung. Dem öffentlichen Raum wird so ein enges Korsett angelegt.

Unter den ungarischen Obdachlosen sind Roma überrepräsentiert, was den neuen Gesetzen und ihrer rigiden Implementierung das Etikett des ethnisierten Ausschlusses anheftet. Im Gegensatz zu den codierten Herabschätzungen gegenüber LGBTIs, wo sich die Vorurteilskomplexe vor allem diskursiv vermengen, zeigen sich hier konkrete Überschneidungen aus Sicht der Betroffenen. Mögen die allgemeinen Mechanismen hinter Homophobie, Sexismus und Sozialchauvinismus gänzlich verschieden sein, gemein ist allen Adressierten ihre in Frage gestellte öffentliche Repräsentanz: Sie sind unerwünscht und werden marginalisiert.

Außen vor im Orbit Orbán: Die politische Diskreditierung missliebiger Personen und Institutionen

Mit einem Regierungswechsel sind immer Absetzungen, Neubenennungen und Umstrukturierungen verbunden. Das Bäumchen-Wechsel-dich-Spiel, das Ungarn bisher unter der Regierung Orbán erlebt, fällt jedoch in eine andere Kategorie. Die »nationale Revolution«, wie Orbán seinen Wahlsieg deklarierte, sägt weiter an zahllosen Stühlen, nachdem das Land eine ganze Welle von Entlassungen schon hinter sich hat. Die Einschnitte in den Bereichen Politik, Medien und Kultur sind gravierend, sie werden das Land nachhaltig verändern. Drastische Beispiele zeigen, wie Widerworte gegenwärtig zur eigenen Diskreditierung führen, egal ob als RichterInnen, JournalistInnen oder KünstlerInnen.

Allein 550 JournalistInnen verloren im Juli 2011 ihren Job bei den öffentlich-rechtlichen Radio- und Fernsehanstalten. Die Entlassung weiterer

400 MitarbeiterInnen folgte im November. Die neue »Staatliche Behörde für Medien und Nachrichtenübermittlung« (NMHH) sprach Kündigungen aus. Die offiziell als Rationalisierung titulierte Maßnahme ist nicht die einzige Hiobsbotschaft für ungarische JournalistInnen. Mit dem umstrittenen, neuen Mediengesetz wurde zum Januar 2011 ihr Quellenschutz weitreichend beschnitten, die Hoheit der Redaktionsräume angetastet und, was wohl am schwersten wiegt, Radio und Fernsehen sind zu »inhaltlicher Ausgewogenheit« verpflichtet. Laut dem ursprünglichen Gesetzesentwurf sollte das auch für Printmedien gelten.

Im Fall von Verstößen gegen diese Regelung besteht eine obskure Entgegnungspflicht. Horrende Strafzahlungen drohen bei Beleidigungen von Minderheiten und auch Mehrheiten (der »Ungarn«), wie auch bei Versäumnissen gegenüber einer schwammig definierten »Informationspflicht«. Die Bußgelder können sich für einen einzelnen Verstoß auf bis zu 200 Millionen Forint (über 700.000 Euro) belaufen. Bis Oktober 2011 waren bereits 70 Sanktionen gegenüber 36 Medien ausgesprochen worden, von denen rund 410 Millionen Forint (etwa 1,4 Millionen Euro) eingefordert wurden. Auch wenn die Medien etwaige Vorwürfe gerichtlich anfechten, sind sie zunächst einmal zur Zahlung verpflichtet.

Die Befugnis, die empfindlichen Sanktionierungen auszusprechen, obliegt der Medienbehörde, genauer gesagt: der von Orbán zur Behörden-Vorsitzenden ernannten Annamárie Szalai. Denn sie steht auch dem vierköpfigen Medienrat vor. Dessen vier Posten sind ausschließlich mit den Stimmen der Fidesz-Parlamentsmehrheit besetzt worden. Die Mandate aller Verantwortlichen sind auf neun Jahre bestimmt. *Human Rights Watch* (HRW) kritisierte »diese Politisierung der Besetzung des Medienrats, dem wichtigsten Organ zur Medienaufsicht«, im Juli 2012. Inzwischen hatte der Fidesz – vor allem auf Druck der EU – einzelne Zugeständnisse gemacht. Zunächst wurde im März 2011 unter anderem die obligatorische Registrierungspflicht für sämtliche Medienanbieter aufgehoben und ausländische Medien gänzlich von den neuen Auflagen entbunden.

Erst im Mai 2012 folgten relevantere Änderungen auf Grund eines Urteils des ungarischen Verfassungsgerichtshofs von Ende 2011. Diese Abwandlungen stärkten den zuvor geschwächten Informantenschutz und hoben für die Arbeit der Printmedien die inhaltliche Kontrolle durch die NMHH auf. In ihrem Fall werden etwaige Verstöße im Rahmen der Berichterstattung nun wieder vor Gericht behandelt, während für die audio-visuellen Medien alles beim Alten bleibt. Nach HRW ist nach wie vor von einem »hemmenden Einfluss auf den Investigativjournalismus ... und Selbstzensur« auszugehen. Die jüngsten Gesetzesänderungen hätten die Bedenken des Europarats übergangen und sehen zudem sogar zusätzliche Einschränkungen der Medienfreiheit vor, so HRW. Auf nur elf der 66 Empfehlungen des Europarats sei die Regierung eingegangen. Die NGO bezieht sich dabei auf die Bedenken der für Medienfragen zuständigen EU-Kommissarin Neelic Krocs.

Dass das der Unabhängigkeit verpflichtete Berufsethos der JournalistInnen angekratzt ist, zeigen unterdessen auch ganz praktische Vorkommnisse: So wurde etwa in Ausstrahlungen der staatlichen Fernsehsender MTV und *Duna TV* das Gesicht des ehemaligen Präsidenten des Obersten Gerichts Zoltan Lomnici wegretouchiert – zunächst ohne unmittelbare Konsequenzen für die Verantwortlichen. Aus Protest dagegen begann der Journalist und Vize-Präsident der »Unabhängigen Gewerkschaft der Film und Fernsehschaffenden« (TFSZ) Balazs Nagy Navarro einen Hungerstreik. Nach 17 Tagen wurden er und weitere KollegInnen entlassen. Auch die Journalisten Zsolt Bogár und Attilla Mong wurden als Konsequenz ihres Protests gegen das Mediengesetz beim *Kossuth Rádió* gekündigt. Sie hatten in ihrer Sendung eine Schweigeminute für die Pressefreiheit gehalten. Das sind Beispiele, die ein Exempel statuieren, und Konsequenzen, die auf Linie bringen.

Während hier ein deutlicher Konformitätsdruck zu spüren ist, handhabt man journalistische Kodizes in regierungstreuen Kreisen eher lax. So sorgte im Januar 2012 die Berichterstattung der öffentlich-rechtlichen Sender für Aufsehen. Während geschätzte 70.000 Menschen gegen die Verfassung und für die Republik Ungarn demonstrierten, ließ sich der Live-Reporter im öffentlich-rechtlichen MTV vor einem menschenleeren Straßenhintergrund filmen. Die TASZ wiederum kritisierte einen Fernsehbeitrag des regierungsnahen *Hir TV* über den Schulalltag in Gyöngyöspata, der die Segregation von Roma-SchülerInnen in der lokalen Schule verneint und zugleich engagierte Menschenrechtsgruppen sowie den britischen *Guardian* der Lüge bezichtigt. Mehrere von einander unabhängige Videodokumente bezeugen unterdessen getrennte Klassenzüge, separierte Sitzreihen bei öffentlichen Feiern und die Trennung von Roma und Nicht-Roma-SchülerInnen bei der Einschulungszeremonie. *Hir TV* präsentiert den ZuschauerInnen jedoch andere Bilder.

Mit solchen Fragwürdigkeiten in Bezug auf Standards unverfälschter Berichterstattung haben die beteiligten JournalistInnen offenbar keine

Probleme. Dániel Papp, der in einem Fernsehbeitrag über den grünen Europapolitiker Daniel Cohn-Bendit suggestiv einen nachweislich falschen Eindruck erweckte, wurde zwischenzeitlich zum Leiter der öffentlich-rechtlichen Nachrichtenredaktion von MTVA ernannt, die als alleinige Ressource alle öffentlich-rechtlichen Sender mit Nachrichten bedient. Papp ist der frühere Sprecher der Jobbik. Ähnliche Verstrickungen ins militant rechte Milieu deuten sich bei Gergely Koltay an, der im Dezember 2010 zum Chefredakteur des öffentlich-rechtlichen *Petőfi Rádió* befördert wurde und zu jener Zeit Mitglied der rechtsextremen Motorbiker *Gój Motoros Egyesület* war.

Der Auf- und Abstieg von JournalistInnen geht aber über solche Einzelfälle hinaus und ist nicht nur auf das Mediengesetz zurückzuführen. Wie BeobachterInnen anführen sind zahllose als kritisch und oppositionell geltende Medien in finanzieller Bedrängnis, da es an den Geldern aus Werbespots und Anzeigen fehlt, etwa beim *Klubrádió*. Bis vor kurzem waren öffentliche Unternehmen und Einrichtungen, etwa die staatliche Lotterie, lukrative Werbepartner. *Klubrádió* hatte ohnehin eine turbulente Zeit durchgemacht. Denn nachdem die NMHH die Sendefrequenz neu ausgeschrieben hatte, landete das Radio nur auf Platz zwei der BewerberInnen, geschlagen vom bisher äußerst unbekannten Format *Autorádió*, dessen Bewerbung allerdings nicht den Formalitäten entsprach. Nach langem Hin und Her und gerichtlichen Entscheidungen behielt das Radio seine Frequenz.

Es gibt noch weitere ähnliche Fälle, die das schlechte Standing oppositioneller Ansichten in den Medien verdeutlichen, etwa der von *Atlatszo*, dem ungarischen *Wikileaks*, dessen Festplatte von der Polizei beschlagnahmt wurde. Und auch vor Parodie macht die Abstrafungspolitik nicht halt: Für ihr im Parlament aufgenommenes Rapp-Video »Boldog karácsonyt, magyar demokrácia!« (»Frohe Weihnachten, ungarische Demokratie!«) erhielten zwei *Index*-Journalisten Hausverbot. Einerseits ist also eine unübersehbare Nähe zur Regierung und andererseits eine vielfach trübe bis desolate, zumindest repressiv eingeschränkte Situation in den Redaktionen zu vernehmen.

Medien als vierte Gewalt? Was sonst als Usus gilt, um Demokratien mit einflussreichen Massenmedien zu beschreiben, kann einem in Ungarn gegenwärtig nur als Lapsus unterlaufen. Generell ist die klassische Gewaltenteilung kein unbeschadetes Feld. Mit der neuen Verfassung und zahlreichen weiteren Maßnahmen stellt der Fidesz die Unabhängigkeit der Gerichte massiv in Frage. Zuallererst ist die sofortige Herabsetzung des verbindlichen Pensionsalters für RichterInnen von 70 auf 62 Jahre, nach Einsprüchen des Verfassungsgerichts auf eventuell 65 Jahre, zu nennen. Derzeit beschäftigt sich auch der Europäische Gerichtshof mit der Vorgabe, eine endgültige Entscheidung steht noch aus. Auch bereits entlassene RichterInnen klagten.

Nach den ursprünglichen Plänen kann die vom Fidesz ernannte Verantwortliche 274 vakante Posten an Gerichten vergeben. Dafür zuständig ist Tünde Hando. Hando, die in den Augen mancher BeobachterInnen als enge Freundin Orbáns gilt und zudem mit dem Fidesz-Mitbegründer und Europa-Abgeordneten József Szájer liiert ist, kann als neue Präsidentin der Landesjustizbehörde (*Országos Bírósági Hivatal*) – nach neuem Verfahren mit alleiniger Kompetenz – sämtliche RichterInnen im Land ernennen. Die einzige Ausnahme davon bilden die RichterInnen der Kurie (siehe oben). Der Regierung gegenüber kritische Verantwortliche an ungarischen Gerichten dürften damit zur großen Ausnahme werden.

Ein ganz konkretes Beispiel hierfür ist András Baka, der ehemalige Vorsitzende des Obersten Gerichts. Seine Amtszeit endete drei Jahre früher. Nach den neuen Regularien müsste Baka zumindest fünf Jahre an einem ungarischen Gericht gearbeitet haben, seine 17-jährige Praxis am Europäischen Menschenrechtsgerichtshof hilft da nicht weiter. »Wenn man sich vergegenwärtigt, dass alle anderen vorsitzenden Richter (mit der Ausnahme von Herrn Bakas Vizepräsident) im Amt bleiben, ist es schwer, keine politischen Motive hinter dem vorzeitigen Mandatsende des Präsidenten des obersten Gerichts zu wittern«, heißt es in einem gemeinsamen Brief an Viviane Reding, die Vizepräsidentin der Europäischen Kommision, abgeschickt von den NGOs HHC, TASZ und dem EKINT-Institut.

Baka gilt als Kritiker der zuvor angeführten Veränderungen und anderer vom Fidesz initiierter juristischer Maßgaben. Er brachte etwa die vom Fidesz vorgesehene Verschärfung der Strafprozessordnung vor das Verfassungsgericht. Diese Änderung sah vor, den Arrest polizeilich Festgenommener in Fällen von besonderer Priorität ohne richterlichen Beschluss von 72 auf 120 Stunden zu erhöhen und den Internierten während der ersten beiden Tage einen Anwalt vorenthalten zu können. Das Vorhaben scheiterte Mitte Dezember 2011 am Verfassungsgericht, das Bakas Einspruch Recht gab. Baka als Oppositionellen zu deklarieren, wäre jedoch falsch. Wie auch die zuvor angeführten abgestraften oder entlassenen JournalistInnen übt er sein Amt »nur« mit dem entsprechenden Berufsethos aus.

Bakas kritische Stimme fehlt nun am Obersten Gericht, das durch die neue Verfassung in »Kurie« umbenannt wurde. Auch am Verfassungsgericht stärkte die Regierung ihren Einfluss. Statt elf VerfassungsrichterInnen gibt es nun 15, und diese bleiben zukünftig nicht wie bisher neun Jahre, sondern zwölf Jahre im Amt. Der Brief an Reding merkt kritisch an, dass sieben der 15 RichterInnen im Jahr 2011 durch den Fidesz ernannt wurden, und zwar in einem Verfahren von dem, anders als zuvor, die Oppositon völlig ausgeschlossen war. Das Schreiben der drei zivilen Organisationen stellt in der Gesamtschau fest, dass »das System der *checks and balances* erheblich geschwächt, wenn nicht gar zerstört ist«.

Diese Vereinnahmung gesellschaftlicher und staatlicher Institutionen folgt einem politischen Kalkül. Das gilt für den Bereich der Justiz wie für den Mediensektor. In einer Reihe von anderen Maßnahmen offenbart sich hingegen eher eine politische Abneigung. Dabei geht es vornehmlich nicht um Positionen, sondern um bestimmte Personen und ihre Diskreditierung. Unvergleichbar sticht dabei das Bestreben heraus, mit dem ehemaligen Ministerpräsidenten Gyurcsány und seinen AnhängerInnen abzurechnen. Hier drängt sich die Frage auf, wieso ein bedeutungslos gewordener Kreis von PolitikerInnen bzw. eine unbedeutende politische Kraft derart zum Kontrahenten stilisiert wird, in den abwegigsten Zusammenhängen vergegenwärtigt wird, um immer wieder aufs Neue verdammt zu werden. Vieles von dieser Abrechnungspolitik bleibt abstrakt. Am augenscheinlichsten offenbaren sich die Motive der Regierung im Vorgehen gegen die Korruption ihrer Vorgänger. Die Untersuchungen des Beauftragten Gyula Budai (siehe auch Kapitel 3) lassen sich dabei als zumeist haltlose Generalverdächtigungen vernehmen.

Daneben wurde auch eine Kommission damit beauftragt, das polizeiliche Verhalten während der rechten Massenproteste im Jahr 2006 zu untersuchen. Damals kam es zu Straßenschlachten in Budapest, bei denen der Staat mit zum Teil äußerst harter Hand auftrat (siehe auch Kapitel 1). In 224 Fällen wurden 2011 rückwirkend Ermittlungen aufgenommen, nachdem der von Orbán dafür eigens ernannte Sonderbeauftragte István Balsai einen 150-seitigen Bericht angefertigt hatte. 175 Verfahren wurden noch 2011 ohne Konsequenzen eingestellt. Gegenüber 23 Angeschuldigten wurden Vorwürfe aufgehoben, während es zwölf Urteile wegen Körperverletzung gab und weitere Entscheidungen 2012 noch ausstanden. Pikanterweise wurde der militante Rechtsextreme György Budaházy, der als Drahtzieher jener Ausschreitungen und weiterer rechter Gewalt gilt, im Juni 2012 freigesprochen, was einer Amnestie jener Ausschreitungen nahekommt.

Insgesamt scheint das Jahr 2006 noch immer verblüffend gegenwärtig. Auch die Ausdrucksweise, mit der der Regierungswechsel als unvergleichbare Zäsur durch den Fidesz propagiert wird, haftet noch heute der Charme jener herben Oppositions-Rhetorik Orbáns aus jenen Tagen an, der auch der Jobbik immer wieder schmeichelte. Das damalige Gerede von der »illegitimen Regierung«, mit dem Orbán während der in *riots* eskalierenden Proteste polemisierte, setzt sich fort in der Proklamation der »nationalen Kooperation«.

Der bittere Affront bleibt stets präsent und scheint unentbehrlich für die Regierung Orbán: »Allgemein ist Orbáns Weltbild durch ein personalisiertes, reduktionistisches Freund-Feind-Schema gekennzeichnet. Schuld tragen einzelne Personen oder Personengruppen. Es sind nicht die komplexen weltwirtschaftlichen Zusammenhänge, die zu diesem oder jenem Problem führen – es sind bösartige, verbrecherische Personen die Verursacher, unter anderem der ehemalige Ministerpräsident Ferenc Gyurcsány, der persönliche Schuld an der hohen Verschuldung des Landes tragen soll«, schreibt die Publizistin Krisztina Koenen. In Gyurcnánys Fall bleibt es zudem nicht nur bei Reminiszenzen: Im April 2012 wurde der von ihm gegründeten »Demokratischen Koalition« (DK) der Fraktionsstatus im Parlament verwehrt. Die dafür erforderliche Anzahl von Mandaten wurde durch eine Parlamentsentscheidung von zehn auf zwölf angehoben, sodass den zehn PolitikerInnen der DK zahlreiche Privilegien entgehen.

Diese politische Abneigung, die Diskreditierung Missliebiger, erschöpft sich aber nicht in parteipolitischen Querelen. Sie polarisiert auch in den Bereichen Kultur und Wissenschaft. Die Entlassung von László Harsányi als Leiter der Budapester Holocaust-Gedenkstätte signalisiert unmissverständlich einem ganzen Zweig wissenschaftlicher Forschung seine Unzulänglichkeit aufgrund der divergierenden Geschichtsauffassung (siehe auch Kapitel 1). Ähnliches implizieren die langwierigen Ermittlungen gegen Ungarns renommierteste PhilosophInnen, darunter Ágnes Heller und Sándor Radnóti. Auch diese liefen im Rahmen der zuvor erwähnten Korruptionsbekämpfung an – als medienlancierte und zugleich medienwirksame Kampagne zur Kriminalisierung der Betroffenen. Krude Anschuldigungen von Veruntreuung bestimmten den Schmähdiskurs. Inzwischen erwies sich alles als völlig haltlos. Alle Verfahren gegen die PhilosophInnen wurden eingestellt.

Im Kontext auch jener Anschuldigungen stellte der weltweit renommierte ungarische Regisseur Béla Tarr in einem umstrittenen Interview mit dem Berliner *Tagesspiegel* fest: »Bei uns passiert gerade, was man in Deutschland ›Kulturkampf‹ nennt. Die Regierung hasst die Intellektuellen, weil sie liberal und oppositionell sind, sie beschimpft uns als Vaterlandsverräter«, sagte Tarr während der Berlinale 2011, bei der sein Film »Das Turiner Pferd« mit dem »Silbernen Bären« ausgezeichnet wurde. Später distanzierte er sich von Passagen des noch immer online zugänglichen Interviews. Trotz seines Renommees, trotz der Auszeichnung, folgte eine vernichtende Aburteilung Tarrs, die auch vor seinem Werk nicht haltmachte.

Einen Monat zuvor, im Januar 2011, hatte Tarr den Appell des in Ungarn geborenen Pianisten András Schiff unterzeichnet, der unter anderem festhält: »Das Alltagsleben Ungarns ist in erschreckendem Maße infiziert mit Rassismus gegen Roma, mit Homophobie und Antisemitismus. Gleichzeitig wird die Freiheit der Medien, der Kunst und der Kulturschaffenden, also die Freiheit derer, die am wirksamsten solchen Tendenzen entgegentreten könnten, immer stärker eingeschränkt«. Schiff, der gegenwärtig nicht mehr in Ungarn auftritt, sagte auf einem Berliner Podium im Januar 2012: »Da habe ich nichts zu tun ... Sie werden mir eine oder beide Hände abhacken«. Er war für seine Kritik unter anderem als »Saujude« beschimpft worden. Eine Veränderung, so Schiff, müsse von der Straße kommen, »aber wenn ich mir die Straße anschaue, naja?«.

Genau dort, auf den Straßen Budapests, ist inzwischen auch die umstrittene Ernennung des Antisemiten György Dörner zum Leiter des »Neuen Theaters« (*Új Színház*) angekommen. Seit Oberbürgermeister Tarlós den Posten an den rechten Schauspieler vergeben hat, propagieren Rechtsextreme das Theater als ihr Terrain, wie sich bei einer antifaschistischen Kundgebung vor dem Theater zeigte. Sie umstellten den Protest, der sich gegen eine anberaumte, aber ausgesetzte Inszenierung eines antisemitischen Stücks des Dramatikers István Csurka richtete. Im Anschluss an dieses Ereignis wurde der Organisator der Demonstration, Vilmos Hanti, der Vorsitzende des »Verbands Ungarischer Antifaschisten und Widerstandskämpfer« (MEASZ), von einem rechten Mob gestellt und auf offener Straße zusammengeschlagen.

Rechtes Rendezvous in einem eindimensionalen Land: Eine abschließende Betrachtung

»Orbáns beharrlich verfolgte Strategie besteht darin, den Unterschied zwischen rechtem Populismus und rechtem Extremismus unkenntlich zu machen. Er will jeden einzelnen Wähler rechts von der Mittellinie für seinen FIDESZ gewinnen«, schreiben Mayer und Odehnal. Und weiter: »Der ›Kollateralschaden‹, den er dabei ungeniert hinnimmt, ist, dass er den rechtsextremen, rassistischen und antisemitischen Kurs legitimiert, salonfähig macht, als etwas im Rahmen des Normalen erscheinen lässt«. Was hier noch für Oppositionszeiten beschrieben wird, kennzeichnet nunmehr das Regierungshandeln des Fidesz und das von ihm geprägte politische Klima im Land.

Ob sich die Folgen der gegenwärtigen Politik *nur* als »Kollateralschaden« fassen lassen, ist fraglich. Vielmehr ist die Regierung ja sichtbar an Prozessen der Marginalisierung, Diskreditierung und Schikanierung beteiligt. Viele Gesetzesvorschläge des Fidesz treffen auch den Nerv der Jobbik und erhielten wiederholt deren Zustimmung. Das sollte niemanden mehr verwundern. Pikant ist allerdings, dass es auch andersherum geht: Die Jobbik brachte etwa im Parlament einen Gesetzesvorschlag ein, der die Beleidigung der »Heiligen Ungarischen Krone«, der ungarischen Fahne und der Hymne unter Strafe stellt und mit bis zu einem Jahr Gefängnis belegt. Gesagt, getan – das Parlament stimmte zu, die Regelung wird Teil des neuen Strafgesetzbuchs, das zum Juli 2013 in Kraft tritt. Daneben wird auch das Recht auf Selbstverteidigung gestärkt, was den AnhängerInnen der ohnehin *wehr*haften ungarischen Demokratie in die Hände spielen dürfte.

Auf diese Weise wird eine Klientel bedient, die die Regierung auch mit anderen Vorhaben angesprochen hat. Paul Lendvai resümiert in seinem jüngsten Buch »Ungarn zwischen Demokratie und Autoritarismus«: »Auch wenn die Jobbik 47 der Sitze im neuen ungarischen Parlament bekam, nehme ich noch immer an, dass die wahre Gefahr nicht von den Neofaschisten oder von denen kommt, die das Problem mit Gewalt lösen, sondern vielmehr vom ›vornehmen‹ Schweigen der politischen Rechten um Orbán«. Hier tut sich also eine ineinandergreifende rechte Konstellation auf.

Wer unterdessen die VerliererInnen sind, zeichnet sich ebenso klar ab. Wenn sich verschiedene Vorurteile und Formen der Diskriminierung für einzelne Personen überschneiden, sprechen SozialwisseschaftlerInnen von

Intersektionalität. Es ist dann von ganz spezifischen Erfahrungen und Ausschlüssen auszugehen. Auch die Veränderungen und Maßnahmen in den verschiedenen gesellschaftlichen Bereichen lassen sich nicht voneinander trennen, werden sich gegenseitig verstärken und überschneiden sich. Die Zäsuren im Bereich der Medien und der Kultur lassen die Ausweitung von Antisemitismus, Antiziganismus und Homophobie erahnen. Ähnliches gilt für die mehr als fragliche Unabhängigkeit der Gerichte. Was das genau bedeutet, bleibt abzuwarten. Die Vorzeichen stehen nicht gut. Wenn im gegenwärtigen Ungarn irgendwo die Pluralität wächst, dann allenfalls dadurch, dass es neben der LGBTI-Pride nun auch eine rechte »Heteropride« gibt, wie sie im September 2010 durch Budapest spazierte, oder wenn wieder einmal eine weitere *hate group* Aufsehen erregt.

Richard Field, der die Evakuierung der Roma aus Gyöngyöspata initiierte, hat nach Gewaltandrohungen das Land verlassen. Das gleiche gilt für den Schriftsteller Ákos Kertész. In einer verbitterten Polemik kritisiert er die gesellschaftliche Entwicklung in Ungarn. Er sprach in diesem Zusammenhang unter anderem von einer »genetisch« veranlagten Untertanenmentalität der UngarInnen. Es folgten Drohungen und physische Belästigungen, die ihn veranlassten, in Kanada um Asyl zu bitten. Dort lebt inzwischen auch Viktória Mohácsi, Romni und ehemalige Abgeordnete im europäischen Parlament. Nicht nur bei den auf ihre Initiative hin erfolgten Mordermittlungen nach der Gewalttat von Tatárszentgyörgy erwies sie sich als einflussreiche Kämpferin für die Rechte der Roma. Im Dezember 2011 verließ sie wegen Gewaltandrohungen das Land. Auch zahlreiche andere, zum Teil hochrangige Personen tun es ihnen gleich und geben dies bewusst nicht kund.

Unterdessen führt auch die antiziganistische Normalität zur massenhaften Abwanderung von Roma aus ihrem Herkunftsland – wohl nicht zuletzt wegen des nun auch amtlich ausgeübten Antiziganismus wie in Gyöngyöspata. In Kanada etwa verdoppelte sich nahezu die Zahl der von UngarInnen gestellten Asylanträge von 2.351 in 2010 auf 4.453 in 2012. Ihnen unterstellte Außenminister János Martonyi »die Schlupflöcher im kanadischen Asylsystem auszunutzen und dadurch die Situation in Ungarn in einem anderen Licht erscheinen zu lassen«. Wenig erfreuliche Schlagzeilen machte eine jüngst von Roma gegründete landesweite Garde. Der Selbstschutz erscheint für sie mitunter als einzig verbliebene Option. Während die Roma unter den Vorgängern der Regierung Orbán nicht damit rechnen konnten, dass etwas besser wird, gehen sie nun – nicht zu Unrecht

– davon aus, dass es in jedem Falle schlechter wird. Im Weltbild der Jobbik gehören viele Personen nicht zur »ungarischen Gemeinschaft«, und auch das Regierungshandeln des Fidesz macht zahllose ungarische BürgerInnen zu »Fremden« oder gar Exilierten.

Kapitel 3

Experimente in Zeiten der Krise

Die Wirtschafts- und Sozialpolitik der Regierung Orbán

Von Holger Marcks

Befindet sich Europa »auf dem Weg zu Ungarns Wirtschaftspolitik«? Nichts anderes behauptete der ungarische Ministerpräsident Viktor Orbán im Mai 2012 nach den Wahlen in Frankreich und Griechenland. Eine solche Aussage mag verwundern. Nicht nur, weil die Wahlergebnisse in beiden Ländern, wo die SozialistInnen die Macht erlangten bzw. ein Linksbündnis diese überraschend knapp verfehlte, einen Linksruck markieren, den man kaum mit der Politik von Orbáns nationalkonservativem Fidesz in Verbindung bringen dürfte. Sie ist auch erstaunlich, weil bis dato – etwa in den Debatten des Europa-Parlaments über die ungarische Entwicklung – vielfach Bedenken geäußert wurden, es sei gerade das Donauland, das sich von Europa wegbewege.

Orbán spielte mit seiner Aussage auf den sich leicht drehenden Wind in der EU-Krisenpolitik an. Nachdem mit François Hollande ein Kritiker der Austeritätspolitik in den Élysée-Palast gewählt wurde – zumindest war er das im Wahlkampf –, diskutierte man in Europa, wenn auch zaghaft, wieder über Wachstumspolitik. Eben diese Entwicklung wollte Orbán offenbar als Bestätigung des ungarischen Wegs verstanden wissen. Doch auch wenn die Regierung Orbán kaum mit der vorherrschenden Krisenpolitik der EU konform geht, so wäre es dennoch irreführend, sie einer (linken) Koalition von »Wachstumspolitikern« zuzuordnen. Die Wirtschaftspolitik des Fidesz ist und bleibt zunächst einzigartig in Europa. Ihr spezieller Charakter ergibt sich daraus, dass die ungarische Rechte – sowohl der Fidesz als auch die faschistische Jobbik – die Ökonomie als zentrales Kampffeld in ihrer nationalistischen Strategie betrachtet.

Politische Ökonomie der Krise: Vom nationalen Aufbruch zum »wirtschaftlichen Befreiungskampf«

Will man verstehen, was es mit dem »wirtschaftlichen Befreiungskampf« auf sich hat, von dem in der ungarischen Rechten die Rede ist, bedarf es eines Blicks zurück. Denn es waren die Auseinandersetzungen mit den Vorgängerregierungen aus MSZP (Sozialisten) und SZDSZ (Liberale), in denen die völkisch-autoritäre Bewegung ihre Ideologie weiter ausformte und verbreiten konnte. Nicht vergessen werden darf dabei, dass Ungarn gewissermaßen als erster europäischer Staat in die Krise schlitterte. Schon ab 2006 befand sich das Land in einer schweren Haushaltskrise. Entgegen der internationalen Trends war die Staatsverschuldung unter den sozialistischen Ministerpräsidenten Péter Medgyessy (2002–2004) und Ferenc Gyurcsány (2004–2006) von 53 auf 68 Prozent des Bruttoinlandsprodukts (BIP) angewachsen, das Haushaltsdefizit kletterte auf über neun Prozent des BIP. (Zum Vergleich: In der EU blieb im selben Zeitraum die Staatsverschuldung insgesamt stabil und das Haushaltsdefizit betrug 2006 im Schnitt 1,5 Prozent, wobei kein Land nur annähernd an das ungarische Defizit herankam.) Zumindest stellte sich das später heraus. Noch Anfang 2006 – es war Wahljahr – hantierte die sozial-liberale Regierungskoalition mit Zahlen, die der Bevölkerung und den internationalen Märkten ein weniger dramatisches Bild suggerierten.

Es war Gyurcsány selbst, der schließlich – wenn auch unfreiwillig öffentlich – einräumte, dass man sich nur mit »Hunderten von kleinen Tricks« über Wasser gehalten habe. Die Regierung habe »Mist gebaut – nicht nur ein wenig, sondern richtig«, erklärte er in einer fraktionsinternen Rede, in der er seine GenossInnen ermahnte, offen mit der finanziellen Lage des Landes umzugehen und die nötigen Konsolidierungsmaßnahmen mitzutragen. Vier Monate nach seiner Wiederwahl, im September 2006, wurde ein Mitschnitt der bereits im Mai gehaltenen »Rede von Öszöd« unter ungeklärten Umständen öffentlich. Im Staatsrundfunk erfuhr so die ungarische Bevölkerung, dass »in Europa kein Land so viel Unfug angestellt hat wie wir«.

Die sogenannte »Lügenrede« – genau genommen eine Wahrheitsrede – sorgte für einen Sturm der Entrüstung. Dabei gelang es der ungarischen Rechten, die Äußerungen Gyurcsánys als Indiz dafür auszulegen, dass sich die Regierung und insbesondere die SozialistInnen ihre Wiederwahl nur durch Täuschung und Lügen hätten sichern können. Die folgenden Herbstunruhen waren gewissermaßen das Fanal der »revolutionären Patrioten«, als die sich viele Anhänger der rechten Parteien verstehen. Diese erkannten die »illegitime Regierung« nicht an und erstarkten zusehends – sowohl in der Wählergunst als auch auf der Straße, wo vor allem die Jobbik an Boden gewann. Die Haushaltskrise ging so auch in eine innenpolitische Krise über.

Wenn sich die Gründe für den Aufstieg der völkischen Bewegung keineswegs darauf reduzieren lassen (genaueres dazu siehe in Kapitel 1), so ist es doch bezeichnend, dass sich dieser vor dem Hintergrund einer fiskalischen und letztlich auch ökonomischen Krise ereignete. Den SozialistInnen gelang es eben nicht mehr, die Lage zu konsolidieren. Im Gegenteil: Aufgrund des hohen Doppeldefizits – sowohl im Staatshaushalt als auch in der Leistungsbilanz – war Ungarn von der 2007 einsetzenden Finanzkrise besonders stark betroffen. Im Oktober 2008 erlitt der Forint dramatische Kursverluste, deren Folgen – etwa untragbare Zinsen bei Staatsanleihen oder die Einstellung von Devisenkrediten durch die Banken – letztlich ein Rettungspaket von IWF, Weltbank und EU in Höhe von 20 Milliarden Euro notwendig machten, um den Staatsbankrott abzuwenden. Trotz der auflagenbedingten Senkung des Haushaltsdefizits stieg die Staatsverschuldung bis Anfang 2010 – zunächst unter Gyurcsány, ab 2009 unter seinem Nachfolger Gordon Bajnai – auf 82 Prozent. Zugleich kletterte die Arbeitslosenquote von 7,4 auf satte 11,2 Prozent und die Sparpolitik setzte der Bevölkerung zu.

Die wirtschaftlich und sozial desolate Situation Ungarns wurde somit erst recht zu einem zentralen Thema der ungarischen Rechten. In ihrer wirtschaftspolitischen Perspektive schlug sich zunehmend eine sowohl antiliberale als auch antikommunistische Ideologie nieder, in der sich gewissermaßen die Feindschaft zu den verhassten Sozial-Liberalen widerspiegelt. Insbesondere den SozialistInnen als Nachfolgern der Kommunistischen Partei Ungarns wird dabei vorgeworfen, das »magyarische Volk« gleich doppelt »ausgeraubt« zu haben. Zunächst hätten sie mit Verstaatlichungen dem ungarischen Volk seine natürlichen Grundlagen genommen und es zu einer »Kolonie Moskaus« degradiert, anschließend hätten sie sich mit Privatisierungen selbst bereichert und das Land in tiefe Abhängigkeit getrieben, etwa von den ausländischen »Multis« und internationalen Finanzinstitutionen. Die »Befreiung« Ungarns wird daher auch als ökonomische Frage angesehen, als ein Brechen mit der »liberalkommunistischen« bzw. »fremdbestimmten« Wirkungskontinuität auf dem Felde der Wirtschaft.

Denn in den Augen der völkischen Bewegung war die »Wende« lange nicht vollzogen und atmete Ungarn weiter den »Geist des Kommunismus«. Für die Völkischen sind die Sozialisten mal »rote Kapitalisten« (so Mária Wittner vom Fidesz), mal »liberal-bolschewistische Zionisten« (so Krisztina Morvai von der Jobbik). Der Antisemitismus, der sich in dieser Projektion ausdrückt, dient dabei, Magdalena Marsovszky zufolge, als ein »kultureller Code«, der sich gegen alles wendet, das dem vaterländischen Mythos zuwiderläuft. Auf diese Weise wurden die SozialistInnen zu »Landesverrätern«, weil sie sich dem globalen Markt unterworfen hätten: »Der Prozess der Globalisierung wird als ›planvoll gesteuerte Vernichtung‹ der magyarischen Kultur ... durch die Juden gesehen ... Es wird unterstellt, die (sozialistische) Regierung sei in diesen jüdischen Globalisierungsplan verwickelt« gewesen, so Marsovszky in einem Aufsatz für den Band *Osteuropa – Schlachtfeld der Erinnerungen*.

Als Orbán dann 2010 mit dem mittlerweile stark ideologisierten Fidesz in den Wahlkampf zog, geschah dies mit einer ungeheuer martialischen Programmatik. Er versprach nicht nur, die Schulden des Landes radikal zu »bekämpfen«, sondern auch grundlegend »aufzuräumen« und »abzurechnen«. Und das war keinesfalls nur leere Rhetorik. Nach dem Erdrutschsieg im April 2010, der dem Fidesz und seiner christlichen Satellitenpartei, der KDNP, eine Zweidrittelmehrheit in der Nationalversammlung bescherte, schien die »Regierung der nationalen Kooperation«, wie sie sich selbst bezeichnet, ihrem Selbstbild als »Männer der Tat« unbedingt gerecht werden zu wollen. Alles sollte von nun an anders gemacht werden. Im Bezug auf die Wirtschaftspolitik erklärte Orbán wenige Monate nach der Wahl bei einem Frankreich-Besuch, dass man, auch mit dem Risiko eines Scheiterns, »experimentieren« werde – zum Teil mit »brutalen« Maßnahmen.

Von Anfang an ließ Orbán keinen Zweifel daran, dass das Land sich auf einen neuen Regierungsstil einstellen darf. Davon zeugt etwa die neue Kabinettsstruktur. So reduzierte Orbán die Zahl der Ministerien von 13 auf acht, um damit die politischen Kompetenzen, insbesondere auf sozioökonomischem Gebiet, zu bündeln. Von der Zentralisierung erfasst wurden etwa die Arbeits-, Finanz- und Wirtschaftsressorts, die im »Ministerium für Volkswirtschaft« zusammengeführt wurden. Die sozialen und kulturellen Angelegenheiten wurden wiederum im »Ministerium für Nationale Ressourcen« – seit Mai 2012 »Ministerium für Humanressourcen« – konzentriert. Allein die Namen der Ministerien signalisieren bereits die politischen Prämissen der Regierung Orbán.

Zweifellos von zentraler Bedeutung in der Regierungspolitik ist das Volkswirtschaftsministerium, das von »Superminister« György Matolcsy geleitet wird. Der Fidesz-Politiker gilt als Architekt der ungarischen Wirtschaftspolitik und zaubert in dieser Eigenschaft einen unkonventionellen Wirtschaftsplan nach dem anderen aus dem Hut. Gerade die Verquickung der Ressorts für Arbeit, Finanzen und Wirtschaft soll ihm eine Art ganzheitliche, gewissermaßen »volksgemeinschaftliche« Steuerung der ungarischen Volkswirtschaft ermöglichen, wobei er über den Wohnungs-, Banken- und Versicherungsmarkt ebenso waltet wie über die Beschäftigungspolitik, die Arbeitsbeziehungen und die Förderung heimischer Unternehmen. Zugleich gestaltet er die Steuerpolitik wie auch die internationalen Finanzbeziehungen. Matolcsy stützt sich dabei auf spezielle Fachbereiche, die etwa die gesamtwirtschaftliche Strategie, Regulierungsmaßnahmen und die Planungskoordination ausloten.

Von nicht geringer Tragweite ist auch der Einfluss des Superministeriums für Nationale bzw. Humanressourcen. Dieses wurde die ersten beiden Jahre vom parteilosen Mediziner Miklós Réthelyi geleitet. Nach dessen Rückzug im Mai 2012 übernahm das Amt, nun mit neuer Bezeichnung, der Fidesz-Politiker Zoltán Balog. Er steuert seitdem unter anderem die Familien-, Gesundheits- und Bildungspolitik nebst den Bereichen Sport und Kultur. Mit Balogs Amtsantritt wurden dem Ministerium zudem die »ethnischen Angelegenheiten«, darunter die »Roma-Integration«, übertragen, die zuvor in Balogs bisherigen Verantwortungsbereich beim Verwaltungs- und Justizministerium gefallen waren. (Ob damit auch die Umbenennung des Ministeriums zusammenhängt – etwa weil man nicht suggerieren will, dass die Roma Teil der »nationalen« Kapazitäten seien –, kann nur spekuliert werden.) Bisher zeichnete sich die Arbeit des Ministeriums vor allem durch eine Art Volkskörperpolitik aus, die auf eine zahlenmäßige, physische und emotionale Stärkung der nationalen Gemeinschaft abzielt.

Neben den beiden Superministerien sind für die sozioökonomische »Totalerneuerung des Landes«, die sich die Regierung vorgenommen hat, noch die Ministerien für Nationale sowie Ländliche Entwicklung bedeutend, die sich etwa um den Energie- und Infrastrukturbereich bzw. den Lebensmittel- und Landwirtschaftsbereich kümmern. Insofern es Ziel der nationalen Wirtschaftspolitik ist, die Unabhängigkeit des Landes ökonomisch zu fundieren, handelt es sich hierbei um strategisch wichtige Bereiche. Schließlich sind sie elementar für die Grundversorgung eines Landes. Entsprechend tritt die Regierung auf diesem Feld mit viel patriarchalischem Gebaren auf und versucht, ihre Position als »Herr im Haus« zu beanspruchen.

Orbáns »wirtschaftlicher Befreiungskampf« durchdringt viele Ebenen der ungarischen Gesellschaft. Denn die Regierung hat sich ebenso die Mission gesetzt, die dramatische Verschuldung von Gemeinden und Privathaushalten zu lösen. Dabei stellt sie sich zuweilen schützend vor ihr »Volk« und interveniert gegen Banken und Märkte, in deren »Würgegriff« sie die Schuldner wähnt. Zugleich übernimmt der Staat zunehmend Verantwortung, etwa mit dem Aufkauf von Schuldnerobjekten oder der Zentralisierung öffentlicher Aufgaben. Diese Entwicklung, die unter anderem zu einem Abbau der kommunalen Selbstverwaltungsstrukturen führt, nimmt zum Teil schon planwirtschaftliche Züge an. Möglich ist sie gerade deshalb geworden, weil der Fidesz mit den Kommunalwahlen im Herbst 2010 in fast allen Kommunen des Landes die Verwaltungszügel übernehmen konnte.

Mit einer solchen Fülle von Aufgaben und zu lösenden Problemen bedacht, stößt ein Staatsapparat unweigerlich an Grenzen der Realisierbarkeit. Zwar stützt sich das Kabinett Orbáns auf eine parlamentarische Zweidrittelmehrheit und kann so seine sozioökonomischen »Experimente« schnell in die Wege leiten und nötigenfalls auch rückgängig machen. Doch lässt sich bei so vielen Baustellen nur schwer gewährleisten, dass die verschiedenen Maßnahmen auch wirklich ineinandergreifen und nicht miteinander oder mit äußeren Faktoren kollidieren. Orbán, der sich als Governance-Experte geriert, scheint sich dessen zumindest bewusst zu sein. So unterhalten er und sein Kabinett neben einem regelrechten Regiment von StaatssekretärInnen noch ungewöhnlich viele BeraterInnen, die die Reformprojekte mitplanen, koordinieren oder juristisch prüfen. Nichtsdestotrotz scheint insbesondere das Personal in den Superministerien mit dem erwarteten »Totalumbau« überfordert, so dass es regelmäßig zu Postenwechseln kommt.

Vor allem machen der Regierung bei ihrem nationalen Großprojekt die inneren und äußeren (Sach-)Zwänge zu schaffen. Von ihnen fühlt sie sich regelrecht umzingelt, so dass kaum ein Wirtschafts- oder Sozialplan ohne Kriegsrhetorik auskommt. Fast alles ist ein »Kampf« gegen irgendetwas. Sie bewegt sich dabei im Spannungsfeld, den Staatshaushalt konsolidieren, gleichzeitig aber die nationale Wirtschaft fördern und die sozialen Erwartungen an sie nicht allzu sehr enttäuschen zu wollen. Im Ergebnis neigt sie zu zahlreichen Ad-hoc-Maßnahmen teils recht widersprüchlicher Art.

So versuchte sie zunächst, die krisentypischen Sparpakete im Sozialbereich einigermaßen begrenzt zu halten und den Haushalt vielmehr über Sondersteuern, Abgaben und andere Formen der Geldeintreibung zu konsolidieren. Dies schlägt allerdings auch auf die Unternehmen und die Bevölkerung zurück, so dass sich die wirtschaftliche bzw. soziale Lage kaum entspannt, zum Teil sogar weiter verschärft.

Auch wenn Orbán darauf eingestellt war, dass insbesondere die Beschneidung marktliberaler Heiligkeiten zu einer Kollision mit dem EU-Recht und den Interessen ausländischer Wirtschaftsakteure hat führen müssen – er selbst sprach gegenüber der ungarischen Boulevardzeitung *Blikk* von »riskanten politischen Entscheidungen«, die »eine zweite oder dritte Verteidigungslinie« nötig machten –, so scheint er doch die internationalen Abhängigkeiten Ungarns unterschätzt zu haben. Als Ungarn Ende 2011 für die staatlichen Interventionen im Bankenwesen von den internationalen Märkten abgestraft und von der EU in die Mangel genommen wurde, brachten die steigenden Zinsen für Staatsanleihen und die starken Kursverluste des Forints das Land erneut an den Rand des Staatsbankrotts. In der Zwischenzeit musste die Regierung, die nach ihrem Amtsantritt noch großmäulig den Internationalen Währungsfonds (IWF) aus dem Land gescheucht hatte, dann doch um etwaige Hilfsgelder bei der ungeliebten Finanzinstitution anklopfen.

Orbán wäre jedoch nicht Orbán, wenn er im »Wirtschaftskrieg«, wie es die ungarische Regierung nennt, einfach kapitulieren und seine wirtschaftspolitischen Ambitionen aufgeben würde. Nach wie vor ist die Regierung gewillt, den Abhängigkeiten zu entfliehen. Während sie mit geschicktem Taktieren die Märkte wie auch EU und IWF zu beruhigen bzw. hinzuhalten versucht – dank konservativer Unterstützung aus Europa und insbesondere aus Deutschland sogar recht erfolgreich –, sucht sie in ihrer Außenwirtschaftspolitik nach neuen Partnern, etwa Investoren und Geldgebern jenseits des Westens, die ihr mehr Gestaltungsspielraum ermöglichen sollen. Zugleich treibt sie – wenn auch mit gelegentlichen Konzessionen –, den sozioökonomischen Umbau des Landes weiter voran.

Die Wirtschaftskrise ist dabei für die Regierung Orbán Fluch und Segen zugleich. Ein Pech ist sie, weil die angespannte Wirtschafts- und Haushaltslage den politischen Strategen an der Donau bei der Realisierung ihrer nationalen Visionen Grenzen setzt. Ein Glück ist sie dagegen für Orbán und seine Parteisoldaten nicht nur, weil die Umstände der Krise die ungarische Rechte überhaupt so fulminant das Parlament haben erobern lassen, sondern auch, weil die Regierung im Krisenkontext ihr nationalistisches Projekt durchaus eher umsetzen kann als in Zeiten wirtschaftlicher Stabilität.

Es gibt gewissermaßen eine politische Ökonomie der Krise. Wenn die Wirtschaft in eine instabile Lage gerät, nehmen die sozialen Verwerfungen zu, und diese wiederum begünstigen politisch-ökonomische Alternativen. Wie erst im Juli 2012 eine internationale Studie des konservativen *Pew Research Center* aus den USA zeigte, hat der Glaube an die Markwirtschaft seit Beginn der globalen Wirtschaftskrise mächtig gelitten, und das vor allem in den besonders von der Krise betroffenen Ländern. Das gilt auch für Ungarn. Dort hatte noch im Juli 2011 eine Untersuchung der Europäischen Bank für Wiederaufbau und Entwicklung (EBWE) und der Weltbank festgestellt, dass nur noch 30 Prozent der UngarInnen die Marktwirtschaft klar bejahen. Und wenige Monate später gaben in einer Umfrage des ungarischen Meinungsforschungsinstituts *Nézőpont* knapp 30 Prozent der Befragten bewusst an, demokratische Freiheiten im Tausch für wirtschaftliches Wachstum und Sicherheit aufgeben zu wollen.

Politische Kräfte, die in solchen Stimmungslagen vermeintlich eine Exit-Option zu bieten haben, können davon profitieren. Ob es linke oder rechte Lösungsangebote sind, die angenommen werden, hängt von den jeweiligen politischen Konstellationen und Traditionen ab. In Ungarn etwa hatten sich, wie in vielen postkommunistischen Staaten, sozialistische bzw. linke Wirtschaftsvorstellungen für viele diskreditiert. Ein ungarisches Spezifikum ist dabei, dass das Land die wohl größte Privatisierungswelle in Osteuropa erfahren musste, mit gravierenden sozialen Folgen – zu einem Großteil durchgeführt von den SozialistInnen. Das hat die krude Verquickung von Liberalismus und Sozialismus als Hassobjekt sehr begünstigt. Man kann die Wirtschaftsideen der ungarischen Rechten gewissermaßen als Negation dieses Feindbildes verstehen. Bei dieser Form der Krisenbewältigung handelt es sich um eine reaktionäre Exit-Option, die dem freien Markt autoritäre Wirtschaftsmaßnahmen und der »Globalisierung« die völkische Einheit entgegenstellt – eine Art Antikapitalismus von rechts, der sich nicht auf eine Klasse stützt und nach innen wendet, sondern auf Basis der »Volksgemeinschaft« die Konfliktdynamiken nach außen zu kanalisieren versucht.

Die Krisenumstände sorgen auch dafür, dass die Regierung Orbán, gemessen an ihren weitreichenden Maßnahmen, einen relativ gemäßigten Druck von internationaler Seite erfährt. Zwar sind die europäischen Regierungen bisher kaum zu sozioökonomischen Experimenten gewillt – im Gegenteil weichen sie kaum von ihren Konzepten ab, die sie als »alternativlos« darstellen –, doch so mehr sich die wirtschaftliche Instabilität in eine soziale übersetzt, steigt auch bei ihnen sukzessive die Akzeptanz für autoritäre Maßnahmen zur Bändigung der Konfliktdynamiken. Zumal auch die Unternehmen ausufernde soziale Kämpfe als abträglich betrachten und ihrem Interesse am »sozialen Frieden« – notfalls autoritär herbeigeführt – Nachdruck verleihen. Vor allem aber würde eine zu starke Konfrontation mit Ungarn dessen prekäre Lage weiter verschärfen. Einen weiteren Krisenherd, der die europäische Krisendynamik zusätzlich befeuert, kann und will man sich nicht leisten.

Nicht zuletzt genießt die ungarische Regierung in der Krise mehr Wohlwollen als manch einer meinen möchte. Vor allem Teile der europäischen Konservativen verfolgen die Wirtschaftspolitik des *rule breaker* aus Budapest mit einer gewissen Spannung, ja sind zuweilen sogar fasziniert von ihr. Mit dem Fortschreiten der Krise geraten auch ihre Konzepte in Misskredit und werden neue Rezepte gesucht. Da sich Anleihen bei Ideen der Linken weitestgehend verbieten, sind die Experimente ihrer nationalkonservativen Schwesterpartei ein willkommener Referenzpunkt. Sollte die Fidesz-Regierung mit ihrer Wirtschafts- und Sozialpolitik Erfolge haben – und diese müssen sich nicht unbedingt in Wachstum ausdrücken; das könnte auch die Bewahrung der sozialen, wenn auch prekären Stabilität sein –, könnten zumindest Elemente dieser Politik durchaus Nachahmung finden. Ein genauer Blick auf die Experimente im Labor Ungarn ist daher angeraten.

Der große Spagat: Zwischen Haushaltskonsolidierung und nationaler Wirtschaftsförderung

Als der Fidesz im Mai 2010 die Regierung übernahm, bekräftigte er gleich seine Versprechen, mit denen er sich schon im Wahlkampf gegenüber den sozialistischen »Schuldenmachern« profiliert hatte. »Für Ungarn ist die Zeit gekommen, den Schulden den Krieg zu erklären, die unser Leben wie eine Krake zuschnüren«, erklärte Orbán in antisemitischer Bildsprache großspurig. Man könnte darin das Bekenntnis zu einer rigorosen Sparpolitik sehen, und das umso mehr, als Orbán auch noch 2012 die Schuldenreduktion zum Primärziel erklärte. Nicht nur bezeichnete er Anfang des Jahres in einem Interview mit dem *Wall Street Journal* die Bremsung der Schulden und die Senkung des Budgetdefizits als »größte intellektuelle Herausforderung meiner politischen Karriere«. Auch im Zuge der in Europa einsetzenden Debatte über Wachstumspolitik betonte er im staatlichen *Kossuth Rádió*, dass es »verheerend« wäre, ein Wachstum der Wirtschaft über eine weitere Verschuldung des Staatshauhaltes generieren zu wollen.

Auf der anderen Seite stellt sich der ungarische Regierungschef schon mal gegen die europäische Sparpolitik, etwa als er, wie eingangs geschildert, den wachstumspolitischen Schwenk in Europa begrüßte. Dies geschah am Rande eines Kroatien-Besuches, bei dem Orbán dem deutschsprachigen *Pester Lloyd* zufolge den ungarischen Weg lobte, der nicht nur aus Sparmaßnahmen bestehe. Schon zuvor hatte die Regierung immer wieder ihren Wirtschaftskurs als Bruch mit der Politik der Sparpakete dargestellt, die den Wirtschaftsmotor und die Produktivität abwürge.

Diese widersprüchlichen Äußerungen lassen sich zum Teil dadurch erklären, dass Orbán und sein Schatzmeister Matolcsy bemüht sind, nach außen eiserne Haushaltsdisziplin zu demonstrieren, um die Märkte wie auch EU und IWF nicht zu vergrämen. Sie rühmen sich dabei auch ihres Erfolgs, das Haushaltsdefizit abgebaut zu haben. Und dem ist, wie wir noch sehen werden, den Zahlen nach tatsächlich so. Allerdings gründet dies kaum auf der krisentypischen Sparpolitik, wie sie in anderen europäischen Krisenstaaten zu beobachten ist. Eine solche könnte sich die Regierung Orbán innenpolitisch auch gar nicht leisten, waren es doch mitunter die Sparmaßnahmen unter Gyurcsány und Bajnai, die zu großem Unmut in der Bevölkerung und zur »Revolution in den Wahlkabinen« geführt hatten. Nicht zuletzt verfolgt die Regierung explizit das Ziel, die nationale Wirtschaft zu fördern, was zweifelsohne nicht umsonst zu haben ist.

Doch wie holt die Regierung dann das Geld in die Staatskasse, wie konnte es ihr dennoch gelingen, das Defizit zumindest formell zu senken? Gewiss, es gibt sie, die Sparmaßnahmen. Doch dabei handelt es sich eher um Rationalisierungen und Zentralisierungen im staatlichen Bereich und weniger oder, besser gesagt, nicht nur um Einsparungen im Sozialbereich, wie sie die EU und der IWF unter der Vorgabe »struktureller Reformen« den kriselnden Euro-Staaten verordnen. Daneben setzt die Regierung vor allem auf ein Set von unüblichen Steuerregelungen und Geldbeschaffungsmethoden, mit denen die Löcher im Staatshaushalt gestopft bzw. Maßnahmen im nationalen Interesse finanziert werden sollen.

Zu den unkonventionellsten Methoden der Regierung Orbán im »Kampf gegen die Schulden« gehört mit Sicherheit der Versuch, die

Schulden der Vergangenheit nochmals aufzurollen. Orbán hatte dies im Wahlkampf als eines der zentralen politischen Versprechen ausgegeben. Damit verbunden war auch die Drohung, die Verantwortlichen der Schuldenmisere zur Rechenschaft zu ziehen und gegebenenfalls gar ins Gefängnis zu bringen. Zwar relativierte die Regierung letztlich auf internationale Kritik hin ihre Pläne, eine derartige Kriminalisierung mit rückwirkenden Gesetzen möglich zu machen. Dennoch richtete sie Stellen ein, die sich die »Wirtschaftsstraftaten« und die Korruption der Vorgängerregierungen vornehmen sollten. Es würde zu kurz greifen, dies lediglich als Teil einer Politik der »Abrechnung« zu begreifen (siehe dazu die Kapitel 1 und 2). Tatsächlich nämlich verband die Regierung mit dem »Kampf gegen die Korruption« durchaus auch fiskalpolitische Interessen.

So suchte seit dem Sommer 2010 eine Kommission um den Staatssekretär im Ministerpräsidialamt, Mihály Varga, deren Aufgabe es war, den tatsächlichen Stand der Staatskasse zu eruieren, nach den »Leichen im Keller« der Vorgängerregierung. Bis zum Herbst machte die Kommission – nebst einer Reihe wirtschaftspolitischer Verfehlungen – »versteckte Ausgabeposten« in Höhe von 200 Mrd. Forint (etwa 710 Mio. Euro) ausfindig, die von der Regierung Bajnai in ihren Bilanzen unterschlagen worden seien. Im Endeffekt bestand der Zweck dieser »Leichensuche« darin, etwaige Probleme im Haushalt 2010 den VorgängerInnen in die Schuhe schieben bzw. die eigene haushaltspolitische Leistung überhöhen zu können. Dass das Haushaltsdefizit in jenem Jahr dennoch einigermaßen moderat ausfallen werde, sei allein den sofortigen Bemühungen der Mitte des Jahres neu angetretenen Regierung zu verdanken, lautete denn auch die abschließende Botschaft Vargas.

Damit aber nicht genug. Denn parallel zur Varga-Kommission hatte Orbán einen Sonderermittler ernannt, der die »mafiösen« Korruptionsfälle der Vorgängerregierungen aufdecken sollte. Zunächst vom Ordnungspolitiker Ferenc Papcsák ausgefüllt, nahm ab November 2010 Orbáns Parteifreund Gyula Budai die Rolle dieses »an ziemlich finstere Zeiten erinnernden Parteikommissars« (*Pester Lloyd*) ein. In Zusammenarbeit mit Ministerien und Strafverfolgungsbehörden lancierte Budai eine Reihe von Verfahren, zum Teil in den höchsten Riegen der Vorgängerregierungen. Das wohl bekannteste dürfte jenes gegen Gyurcsány in der sogenannten »Sukoró-Affäre« gewesen sein. Dem ehemaligen Regierungschef wurde vorgeworfen, auf einen Grundstückstausch zwischen einem jüdischen Privatinvestor und dem ungarischen Staat Einfluss genommen zu haben, wodurch der Staat einen finanziellen Schaden von 1,3 Mrd. Forint (etwa 4,6 Mio. Euro) erlitten haben soll.

Im Ergebnis endeten die Bemühungen Budais in einer Blamage für die Regierung. Bis heute wurde nicht ein einziger der über 100 Fälle mit einem rechtskräftigen Urteil abgeschlossen. Erst im Juli 2012 wurde auch das symbolträchtige Verfahren gegen Gyurcsány eingestellt. Attila Juhász vom Politikforschungsinstitut *Political Capital* nannte dies in der *Budapester Zeitung* »ein Symbol für das Scheitern der Abrechnung«. Der Politologe weist im Übrigen darauf hin, dass die Untersuchung von Vorgängerregierungen fast schon Tradition in Ungarn habe: Auch die SozialistInnen hätten 2002 Ähnliches im Bezug auf die erste Regierung Orbán versucht. Allerdings blieb dieser Versuch äußerst halbherzig, im Gegensatz zu Orbáns – wenn auch gescheitertem – Großangriff auf die politischen Gegner. Schließlich nahm für ihn die Aufarbeitung der bis 2010 immens angewachsenen Staatsschulden – als schweres »Erbe der vergangenen acht Jahre« – eine weitaus größere Bedeutung bei der Legitimation politischer Handlungen ein.

Dennoch blieb die Aufarbeitung der Staatsverschuldung – von Regierungssprecher Péter Szíjjártó einmal als »größter Feind der Nation bezeichnet« – nicht ganz ergebnislos. Flankiert von einem weiteren Untersuchungsausschuss, ging die Regierung ab dem Frühjahr 2011 auch auf behördlicher Ebene gegen »Wirtschaftsstraftaten« vor, unter anderem mit dem Ziel, fragwürdige Aufträge oder Verträge zu revidieren. Einem Bericht der rechtskonservativen Wochenzeitung *Heti Válasz* zufolge konnten dabei etwa 50 strategisch wichtige Angelegenheiten ausgemacht werden, in die etwa Gyurcsány, vier seiner Minister und sechs Staatssekretäre involviert sein sollen. Knapp ein dutzend davon waren bis Mai 2012 rechtskräftig abgeschlossen, wodurch das »Kontrollbüro der Regierung« (KEHI) bis dato 4,6 Mrd. Forint (etwa 16,5 Mio. Euro) an staatlichen Geldern zurückholen konnte. Größere Fälle, etwa im Zusammenhang mit der Privatisierung der staatlichen Fluggesellschaft Malév und des Budapester Flughafens, stehen noch aus.

Man sollte daraus freilich nicht schließen, dass es sich bei den Fidesz-Politikern um Saubermänner handelt, die selbst über jegliche Korruption erhaben seien. Bereits im Februar 2011 erklärte der sozialistische Lokalpolitiker Csaba Czeglédy in einer Pressekonferenz wie auch in einem Interview mit dem Internet-Portal *Nyugat*, es sei landesweit üblich, dass alle großen Parteien öffentliche Gelder bei Aufträgen oder Ausschreibungen veruntreuten, sogar gemeinsam. Dem Fidesz sei es lediglich in einem günstigen Moment gelungen, dieses Phänomen den SozialistInnen zuzuschreiben. Nur wenige Wochen später forderten diese im Parlament, Budai solle doch bitte auch die Tätigkeit von Fidesz-PolitikerInnen untersuchen, und nannten konkrete Verdachtsmomente. Dies blieb zunächst ohne Resonanz. Im Jahr 2012 jedoch häuften sich dann Berichte über Korruption und Vetternwirtschaft in Fidesz-Kreisen, insbesondere bei der Vergabe von öffentlichem Land oder öffentlichen Aufträgen an Privatpersonen bzw. Unternehmen aus dem Fidesz-Umfeld (siehe unten).

Nichtsdestotrotz gibt sich der Fidesz bemüht, den Geldfluss unter PolitikerInnen unter Kontrolle zu bringen. Dies geschieht vor dem Hintergrund, dass die Vermögenserklärungen ungarischer Abgeordneter alljährlich zur Farce verkommen. Trotz ertragreicher Bezüge und Aufwandsentschädigungen, zwischen 450.000 und 1,5 Mio. Forint (etwa 1.600 bis 5.300 Euro) monatlich, gibt fast die gesamte Abgeordnetenriege stets an, kaum Besitz und Vermögen zu besitzen oder gar verschuldet zu sein – aufgrund lascher Rechtsnormen ohne Konsequenzen. Dagegen richtete sich Ende 2011 eine Gesetzesinitiative des Fidesz-Fraktionschefs János Lázár, die für mehr Transparenz sorgen soll. Zwar sieht sie vor, dass pauschale Grundgehalt von Abgeordneten fast zu verdreifachen, nämlich auf 750.000 Forint (etwa 2.700 Euro), jegliche Zuschläge sollen jedoch entfallen, wodurch keinerlei Tricks mehr möglich wären. Allerdings wurde die Einführung dieses Entlohnungssystem vorerst verschoben – sie käme den Staat nämlich erst billiger, wenn die Zahl der Abgeordneten, wie für 2014 vorgesehen, reduziert wurde. Dafür schreibt eine Neuregelung der legislativen Prozesse schon mal fest, dass ab der kommenden Legislaturperiode Abgeordnete keinen weiteren Gelderwerb haben und auch keine Eigentümer von Offshore-Unternehmen sein dürfen. Gerade Letzteres bot PolitikerInnen bei öffentlichen Ausschreibungen bisher die Möglichkeit zu Betrugsmanövern und war Gegenstand der Untersuchungen.

Ambivalent geht es auch in Sachen Parteienfinanzierung zu. Sahen erste Pläne zur Haushaltskonsolidierung noch eine Kürzung des betreffenden Topfes vor, erhöhte die Regierung im Frühjahr 2012 die staatliche Unterstützung für Parteien. Im Mai 2012 wiederum erwog Orbán dann – vor dem Hintergrund mancher nicht fruchtender Konsolidierungsmaßnahme – eine vorläufige Streichung der staatlichen Parteienfinanzierung. Dieser Vorstoß stieß prompt auf Kritik der Anti-Korruptionsorganisation *Transparency International* (TI). Erst im April 2012 unterzeichnete diese mit allen sechs im Parlament vertretenen Parteien ein Abkommen, wonach das als intransparent geltende System der Parteienfinanzierung bis zum Herbst reformiert werden soll – ein Schritt, der von den großen Parteien in den Jahren zuvor immer wieder verschleppt worden war. Die staatliche Finanzierung zu streichen, stünde laut TI zu dieser Erklärung im Widerspruch, würde doch gerade dies zur Korruption einladen und noch undurchsichtiger machen, woher die Parteien ihre Gelder beziehen.

Da Orbán mit dieser Idee selbst im Fidesz auf Gegenwind stieß, hatte sich diese »Konsolidierungsmaßnahme« – die nebenbei Orbáns Partei, die sich mehr als die anderen auf Gelder aus Geschäftskreisen verlassen kann, einen Vorteil verschafft hätte – schnell erledigt. Doch sie ist bezeichnend für die Art und Weise, wie die ungarische Regierung zuweilen den Haushalt zu konsolidieren versucht. Haben die bisher geschilderten Methoden nur eine geringe fiskalische Bedeutung und einen eher symbolischen Wert, so sind andere Maßnahmen, mit denen für ein Mehr an Geld in der Staatskasse gesorgt werden soll, ungleich gewichtiger. Doch auch hier zeigt sich ein Muster, das selbst Volkswirtschaftsminister Matolcsy als »unorthodox« bezeichnet.

Die Regierung war kaum im Amt, da zeigte sich bereits, dass es kunterbunt zugehen dürfte in der ungarischen Haushaltspolitik. Noch vor seinem Amtsantritt hatte Orbán eine »massive« Senkung von Steuern, Abgaben und bürokratischen Belastungen versprochen, was insbesondere von Arbeitgeberseite freudig begrüßt wurde. Weniger Anklang fand dies allerdings bei der EU-Kommission, die sich im Zuge der IWF-Notkredite von 2008 mit der Regierung Bajnai auf ein Defizitziel von 3,8 Prozent des BIP für 2010 geeinigt hatte, das schon Mitte des Jahres drohte, gerissen zu werden. Orbán, offenbar nicht gewillt, als geläuterter Schaumschläger zu erscheinen, so eine Einschätzung des *Pester Lloyd*, versuchte daher Anfang Juni, einen größeren Spielraum bei EU und IWF zu erwirken, indem er, aufbauend auf den Untersuchungen der Varga-Kommission, eine noch dramatischere Haushaltslage – zuweilen war von einem achtprozentigen Defizit die Rede – und quasi-griechische Verhältnisse in Ungarn ausmalte.

Die vermutliche Rechnung, dadurch von den drastischen Sparauflagen entbunden zu werden, ging – natürlich – nicht auf. Im Gegenteil: EU-Kommissionschef José Manuel Barroso wies in einer Unterredung mit Orbán nochmals auf die instabile Lage Ungarns hin, welches die Haushaltskonsolidierung dringend »beschleunigen und vertiefen« müsse. Auch die Märkte reagierten sensibel. Binnen kürzester Zeit stürzte der Forint rapide ab und zogen die Zinsen auf ungarische Staatsanleihen kräftig an. Und auch der IWF war in Alarmstimmung versetzt und entsendete sein Kontrollpersonal, um die Lage in Ungarn eingehender zu prüfen.

Auf diesen Schuss vor den Bug reagierte die Regierung umgehend mit einem trotzigen »29-Punkte-Plan«. Als wolle man es allen zeigen, hatte dieser zum Ziel, das Haushaltsdefizit kräftig zu reduzieren und *gleichzeitig* die nationale Wirtschaft zu fördern. Kernvorhaben des Planes war es vor allem, das Steuersystem zu vereinfachen, attraktiver zu machen und familienfreundlicher zu gestalten – in Form einer Einheitssteuer (*flat tax*) bzw. einer Familienbesteuerung. Zugleich sollten die weniger gewinnbringenden Unternehmen steuerlich begünstigt werden. Um den Haushalt trotz der damit verbundenen Einnahmeverluste zu konsolidieren, wurde unter anderem eine Sondersteuer für Finanzinstitutionen konzipiert und andererseits ein Sparpaket im staatlichen Bereich geschnürt. Letzteres beinhaltete eine Begrenzung der Gehälter von Spitzenkräften in staatlichen Betrieben und Behörden ebenso wie eine Beschneidung bzw. drastische Besteuerung (98 Prozent) von Abfindungszahlungen. Zugleich sollten zahlreiche staatliche Institutionen zusammengelegt oder aufgelöst und eine radikale Reduzierung von Aufsichtsräten und Vorständen in staatlichen Unternehmen angegangen werden. Auch bei den Gehältern im öffentlichen Dienst sollte die Schere angesetzt werden. Auf Sparmaßnahmen im Sozialbereich wurde hingegen zunächst verzichtet. Vielmehr wurden erste Maßnahmen angekündigt, mit denen man die Privatverschuldung ungarischer BürgerInnen bekämpfen und nationale Interessen in der Wirtschaft stärken wollte.

Der 29-Punkte-Plan wurde unterschiedlich aufgenommen. Während die EU-Kommission darin ein Bekenntnis zum vereinbarten Defizitziel sah, lobten – im Gegensatz zum empörten Bankenverband – die Arbeitgeberverbände zunächst die Stoßrichtung der Maßnahmen, um schon bald festzustellen, dass das neue Steuersystem wohl doch nicht so »unendlich einfach« ausfallen dürfte, wie es Matolcsy versprochen hatte. Zu unklar war, wie genau der Plan umgesetzt, welche Effekte er zeitigen und welche Folgemaßnahmen damit zusammenhängen würden. Tatsächlich sollte sich etwa die Anfang 2011 eingeführte *flat tax* negativ auf das Einkommen eines Großteils der Bevölkerung auswirken und letztlich neue Eingriffe in den Lohnbereich und die unternehmerische Sphäre nötig machen (siehe unten).

Doch schon vor der Einführung der Einheitssteuer zeigte sich, dass die Haushaltsrechnung der Regierung nicht aufgehen wird. Entgegen der anfänglichen Einschätzung von Teilen der Opposition, Orbán würde sich mit den 29 Punkten dem neoliberalen Konzept vom »schlanken Staat« zuwenden, beschloss die Regierung in der Folgezeit zahlreiche Maßnahmen, mit denen der Staat heftig in den Markt eingriff und seinen Wirkungsradius als wirtschaftlicher Akteur ausdehnte. Diese Maßnahmen, die letztlich in einer regelrechten Flut neuer Steuerregelungen und staatlicher Eingriffe kulminierten, dienen zweifellos dazu, das benötigte Geld in die Staatskasse zu spülen. Man sollte sie jedoch nicht nur auf diese provisorische Funktion reduzieren, denn sie entsprechen durchaus der völkisch-autoritären Ideologie, die die ungarische Rechte in den Jahren zuvor entwickelt hat. In ihnen drückt sich ein gewisser anti-kapitalistischer Impuls ebenso aus wie eine nationalistische Programmatik.

Dieser »Antikapitalismus von rechts« zielt selbstredend nicht darauf ab, die kapitalistischen Eigentumsverhältnisse loszuwerden. Vielmehr attackiert er die »Auswüchse« des Kapitals, die mit dem westlichen Liberalismus assoziiert werden: das internationale Finanzkapital, Spekulanten, vaterlandslose Unternehmer, »Wucherzinsen«. Es geht gewissermaßen um die typische rechte Unterscheidung vom »raffenden« und »schaffenden Kapital«. Orbán bezeichnet seine Politik entsprechend als Hinwendung »vom spekulativen zum produzierenden Kapitalismus«. Das nationale Kapital wiederum, insbesondere der Mittelstand, gilt in dieser Sicht als »gut«. Allerdings soll auch dieses sich der nationalen Verantwortung nicht ganz entziehen können und sieht sich zum Teil mit Regulierungen konfrontiert.

Gegen das Finanzkapital: Orbáns Antikapitalismus von rechts

Wer noch zu Beginn der Regierungszeit Orbáns geglaubt hatte, dessen nationalistische Heilsversprechen würden sich als bloße populistische Rhetorik erweisen, sah sich in wenigen Monaten eines Besseren belehrt. Noch im ersten Halbjahr der Legislaturperiode präzisierte die Regierung ihr nationales Wirtschaftsprogramm und ergriff erste weitreichende Maßnahmen, die einen radikalen Wandel anzeigten und den Boden für Konflikte mit den internationalen Märkten und dem Ausland bereiteten. Genau genommen jedoch beinhalte bereits der 29-Punkte-Plan weichenstellende Absichtserklärungen, etwa mit der Bankensteuer, dem Verbot von Fremdwährungskrediten für private Hypotheken, aber auch mit der Einführung einer neuen Lebensmittelbehörde, die »Drecksessen« aus dem Ausland von Ungarn fernhalten sollte.

Der erste große Paukenschlag war gewiss der Angriff auf die privaten Pensionskassen: Im Oktober 2010 verkündete die Regierung, dass bereits ab November die Beitragszahlungen an jene Kassen – bisher wurden sie über das Finanzamt eingeholt und weitergeleitet – einfach einbehalten würden. Bis Ende 2011 sollte so verfahren werden. In der Zwischenzeit stellte die Regierung den Kassenmitgliedern das Ultimatum, bis März 2012 in das staatliche Rentensystem zurückzukehren. Ansonsten könne nicht garantiert werden, dass sie ihr Geld bekämen, zugleich würden sie ihre Ansprüche auf eine staatliche Rente dauerhaft verlieren. Und wer bei den gebeutelten Kassen bleiben möchte, die sich von nun an offensichtlich in einem feindlichen Umfeld bewegten, tue dies »auf eigene Gefahr«, so Orbán. Tatsächlich blieben den privaten Kassen so letztlich weniger als 75.000 Mitglieder.

Es ist kein Geheimnis, dass die Regierung die Gelder – im Endresultat mehr als 3.000 Mrd. Forint (etwa zehn Mrd. Euro) – für die Haushaltskonsolidierung haben wollte. Dem Zug lag aber auch eine ideologische Haltung zugrunde. Hinter den privaten Pensionskassen, die zu einem Großteil in der Hand von Großbanken sind, witterte Orbán finanzkapitalistische »Oligarchen«, die mit den Renten ungarischer Bürger »an der Börse spekulieren« würden. Zusammen mit der Bankensteuer war die Verstaatlichung der privaten Pensionsbeiträge der erste Schritt im »Kampf gegen die Banken«, den die Regierung schon bald offiziell erklären sollte.

Bereits im September 2010 war weitere Unruhe bei den Banken aufgekommen, nachdem ein Gesetzesentwurf die Runde machte, wonach die Regierung unter anderem für die Rückzahlung privater Fremdwährungskredite einen festen Wechselkurs zum Nachteil der Banken festlegen wolle. Indessen wirbelte die Bankensondersteuer schon den Finanzsektor auf, fuhren doch zahlreiche Banken durch die Steuer plötzlich große Verluste ein und begannen, ihr Engagement in Ungarn zu überdenken. Der große »Schock« – wie es Gianni Papa, der Osteuropa-Chef der italienischen UniCredit, gegenüber dem österreichischen *Wirtschaftsblatt* nannte – ereilte die Banken dann im Herbst 2011 mit dem Gesetz über die Devisenkredite, das tatsächlich einen fixierten, günstigen Wechselkurs für die Schlusstilgung durch private Kreditnehmer festlegte.

Für die Regierung wurde die Schlusstilgung zu einem Prestigeprojekt im »wirtschaftlichen Befreiungskampf«, den sie vor allem als Kampf gegen die »äußere Verschuldung« begreift, wie Matolcsy bereits im März 2011 klarmachte. Dazu zählt er nicht nur die Auslandsverschuldung des Staates, sondern auch die der Unternehmen und Privathaushalte. Dies einberechnet hatte Ungarn nämlich im Jahr 2010 gar eine Verschuldung von 130 Prozent des BIP. Um das langfristige, fast illusorisch anmutende Ziel einer Verschuldung von unter 50 Prozent – angestrebt für 2030 – zu erreichen, müssten, so die Logik der nationalkonservativen Regierung, auch die »Grundlagen der Nation«, insbesondere die Familien, wieder »gesunden«.

Tatsächlich stellt die Privatverschuldung in Ungarn ein großes Problem dar. So waren im Herbst 2011 knapp eine Million BürgerInnen mit der Zahlung ihrer Kreditraten mindestens 90 Tage in Verzug. 2005 waren es nur 165.000, 2008 bereits 414.000 gewesen. Viele der KreditnehmerInnen rutschten in diese Misere, weil sie ihre Kredite auf Fremdwährungsbasis – etwa Schweizer Franken oder Euro – aufgenommen hatten. Das bedeutete, dass sich mit Kursverlusten des Forints gegenüber der jeweiligen Fremdwährung auch deren zurückzuzahlende Schuldenlast erhöhte.

Besonders pikant gestaltete sich das Problem in Fällen, wo BürgerInnen Hypothekenkredite, etwa für Eigentumswohnungen, aufgenommen hatten. Bereits Ende 2010 lag, einem Bericht der ungarischen Finanzaufsicht zufolge, allein auf Privathaushalten mit Hypothekenkrediten – die zu dreiviertel in Devisen aufgenommen waren – eine Schuldenlast von 6.000 Mrd. Forint (etwa 21,5 Mrd. Euro). Im Herbst 2011 konnten dann 144.000 Privathaushalte (das sind zwölf Prozent der Hypothekenkreditnehmer) die Tilgung nicht mehr stemmen. Die Regierung Orbán sah deshalb die DevisenschuldnerInnen »über den Tisch gezogen«, mussten sie doch höhere Rückzahlungen leisten als bei der Aufnahme des Kredites vereinbart und waren nun trotz mehrjähriger Tilgungszahlungen potenziell von Zwangsversteigerungen und -räumungen bedroht. Mit dem Gesetz über die Devisenkredite wollte die Regierung die Betroffenen aus diesem »Würgegriff« befreien und ihnen ermöglichen, ihre Kredite günstig zu tilgen. Dafür ging sie sogar die Kraftprobe mit den Banken und dem Ausland ein.

Das Gesetz löste heftige Proteste der Banken aus, die auf eine Intervention aus Brüssel hofften. Von da an wurde die Rhetorik der Regierung zunehmend kriegerisch. In Reaktion auf Spekulationen, Banken könnten sich aus Ungarn zurückziehen, erklärte Staatssekretär Varga, dass es keinesfalls schlimm sei, wenn einige von ihnen aus Ungarn verschwänden. Orbán wiederum gab sich gegenüber einer juristischen Intervention gelassen: »Dann holen wir eben eine andere Lösung hervor. Wir setzen den Kampf gegen die Banken fort, bis wir gewinnen«. Und an anderer Stelle: »Es muss klar gestellt werden, dass Ungarn von niemanden als Kolonie behandelt werden darf«. Auch die Kritiken der Rating-Agenturen konterte die Regierung und erklärte, dass sie sich ihrer Handlungen bewusst sei, sie stünde aber nun mal in der Verantwortung, die Interessen Ungarns und seiner BürgerInnen zu schützen.

Allein bis zum Dezember 2011 nutzten rund 50.000 Familien die Möglichkeit der Schlusstilgung, die von Matolcsy als »eine der schwierigsten Aufgaben der ungarischen Wirtschaftsgeschichte« bezeichnet wurde. Im Februar 2012 erklärte dann die Finanzaufsicht, dass 160.000 DevisenschuldnerInnen knapp ein Fünftel der gesamten Devisenverschuldung – das sind 1.075 Mrd. Forint (etwa 3,9 Mrd. Euro) haben abbauen können. Bis dahin hatten die Banken aus der Schlusstilgung, die zum Beispiel bei Frankenkrediten einen Tilgungskurs von 180 Forint festlegte, obwohl dieser gegenüber dem Franken zeitweise auf über 250 kletterte, Verluste von 336 Mrd. Forint (etwa 1,2 Mrd. Euro) eingefahren.

Empörung erzeugte die Devisengeschichte vor allem in Österreich, das mit der Ersten Bank und der Raiffeisenbank stark in Ungarn engagiert ist. Allein die Raiffeisen schrieb in den ersten Monaten der Schlusstilgung 15 Prozent ihrer Devisenkredite ab. Das österreichische Finanzministerium unter Maria Fekter (ÖVP) sah sich daher veranlasst, das Devisengesetz als »inkorrekte Einmischung der ungarischen Regierung in Privatverträge« zu verurteilen und sich ebenfalls an Brüssel zu wenden. Auch die EU-Kommission rügte Ungarn für diesen Schritt. Letztlich mussten die Banken jedoch in den sauren Apfel beißen. Zumindest aber bei der Regelung zum Umtausch von Devisen- in Forintkredite, die ab Mai 2012 gilt und an das im Februar ausgelaufene Schlusstilgungsprogramm anschließt, kam es zu einem Kompromiss zwischen Banken und Regierung. Dabei einigte man sich auf ein System, wonach die Differenz, die durch die Umstellung auf Forintkredite mit fixierten Tilgungsraten entsteht, zum Teil vom Staat mitgetragen wird, indem die Banken die Hälfte davon mit der Bankensteuer verrechnen können.

Der »Kampf gegen die Banken« war damit jedoch keineswegs abgeschlossen, zumal er seine Nebenschauplätze kennt. Auch auf anderer Ebene ließ der Staat die Finanzinstitutionen eine härtere Gangart spüren. So wurde bereits im Juli 2010 Károly Szász wieder als Leiter der Finanzaufsicht (PSZÁF) eingesetzt. Er hatte den Posten bereits unter der ersten Regierung Orbán inne und wurde 2004 von der sozial-liberalen Regierung abgesägt. Die von ihm geleitete Aufsicht sollte nun wieder eine stärkere Kontrollfunktion ausüben. In der Folge belegte sie zahlreiche Banken, Versicherungen und Holdings mit horrenden Geldstrafen, etwa weil sie ihre KundInnen schlecht informiert, ihnen ungünstige Verträge angedreht oder durch eine riskante Anlagepolitik Verluste beschert hätten – natürlich mit dem Nebeneffekt, damit auch weiteres Geld in die Staatskasse zu spülen. Außerdem richtete die PSZÁF Beratungsprogramme ein, die verunsicherten KundInnen helfen und Angebote im Finanzsektor bewerten sollen.

Es ist nicht das einzige Feld, auf dem der Staat den Finanzinstitutionen das Wasser abgraben möchte. So hatte die Regierung bereits im 29-Punkte-Plan die Einrichtung eines Fonds für private Schuldner beschlossen, die davon bedroht sind, ihr Heim zu verlieren. In der Zwischenzeit erließ sie schon mal ein Moratorium für Zwangsversteigerungen. Realisiert wurde der Fonds dann im Herbst 2011 in Form der »Nationalen Gesellschaft für Vermögensbewirtschaftung« (NET). Der Gesellschaft obliegt es, die Immobilien betroffener DevisenschuldnerInnen zu erwerben und ihnen das Bleiben zu ermöglichen. Bis 2014 will die Regierung auf diese Weise den Gläubigerbanken 25.000 Immobilien abkaufen. Diese werden dann zu einem gesetzlich beschlossenen Mietsatz an die Betroffenen vermietet, die äußerst moderat ausfallen und sich an den Einkommensverhältnissen der Betroffenen orientieren. Dabei handelt es gewiss um populäre Maßnahmen, sie zielen aber vor allem darauf ab, den Einfluss der ausländischen Banken zu mindern.

Generell bewegen sich die Banken in Ungarn in einem schwierigen Umfeld. Die Schlusstilgung und die Bankensteuer haben viele von ihnen in eine kritische Lage versetzt. So meldeten die Erste und die Raiffeisen aus Österreich Ende 2011 Verluste von 300 bzw. 530 Mio. Euro und kündigten in der Folge einen Abbau von Filialen und MitarbeiterInnen in Ungarn an. Auch im Jahr 2012 entspannte sich die Situation kaum, trotz des Kompromisses in der Devisenfrage. Denn die Bankensteuer, die eigentlich schon in diesem Jahr halbiert werden sollte, wurde dann doch in vollem Umfang beibehalten und soll erst 2013 reduziert werden, um dann bis 2014 auszulaufen. An ihre Stelle tritt dafür die im Sommer 2012 beschlossene Finanztransaktionssteuer.

Abgesehen von ein paar kleineren Akteuren – wie etwa das Brokerhaus Cashline – haben sich die Finanzinstitute jedoch nicht aus Ungarn zurückgezogen, wie es die Rating-Agentur Fitch noch im September 2010 prognostiziert hatte. Vielmehr scheinen sie gewillt, die angespannte Lage zu überwintern, wie etwa Andreas Treichl, der Generaldirektor der Ersten Bank, noch Anfang 2011 im *Handelsblatt* bekräftigte. Allerdings haben, Angaben der ungarischen Zentralbank zufolge, die Banken in den ersten zwei Jahren der Regierung Orbán rund zwölf Mrd. Euro an Kapital aus Ungarn abgezogen. Die dadurch entstandene Kreditklemme, die die Wirtschaft wichtiger Finanzierungsmöglichkeiten beraubt, möchte die Regierung nun zumindest teilweise lösen. So können die Banken seit Sommer 2012 immerhin einen Teil ihrer Krisensondersteuern durch Kreditvergaben an kleine und mittelständische Unternehmen abgelten. Und auch bei der Transaktionssteuer, über deren widersprüchlichen *impact* im Folgenden noch zu reden sein wird (siehe unten), gab es einige Konzessionen an die Banken, die im Vorfeld ihrer Verabschiedung wieder verstärkt mit Abwanderung gedroht hatten.

Darin jedoch eine Kehrtwende der Regierung zu erblicken, dürfte verfrüht sein. Möglich ist auch, dass die Regierung, die offenbar ihre Abhängigkeit von den Banken unterschätzt hat, zunächst Zeit gewinnen möchte. Denn zugleich ist sie bemüht, die entstandenen Lücken im Kreditgeschäft – womöglich sogar als Marktbereinigung gedacht – mit staatlichen Engagement zu füllen. Bereits im Oktober 2010 beschloss die Regierung, die Kapitaldecke der genossenschaftlichen Sparkassen (Takarékbank) mit 100 Mrd. Forint (etwa 360 Mio. Euro) an staatlichen Krediten anzuheben. Das erklärte Ziel war es, deren Marktanteil in zehn Jahren zu verdreifachen und sie als bevorzugten Partner bei Förderprogrammen und für die Kommunen aufzubauen. Anfang 2012 verkündete die Regierung dann den geplanten Einstieg der staatlichen Entwicklungsbank (MFB) bei der Takarékbank und ist seitdem bemüht, die Anteile der deutschen DZ Bank, die 38,5 Prozent der Aktien an der Bank hält, zu erwerben.

Bereits Ende 2011 hatte die Regierung die MFB mit einer Kapitalerhöhung von 220 Mrd. Forint (etwa 800 Mio. Euro) ausgestattet, um in die Finanzierung kleiner und mittlerer Unternehmen einzusteigen. Daneben steht die Schaffung einer staatlichen Agrarbank – womöglich von der begehrten Takarékbank getragen – auf dem Plan, die vor allem Familienbetrieben und ExistenzgründerInnen auf dem Land helfen soll. Außerdem meldete die Regierung noch Interesse an der MKB Bank an, deren Mutter Bayern LB sich aus dem Ungarngeschäft zurückziehen möchte. Im Juni 2012 legte Orbán dann die Karten auf den Tisch und erklärte, dass all diese Schritte Teil seiner Strategie seien, 50 Prozent des Bankensystems »in ungarische Hand« zu bekommen, um die Finanzierung der nationalen

Wirtschaft und der Kommunen unabhängig von den Geschäftsbanken gestalten zu können. Inwiefern diese Strategie aufgeht und inwiefern sie überhaupt funktionieren kann, bleibt abzuwarten.

Schon zuvor hatte ein anderes Pferd, auf das Orbán in seinem Kampf gegen das Finanzkapital strategisch gesetzt hatte, der Regierung einen äußerst wilden Ritt beschert. Nachdem schon ihre Maßnahmen zur Bekämpfung der privaten Devisenverschuldung die Märkte und EU-Partner etwas verstimmt hatten, brachte ihr die letzte »Großoffensive« Ende 2011 – Orbán bezeichnete das Jahr später als eines, »in dem wir der Verschuldung den Krieg erklärt haben« – handfesten Ärger ein. Auch dabei ging es um die »äußere Verschuldung«, jene Abhängigkeit, die Matolcsy zu einem früheren Zeitpunkt als »unsere Achillesferse« bezeichnet hatte. Er meinte damit den Teufelskreis, in den die Vorgängerregierungen zusammen mit EU und IWF das Land gebracht hätten. Jährlich, so Matolcsy, müsse man knapp 1.100 Mrd. Forint (fast vier Mrd. Euro) bzw. 4,5 Prozent des BIP allein für Zinsen aufbringen.

Gewillt, das Spiel von Schuld und Zins nicht länger mitzumachen, verhielt sich die neue ungarische Regierung von Anfang an feindlich gegenüber dem IWF, den man gewissermaßen als Besatzungsmacht empfand. Gegenüber der Delegation der Finanzinstitution, die im Juli 2010 in Budapest weilte, gab sich die ungarische Regierung dermaßen unkooperativ, dass diese brüskiert das Land verließ und die Brücke zu weiteren IWF-Geldern erst einmal abgerissen war. Orbán erklärte daraufhin bei einem Deutschland-Besuch, dass die engen Budgetregeln, die mit IWF-Geldern verbunden sind, nicht in sein Konzept passten, die nationale Wirtschaft mit gezielten Maßnahmen zu gesunden. Mit dem IWF wolle man nach dem Ablauf der Kreditvereinbarung im Oktober nichts mehr zu tun haben. Gegenüber seiner Nation gab Orbán gar das Versprechen: »Wenn der IWF zurückkommt, werde ich gehen«.

Das war offenbar etwas übereilt. Denn im November 2011 geriet die ungarische Regierung mächtig unter Druck. Hatten sich die Rating-Agenturen bis dahin – und überraschenderweise – noch recht zurückhaltend gegenüber Ungarn verhalten, drohte dem Land nun die Herabstufung auf »Ramsch-Niveau«. Insbesondere die unberechenbare Wirtschaftspolitik sowie Matolcsys unseriöse Haushaltsentwürfe und wirtschaftliche Planzahlen hatten das »Vertrauen« der Märkte erschüttert. Die Regierung blieb auf ihren Staatsanleihen sitzen, der Forint brach in kürzester Zeit um ein Viertel seines Wertes ein. Obwohl die Regierung in dieser Situation zunächst bei ihrer Trotzhaltung blieb – man wolle sich schließlich nicht »hineinreden« lassen –, leitete sie Ende November dann doch Gespräche mit dem IWF in die Wege. Natürlich nicht, ohne zu betonen, dass es sich lediglich um vorbeugende Schritte handele und kein Abkommen mit weiterem Unabhängigkeitsverlust zustande kommen werde.

Kaum überraschend, blieben die Gespräche mit dem IWF ein kurzes Intermezzo. Mitte Dezember brach die IWF-Delegation wieder einmal brüskiert die Zelte ab. Nicht nur zeigten die Unterhändler Orbáns keinerlei Verhandlungsbereitschaft, zur selben Zeit legte die Regierung auch mit weiteren Maßnahmen nach, die dem IWF nicht schmecken konnten. So schickte sich die Regierung – ohnehin gerade eifrig damit beschäftigt, »Kardinalsgesetze« am Fließband durch das Parlament zu peitschen – an, ein Gesetz zu verabschieden, das ihr die Kontrolle über die ungarische Zentralbank (MNB) sichern sollte – und brachte damit das Fass zum Überlaufen.

Hatte die Regierung bereits Ende 2011 dem eigentlich unabhängigen, zur Kontrolle der Regierung gedachten Haushaltsrat – dessen bisheriger Vorsitzender György Kopits der Orbánschen Budgetpolitik kritisch gegenüberstand – fast alle Mittel gekürzt und es zu einem Abnick-Gremium für ihre Finanzpolitik umgebildet, versuchte sie nun, die Steuerungshebel der ungarischen Geldpolitik in die Hand zu bekommen. Zugleich wollte man den MNB-Präsidenten András Simor, der als letzter Gegenspieler Orbáns gilt, endlich ausschalten. Diesen hatte man zuvor auf verschiedenste Weise, wenn auch erfolglos unter Druck gesetzt, sei es durch die Kürzung seines Gehaltes um 80 Prozent oder durch die öffentlichen Attacken wegen seiner Offshore-Gelder. Auch das erste Notenbankgesetz, mit dem sich die Regierung eine größere Kontrolle über den Währungsrat der MNB verschaffte, genügte nicht, um den Einfluss Simors zu brechen.

Das neue Notenbankgesetz sah daher vor, die MNB mit der Finanzaufsicht zusammenzulegen und der neuen Konstruktion auch einen neuen Präsidenten vorzustellen. Damit wäre Simor in den Rang eines Stellvertreters des neuen Chefs – zusammen mit dem Vorsitzenden der Finanzaufsicht – degradiert worden. Zugleich hätte die Regierung nicht nur die Kontrolle über den Leitzins bekommen, um endlich ihre monetäre Politik des »billigen Geldes« realisieren zu können, sie hätte damit auch Zugriff auf die 35 Mrd. Euro an Devisenreserven der MNB erhalten, um die staatliche Liquidität ohne IWF-Gelder zu sichern. Trotz massiver internationaler Kritik wurde das Gesetz tatsächlich kurz vor Ende des Jahres verabschiedet.

Damit war die EU-Kommission endgültig aufgeschreckt und leitete diverse Vertragsverletzungsverfahren gegen die ungarische Regierung ein, nicht nur wegen des Notenbankgesetzes, sondern auch wegen des Umbaus der ungarischen Justiz sowie der Datenschutzbehörde. In der Folge wurde gegen Ungarn als erstes EU-Land gar ein verschärftes Defizitverfahren wegen Verstößen gegen die Maastricht-Kriterien eröffnet, das dem Land im Ergebnis eine halbe Milliarde Euro dem EU-Kohäsionsfonds hätte entziehen können. Der IWF wiederum machte es für die Aufnahme von Verhandlungen zur Bedingung, dass das umstrittene Notenbankgesetz zurückgenommen werde. Zugleich geriet das Land an den Märkten weiter unter Druck. Die Zinssätze für langfristige Staatsanleihen stiegen zeitweise auf über elf Prozent, ein Staatsbankrott schien nahe.

Hatte die Regierung bereits auf die Unruhen an den Märkte im November ungehalten reagiert – von den »Feinden Ungarns« war die Rede, und von einer »Rache« der Banken und Multis –, wähnte sie sich nun endgültig im »Wirtschaftskrieg«. Das Land sei einer Verschwörung der »internationalen Linken« zum Opfer gefallen, die zu den »Finanz- und Spekulationsangriffen« geführt hätte, ließ man die Bevölkerung wissen. Während Orbán die EU mit vagen Willensbekundungen zu beschwichtigen versuchte, inszenierte er sich in Ungarn als Verteidiger der Nation gegenüber »Brüssel« – dem »neuen Moskau«. Die Massen dankten ihm seinen Einsatz in der »Schlacht um Ungarn« mit der größten Demonstration der ungarischen Geschichte: gerichtet gegen die EU.

Es war der Auftakt zu einer langen Posse. Immer wieder signalisierte die Regierung Kompromissbereitschaft – nur um dann letztlich doch die an sie gestellten Erwartungen nicht zu erfüllen. Nur scheibchenweise machte sie über Monate hinweg Konzessionen. Am Ende stellte die EU-Kommission dann das Defizitverfahren gegen Ungarn ein. Das neue, im Mai verabschiedete Spar- und Steuerprogramm – der »Széll-Kálmán-Plan 2.0« (siehe unten) – genügte ihr vorläufig: Die »notwendigen Maßnahmen« seien ergriffen worden, hieß es, obwohl die EU-Kommission im selben Atemzug erklärte, dass die haushalts- und wirtschaftspolitischen Maßnahmen nicht ausreichend seien. Zugleich wurde der Weg für IWF-Verhandlungen wieder frei gemacht. Diese begannen letztlich im Juli 2012, nachdem die ungarische Regierung – nach einem langen Hin und Her – einen Großteil der Notenbankgesetze dann doch revidiert hatte.

Wie diese Entwicklung zu bewerten ist, ist schwer zu sagen. Zumindest das Kalkül der EU dürfte auf der Hand liegen. Ungarn ist zwar nicht in der Euro-Zone, dennoch würde eine Verschärfung der Krise in Ungarn die sich ohnehin zuspitzende Euro-Krise kräftig anfeuern. Das wurde spätestens deutlich, als auch Österreich wegen seiner Bankenverwicklungen im Nachbarland auf dem Höhepunkt der ungarischen Krise zwischenzeitlich heruntergestuft wurde. Und auch die deutsche Wirtschaft ist als Hauptinvestor im Donau-Land stark involviert. Vor diesem Hintergrund dürfte auch die verstärkte Unterstützung deutscher Konservativer für die Regierung Orbán zu sehen sein. (Mehr zum Konflikt mit der EU und den Beziehungen zu Deutschland in Kapitel 4.)

Die ungarische Position ist dagegen schwieriger zu verstehen. In die Arme des IWF zu fliehen, passt zumindest nicht zur Orbánschen Mission. Es wäre ein gravierender Gesichtsverlust und – aufgrund der strengen IWF-Kriterien – wohl auch gleichbedeutend mit der Aufgabe der »nationalen Wirtschaftsrevolution«. Daher sollte man die Absichten, aber auch die Trümpfe der ungarischen Regierung nicht unterschätzen. Im Streit mit der EU demonstrierte Orbán – offenbar bewusst über die Abhängigkeit der kriselnden EU auch von Ungarn – durchaus Stärke und signalisierte Bereitschaft, bis zum Äußersten zu gehen. Der Soziologie-Professor Iván Szelényi von der amerikanischen Yale-Universität wollte darin sogar eine bewusste Strategie erkennen, mit der man einen Staatsbankrott provozieren wolle, um mit einem Schuldenschnitt die Krise zu bewältigen, wie er in einem Beitrag für das Wochenmagazin *Heti Világgazdaság* darlegte.

Womöglich ist dies damit gemeint, wenn Matolcsy etwas geheimnisvoll von »makroökonomischen Szenarien« spricht, die man für den Fall der Fälle in der Hinterhand habe. Sollte dem so sein, dann dürfte die Strategie des Staatsbankrotts jedoch nur die dritte Option der Regierung sein. Denn ihr Plan B ist es offenbar, erst einmal mit punktuellen Konzessionen und mit symbolischer Verhandlungsbereitschaft gegenüber dem IWF die Märkte zu beruhigen und sich etwas Zeit zu verschaffen. Zeit, die man für die Schaffung von Grundlagen benötigt, um »auf eigenen Füßen zu stehen«, wie es Orbán nennt. Sollte diese Strategie nicht aufgehen und Ungarn um IWF-Gelder nicht herumkommen, darf man gespannt sein, was passiert. Es ist zumindest kaum vorstellbar, dass eine Vereinbarung Ungarns mit dem IWF ohne politische Nebenfolgen bleiben sollte.

Ein »neues ökonomisches System«: Die Nationalisierung der Wirtschaft

Der Konflikt mit der EU und dem IWF hat der Regierung verdeutlicht, dass sie sich nicht so einfach aus der internationalen Ökonomie herauslösen kann, wie sie anfänglich offenbar gedacht hatte. In Zuge dessen verstärkte sie nochmals ihre Bemühungen einer strategischen Neuorientierung der Außenwirtschaftspolitik. Orbán ist dabei auf der Suche nach »neuen Verbündeten«, um sich aus der binneneuropäischen Abhängigkeit zu lösen. Sein Blick fällt dabei auf Länder wie Kasachstan oder den Iran, aber auch Russland und China. Insbesondere – und ausgerechnet – das formell »kommunistische« Land im Fernen Osten soll der Regierung dabei helfen, weg von den Schulden und wirtschaftlich auf die Beine zu kommen.

Bereits im Sommer 2011, als der chinesische Premierminister Wēn Jiābǎo an der Donau zu Gast war, hatte Ungarn eine Reihe von Wirtschaftsabkommen mit China abgeschlossen und einen ersten Sonderkredit von einer Milliarde Euro erhalten. Im Mai 2012 dann reiste eine größere chinesische Wirtschaftsdelegation, geführt vom Stellvertretenden Premierminister Li Keqiang, an und schloss weitere bilaterale Großabkommen mit der ungarischen Regierung samt einer weiteren Kreditvereinbarung von einer Milliarde Euro. In welche Richtung es geht, ist klar: China soll ungarische Staatsanleihen zu günstigen Zinsen übernehmen und im Gegenzug beste Investitionsbedingungen in Ungarn erhalten, so ein Resümee des *Pester Llyod*. Tatsächlich träumt Orbán bereits davon, auf diese Weise unabhängig von den internationalen Finanzmärkten und vom IWF zu werden.

Auch beim Iran bemüht sich Ungarn seit geraumer Zeit um wirtschaftliche Kooperationen, wie eine Reportage des regierungskritischen Blogs *Pusztaranger* gut aufzeigt. Bereits Ende 2010 hatte sich Außenminister János Martonyi mit Irans Stellvertretendem Außenminister Ali Ahani auf einen Ausbau der Wirtschaftskontakte verständigt, was ein Jahr später nochmals vom ungarischen Botschafter in Teheran, Gyula Pethö, bestätigt wurde – und zwar »in jedem Bereich, der nicht von Sanktionen der EU und der UN betroffen ist«. Zu diesem Zweck reist auch der iranische Botschafter in Ungarn durch das Land, um auf regionaler und lokaler Ebene Wirtschaftskontakte zu knüpfen, was bereits mit einer Reihe von Abkommen, auch auf Ministeriumsebene, belohnt wurde.

Die Regierung stützt sich dabei auch auf die Vorstöße lokaler Jobbik-Politiker, die bemüht sind, die partnerschaftlichen Bande mit dem persischen »Brudervolk« enger zu knüpfen, dessen Antizionismus man schätzt. Die Jobbik, die von einer Blutsgemeinschaft der Turk-Völker ausgeht, spricht dabei schon länger von einer »Ostöffnung«. Von dieser erhofft sie sich einen Schutz des Landes vor den »wirtschaftlichen Aggressoren« des Westens, die Ungarn zugrunde gerichtet hätten. Bezeichnenderweise übernahm Orbán im Zuge seiner China-Offensive diesen Begriff der Ostöffnung. Es sollte daher nicht verwundern, dass sich die Jobbik als wahren Urheber der neuen ungarischen Außenwirtschaftspolitik betrachtet. (Mehr zur ungarischen Außenpolitik in Kapitel 4.)

In der Logik der völkischen Bewegung entspricht die Öffnung des Landes für östliche Investoren durchaus nationalen Interessen, handele es sich bei diesen doch um »Freunde« und nicht um »Kolonisatoren«, wie es etwa der Bürgermeister von Gyöngyöspata, Oszkár Juhász von der Jobbik, darstellt. »Kolonisatoren«, das seien dagegen die westlichen bzw. jüdischen Unternehmen. Entsprechend ist das Bild der ungarischen Wirtschaftspolitik, in der sich diese Ideologie niederschlägt, auch von Bemühungen geprägt, deren Einfluss zurückzudrängen und heimische Unternehmen zu fördern. Dies geschieht vor dem Hintergrund, dass wichtige Wirtschaftssektoren des Landes von westlichen »Multis« dominiert werden und heimische Wirtschaftsakteure im europäischen Vergleich eine recht kleine Rolle spielen.

Die Regierung Orbán beklagt dabei zum einen, dass die ausländischen Unternehmen Interessen verfolgen, die nicht den nationalen Wirtschaftsinteressen entsprächen, zum anderen, dass sie einen beträchtlichen Teil der erbrachten Wirtschaftsleistung in das Ausland abziehen würden. Diesen Abfluss von in Ungarn erwirtschafteten Geldern sieht die Regierung übrigens auch bei vermögenden UngarInnen kritisch. Davon zeugt ihre Kampagne gegen die »vaterlandslosen« Offshore-Praktiken, in deren Zuge vorzugsweise ungeliebte Persönlichkeiten wie Simor oder Gyurcsány ins Visier gerieten. Ende 2010 erließ sie etwa eine Steueramnestie für Offshore-Gelder, die es Privatpersonen ermöglichte, ihre Gelder unter Straffreiheit und zu einem günstigeren Steuersatz nach Ungarn zurückzuführen. Allerdings scheinen die vermögenden UngarInnen nicht so sehr vom proklamierten »Wirtschaftspatriotismus« erfüllt zu sein. Wie die *Heti Világgazdaság* berichtete, führte die Amnestie bis Ende 2011 gerade einmal sieben Milliarden von den schätzungsweise 3.000 Milliarden Forint (etwa 10 Mrd. Euro) ungarischer Vermögen zurück, die im Ausland liegen.

Der erste große Schritt, um dem Problem des Kapitalabflusses habhaft zu werden, waren die schon genannten Krisensondersteuern, die die Regierung – analog zur Bankensteuer – in verschiedenen Wirtschaftsbranchen erließ. Betroffen davon sind der Einzelhandel, die Telekommunikation und der Energiesektor. Orbán begründete diesen Schritt damit, dass in der Krise bisher diejenigen geschröpft worden seien, die keine Profite haben – es sei daher nur »fair«, »wenn wir nun die bitten, die welche haben«. Zahlreiche ausländische Unternehmen, darunter viele deutsche, protestierten gegen diese Praxis, weil sie sich ungleich gegenüber den ungarischen Unternehmen behandelt sehen. Die Regierung erwiderte darauf mehrfach, dass die Steuern auch für ungarische Unternehmen gelten würden. Dies ist zwar formell richtig, doch da diese Steuern sich auf größere Gewinne, den sogenannten »Extraprofit«, beziehen und die Profite ungarischer Firmen in diesen Branchen eher seltener in dem definierten Bereich liegen, treffen die Steuern tatsächlich besonders die ausländischen Großkonzerne.

Teil des »neuen ökonomischen Systems«, wie es die Regierung nennt, ist auch der Versuch, die kleinen und mittleren Unternehmen (KMU) stärker zu fördern und zu schützen. In Ungarn ist der KMU-Bereich, der von allen Konservativen Europas gerne als Rückgrat der Wirtschaft dargestellt wird, besonders schlecht ausgeprägt: Er erwirtschaftet gerade einmal 15 Prozent des BIP und stellt etwa zehn Prozent der Arbeitsplätze. Gerade diesen Bereich wollte die Regierung nun massiv fördern, um binnen zehn Jahren eine Million neue Arbeitsplätze zu schaffen und die Steuerbasis mittelfristig auszuweiten. Bereits mit den 29 Punkten führte die Regierung eine Vorzugssteuer für Unternehmen ein, deren Gewinne unter 500 Mio. Forint im Jahr liegen. Mit dem »Neuen Széchenyi-Plan« verabschiedete man dann noch 2010 ein Programm, das die nationalen Fördermaßnahmen konkretisierte.

Neben zahlreichen Maßnahmen – etwa zur Neuausrichtung des Gesundheits- und Bildungsbereichs oder zur Förderung des Wohnungsbaus (siehe dazu unten) – war das Kernstück des Programms vor allem die Förderung des Mittelstands. Diesem wolle man bis 2013, so erklärte Entwicklungsminister Tamás Fellegi, insgesamt 1.000 Mrd. Forint (etwa 3,5 Mrd. Euro) an Fördergeldern zuführen. Zu diesem Zwecke wurden neue Ausschreibungsregeln geschaffen und sollten – in Zusammenarbeit mit den Kommunen – insbesondere EU-Fördermittel in »nachhaltige« KMU-Projekte umgeleitet werden. Flankiert wurde der Plan von den schon genannten Absichten der Regierung, den Bankensektor in Ungarn neu zu ordnen, um der nationalen Wirtschaft mit gezielten Finanzierungsprogrammen unter die Arme zu greifen. Zugleich ergriff die Regierung Maßnahmen, um heimische Unternehmen vor der ausländischen Konkurrenz zu schützen. So erließ sie Ende 2010 einen sogenannten »Plaza-Stopp«, mit dem der Bau größerer Einkaufszentren unterbunden werden sollte. Das erklärte Ziel dieser Maßnahme war es, die einheimischen HändlerInnen vor internationalen Ketten zu schützen.

Besonders prestigeträchtig sind für die Regierung der Schutz und die Förderung der heimischen Landwirtschaft. Hier soll der Anfang 2012 verabschiedete »Ignác-Darányi-Plan«, der ökologische Ziele mit nationalen Interessen verbindet, das Land von »ausländischem Dreck« befreien und zur »nationalen Unabhängigkeit« beitragen. Landwirtschaftliche Nutzflächen sollen dabei, vor allem mit Hilfe eines »Landschutzgesetzes«, vor ausländischem Zugriff bewahrt und etwa ohne Gentechnik bearbeitet werden. »Nationen, die ihre Scholle aufgeben, geben sich selbst auf und werden konsequenterweise schwach«, sagte Orbán dazu. In diesem Zusammenhang steht auch das schon genannte Konzept für eine Agrar-Bank, die insbesondere jungen Landwirten bei der Existenzgründung helfen soll.

Bereits Ende 2010 hatte die neue Regierung ihre Absicht erklärt, das schon während des EU-Beitritts zustande gekommene Verbot, Agrarland an AusländerInnen zu verkaufen, zu verlängern. Letztlich entschied man sich dann für eine komplett neue Landwirtschaftsstrategie, die nicht nur die Bodenspekulation durch »westliche Unternehmer« unterbinden soll. Man schuf auch einen »Nationalen Bodenfonds«, der staatseigene Agrarflächen an »junge ungarische Familien« zu niedrigen Pachtzinsen vergeben soll und das Vorkaufsrecht auf alle Ackerflächen in Ungarn hält. Der Boden solle »wieder von jenen bearbeitet werden, denen er gehört«, erklärte Landwirtschaftsminister Sándor Fazekas. Damit verbunden ist auch, wie die österreichische Tageszeitung *Die Presse* berichtete, die Überprüfung von Strohmannverträgen, über die insbesondere ÖsterreicherInnen an ungarisches Land gekommen sein sollen. Bezeichnenderweise sieht sich auch hier die Jobbik als Urheber der »nationalen Bodenreform«.

Nach Einschätzung des *Pester Lloyd* stehen derlei Maßnahmen für einen Trend zur »nationalen Planwirtschaft«, der sich auch in anderen Bereichen ausmachen lässt, wo der Staat zunehmend Lenkungsfunktionen einnimmt. Bereits in den 29 Punkten war vorgesehen, dass die Privatisierung öffentlicher Strukturen überprüft werden sollte. Dem folgten tatsächlich ein Stopp größerer Privatisierungen und die teilweise Rücknahme von sogenannten »Public-Private-Partnerships«, etwa im Bereich des Autobahnbaus. Einher geht dies mit der versuchten Aufwertung von strategisch wichtigen Staatsbetrieben.

Wichtigstes Unternehmen ist hierbei der Mineralölkonzern MOL, wo der Staat den russischen Anteilseigner Surgutneftegas herausdrängte, um an einen Aktienanteil von 25 Prozent zu gelangen. Mit Unterstützung des Staates soll die MOL nun strategische Großakquisitionen, vornehmen, auch im Ausland. Als Großeigentümer des immerhin umsatzstärksten Unternehmens in Ungarn hat sich der Staat damit auch eine weitere Einnahmequelle verschafft. Denn ähnlich wie bei der staatlichen Energieholding MVM, die mittlerweile über den Strommarkt hinaus expandiert, lässt er sich nun jährlich horrende Dividenden ausschütten, die in den Staatshaushalt fließen.

Weniger erfolgreich verlief das staatliche Engagement bei der Malév. Die noch unter sozial-liberaler Regierung rückverstaatlichte Fluggesellschaft sollte unbedingt gehalten werden, trotz äußerst maroder Lage. Die Regierung investierte Milliardenbeträge in das Krisenmanagement – und kam Anfang 2012 doch nicht am Konkurs vorbei. Die Nebenfolge: Der Budapester Flughafen – zu 25 Prozent in staatlicher Hand – blieb auf 4,2 Mrd. Forint (etwa 4,2 Mio. Euro) Schulden sitzen und musste aufgrund mangelnder Auslastung teilweise schließen. Davon offenbar unbeeindruckt, hegt Orbán Pläne, eine neue nationale Airline ins Leben zu rufen. Um dieser die Marktanteile freizuhalten, drangsaliert man auch schon mal die ausländische Konkurrenz. So war der irische Billigfluganbieter Ryanair, der in die entstandene Lücke stoßen möchte, direkt nach der Malév-Pleite Schikanen durch ungarische Behörden ausgesetzt und stellte aus Protest zwischenzeitlich seine Ungarn-Flüge ganz ein.

Ähnlich verhält sich es mit der überschuldeten Staatsbahn MÁV. Auch hier wendete die Regierung beträchtliche Gelder zur Deckung des Schuldendienstes auf. Zudem beschloss die Regierung Konsolidierungsmaßnahmen, etwa die Zusammenfassung der Staatsbahn mit der staatlichen Busgesellschaft Volán in einer »Nationalen Verkehrsholding«, um die Verkehrsstrukturen und Fahrpläne zu rationalisieren und zu harmonisieren. Außerdem hat die Regierung Interesse bekundet, einst ausgegliederte Unternehmenszweige wieder in das Unternehmen zu integrieren. In der Zwischenzeit hat sie schon mal ihren Anteil bei der ungarisch-österreichischen Raaber Bahn vergrößert und mit dieser Kooperationen begründet, um der österreichischen ÖBB Konkurrenz zu machen. Zugleich übt man auch auf diesem Gebiet Druck auf die ausländische Konkurrenz aus, etwa in Form horrender Geldbußen für private Bahnen im Segment der Gütertransporte durch die Wettbewerbsaufsicht. Dennoch bleibt die Zukunft des maroden Unternehmens ungewiss.

Trotz der beträchtlichen Baustellen im Bereich staatlicher Betriebe will die Regierung ihren Aktionsradius auf diesem Gebiet ausweiten. So stieg Ende 2011 der Staat beim kriselnden Fahrzeughersteller Rába ein, indem sich die staatliche Vermögensverwaltung MNV 74 Prozent der Aktienanteile sicherte. Was die Regierung damit vorhat, ist bisher unklar. Gerüchte gehen in die Richtung, dass das Traditionsunternehmen in Zukunft Busse für die öffentlichen Busunternehmen produzieren soll. Weniger unklar sind dagegen die Absichten der Regierung im Telekommunikationssektor. Dort soll ein staatliches Konsortium – darunter die Energieholding MVM – einen vierten Mobilfunkanbieter aus dem Boden stampfen. Orbán möchte so den drei ausländischen Netzbetreibern T-Mobile, Telenor und Vodafone bis 2017 mindestens elf Prozent des Marktes entreißen. Offenbar steht dieser Schritt im Kontext von Matolcsys vager Ankündigung Anfang 2012, die »nationalen Monopole in ausländischen Händen« angehen zu wollen. Allerdings deutet alles daraufhin, dass sich dieser Plan aufgrund verschiedener Unwägbarkeiten nicht realisieren lässt.

Ein anderer Bereich, den die Regierung dabei im Auge hat, ist gewiss der Energiesektor, der ebenso wie der Einzelhandel und die Telekommunikation von Krisensteuern betroffen ist. Hier spielt auch das Problem der Privatverschuldung eine Rolle, nämlich in Form der Verbraucherschulden. Bereits im Sommer 2010 standen 45.000 Privathaushalte wegen Zahlungsrückständen ohne Gas da. Insgesamt betrugen die privaten Gasschulden zu diesem Zeitpunkt 30 Mrd. Forint (etwa 110 Mio. Euro). Noch Anfang 2012 waren allein in Budapest die Hälfte der 780.000 PrivatkundInnen mindestens 60 Tage in Zahlungsverzug und potenziell von einer Abschaltung des Gases bedroht. Im ganzen Land standen bis dahin drei Millionen unbeglichene Energierechnungen in einem Gesamtwert von 140 Mrd. Forint (etwa 500 Mio. Euro) aus – die Gasversorger klemmten 115.000, die Stromversorger 37.000 Verbraucher vom Netz ab. Dies geschah vor dem Hintergrund, dass die Nebenkosten seit 2005 dramatisch angestiegen waren, und zwar bis 2011 im Schnitt von rund 33 auf 42 Prozent des verwendeten Lohnanteils. Tatsächlich waren *Eurostat* zufolge im Jahr 2010 die Energiepreise in Ungarn gemessen an der Kaufkraft verhältnismäßig am höchsten in der EU.

Um die Privathaushalte zu entlasten, verabschiedete die Regierung noch mit den 29 Punkten ein Moratorium für die Preise von Versorgungsunternehmen und beabsichtigte, die Preisbildung auf eine neue Basis zu stellen. Bereits im Winter 2010/2011 stellte man 930.000 Familien insgesamt

26,5 Mrd. Forint (etwa zehn Mio. Euro) zur Kompensation der Energiepreise zur Verfügung. Diese Kompensationsmaßnahmen wurden letztlich im September 2011 durch neue Heizkostenzuwendungen im Rahmen des Wohngelds ersetzt. Bereits im Frühjahr 2011 hatte man dann die Preise für Fernwärme und Erdgas auf dem Niveau von Ende 2010 eingefroren und sie einer amtlichen Preisregulierung durch das Energieministerium unterstellt – eine Entwicklung, die der frühere MVM-Chef Imre Mártha als Prozess der Zentralisierung bezeichnet, an deren Ende die Zusammenlegung der 150 kommunalen Energieversorger stehen könnte. Zwischenzeitlich gab es auch Überlegungen, das Ungarn-Geschäft des deutschen Branchenprimus E.on durch die MVM zu übernehmen, was sich letztlich jedoch nicht realisieren ließ.

Die Eingriffe des Staates in den Energiemarkt müssen auch vor dem Hintergrund der Verschuldung der Kommunen gesehen werden. Bereits im Mai 2010 warnte das Beratungsunternehmen PricewaterhouseCoopers (PwC) vor einer Pleitewelle der Städte und Gemeinden, die ihre Schulden – knapp 1.000 Mrd. Forint (etwa 3,6 Mrd. Euro) – nicht mehr bedienen könnten. Als Ursache dafür würde der staatliche Rückzug aus kommunalen Aufgaben ausgemacht. Tatsächlich kamen 2011 zahlreiche Kommunen in die Bredouille und konnten ihre Versorgungsrechnungen nicht mehr bezahlen. Die Folge war, dass in vielen Orten die öffentlichen Einrichtungen, darunter auch Schulen, und die Infrastruktur von Strom und Wasser abgeklemmt oder der Nahverkehr eingestellt wurden. Insbesondere Fidesz-Fraktionschef Lázár, der selbst Bürgermeister der südungarischen Stadt Hódmezővásárhely ist, machte deswegen Druck und forderte ein Gesetz, dass es Versorgern verbietet, säumige kommunale Einrichtungen abzuklemmen.

Ein solches Gesetz kam nicht. Der Staat handelte aber dennoch und stieg in die kommunale Schuldenbewältigung ein. So stellte er im Frühjahr 2011 einen Fonds von 31 Mrd. Forint (etwa 110 Mio. Euro) für Kommunen bereit, die ohne eigenes Verschulden in Haushaltsprobleme geraten seien. Der zur gleichen Zeit geäußerte Plan, GemeindevertreterInnen ihres Amtes zu entheben, die ihren Ort überschulden, wurde zwar fallengelassen. Letztlich wurde jedoch ein neues Selbstverwaltungsgesetz verabschiedet, das kommunale Aufgaben ab 2012 einer zentralstaatlichen Hoheit unterstellte. Dazu zählt insbesondere die Finanzierung öffentlicher Strukturen. Neuverschuldungen der Kommunen sind demnach nur noch über zentral verwaltete Investitionskredite möglich.

Besonders symbolträchtig ist die Kommunalverschuldung im Falle der Hauptstadt, die seit Oktober 2010 vom Fidesz-nahen Hardliner István Tarlós regiert wird. Zu Beginn des Jahres 2011 stand Budapest mit knapp 160 Mrd. Forint (etwa 570 Mio. Euro) in der Kreide. Außerdem hatten die Budapester Verkehrsbetriebe (BKV) Schulden von 80 Mrd. Forint (etwa 285 Mio. Euro) angehäuft. Die Stadtverwaltung sah sich daher – neben lokalen Steuermaßnahmen und einem drastischen Sparprogramm bei Stadt und BKV – zu einem Einstieg in die Schuldenbewältigung des städtischen Unternehmens gezwungen. Dennoch steht dieses chronisch vor dem Finanzkollaps. Tárlos mahnte daher den Staat: »Fraglich ist, inwiefern ein Zusammenbruch ... des hauptstädtischen Nahverkehrs nicht auch politische Auswirkungen über die Stadtgrenzen hinaus hat«. Diese negative Signalwirkung wollte sich die Regierung offenbar nicht leisten und stieg ebenfalls in die finanzielle Unterstützung ein, die allerdings – unter den Vorzeichen weiterer Sparbemühungen der Regierung – Anfang 2012 zunächst gestoppt und mit dem »Száll-Kálmán-Plan 2.0« endgültig gestrichen wurde.

Entlastet wurde die Budapester Stadtverwaltung, ebenso wie die anderen Städte und Gemeinden im Land, schon mal durch den »Semmelweis-Plan«. Auf dessen Grundlage wurden nämlich im Mai 2012 die 120 kommunalen Krankenhäuser des Landes einer staatlichen Zentralverwaltung unterstellt; teilweise sollen sie zusammengelegt werden. Eine ähnliche Rationalisierung erfahren derzeit auch die 29 Universitäten des Landes, die nach dem Abschluss der Hochschulreform (siehe unten) zu zwölf Hochschulen zusammengelegt sein sollen. Auch ihnen ist eine Zentralverwaltung übergeordnet, der die Autonomierechte der Hochschulen weitestgehend übertragen wurden. Das gleiche gilt für die öffentlich-rechtlichen Medien, die einer zentralen Medienbehörde untergeordnet wurden, sowie für die staatlichen Theater und Museen, die derzeit einem Fusionierungsprozess unterliegen. Die damit verbundenen Rationalisierungsmaßnahmen, die den Staatshaushalt entlasten sollen, nutzt die Regierung natürlich auch dafür, sich unliebsamen Personals zu entledigen (siehe dazu Kapitel 2).

Die Krisenbewältigung der Regierung Orbán stützt sich also auf eine Nationalisierung der Wirtschaft ebenso wie eine Reorganisation öffentlicher Strukturen. Die mit Letzterem verbundenen Rationalisierungsmaßnahmen sollten nicht einfach nur als Sparmaßnahmen oder gar als Ausdruck eines »schlanken Staates« begriffen werden. Vielmehr stellen diese strukturellen Reformen – auch wenn sie Einsparungen beinhalten – einen

Prozess der Zentralisierung von Entscheidungen dar. Zusammen mit dem zunehmenden Einfluss des Staates auf wirtschaftlichem Gebiet erhöht sich so die allgemeine Autorität der Regierung. Dieser Prozess ist Teil einer autoritären Formierung, die fast alle gesellschaftlichen Bereich durchdringt.

Volksgemeinschaft und Volkskörper: Aspekte einer autoritären und ständischen Formierung

Insgesamt muten viele Maßnahmen der Regierung recht widersprüchlich, zum Teil chaotisch an. So lässt sich die Ankündigung, Ungarn zur »attraktivsten und wettbewerbsfähigsten Wirtschaft« in der Region zu entwickeln, kaum mit dem von der Regierung errichteten Steuerdschungel in Einklang bringen. Sondersteuern, die Erhöhung der allgemeinen Mehrwertsteuer oder eine Steuer auf »ungesunde Lebensmittel« und die Erwägungen zur einer »Luxussteuer« wirken ebenso wenig einladend wie die »unberechenbare« und protektionistische Planungswut der Regierung. Selbst die Vorzugssteuer für weniger gewinnbringende Unternehmen und die Einheitssteuer hatten letztlich Nebenwirkungen, die zu neuen Belastungen für Gewerbetreibende führten. Da sie sich negativ auf die Steuereinnahmen bzw. die Einkommen der unteren Einkommensgruppen auswirkten, wurden die Arbeitgeber nicht nur mit höheren Sozialabgaben konfrontiert, sondern ihnen auch »freiwillige Lohnkompensationen« aufgedrängt, die bei Nichtanwendung zum Entzug von öffentlichen Aufträgen führen können. Auch die neueste Finanztransaktionssteuer, die eigentlich als Besteuerung auf Spekulationen gedacht war, wurde letztlich – unter dem Eindruck der Kreditklemme – so gestaltet, dass sie eher die Bevölkerung und einfache Gewerbetreibende treffen dürfte.

Die Folge davon ist, dass nicht nur die ausländischen »Multis« verärgert sind – *Die Presse* führt etwa eine Umfrage an, wonach sich 80 Prozent der deutschen und österreichischen Unternehmen von der Regierung schlecht behandelt fühlen –, auch die heimischen Unternehmen kommen nicht so recht auf die Beine. So hatte sich, einer Umfrage des Ispos-Instituts zufolge, die Stimmung unter den KMU – trotz Széchenyi-Plans – im Laufe des Jahres 2011 massiv verschlechtert. Tatsächlich kann von einem Wachstum im KMU-Bereich kaum die Rede sein. Selbst die Subventionen für neue Arbeitsplätze werden kaum in Anspruch genommen, bieten die schlechte Konjunkturlage und die Kreditklemme den KMU doch kaum

Wachstumspotenziale. Erschrocken über die Resultate der Mittelstands-förderung, legte die Regierung daher erst im Juli 2012 mit einem neuen Programm für KMU nach, das die Kosten der Arbeit verringern soll (siehe unten).

Es wäre jedoch nicht ganz korrekt, zu sagen, die Regierung verfolge keine berechenbare Wirtschaftspolitik, wie es viele, insbesondere ausländische Unternehmen beklagen. Orbán hat nicht ganz Unrecht, wenn er seine »Li-nie« in einem Interview mit *Die Presse* wie folgt beschreibt: »Wir bauen ein neues Wirtschaftssystem auf. Und manche Sektoren sind auf der Seite der Gewinner, andere verlieren. Die Verlierer beklagen sich über Unbere-chenbarkeit.« Als Verlierer benennt Orbán den Finanzsektor, der »nicht so hohe Profite wie in der Vergangenheit haben kann, auch nicht Monopo-listen in der Gas-, Wasser-, Energie- oder Abfallindustrie«. Der Regierungs-chef verweist dabei auf den geringen Durchschnittslohn und die niedrigen Pensionen in Ungarn. Vor diesem Hintergrund, so Orbán, »können Un-ternehmen, die Grundbedürfnisse zur Verfügung stellen, im neuen ungari-schen Wirtschaftssystem nicht mehr so hohe Profite lukrieren.«

Falsch wäre es aber ebenso, zu sagen, die Regierung Orbán betreibe damit eine »Politik des kleinen Mannes«. So hat die Einheitssteuer aus-schließlich die oberen Einkommensschichten begünstigt und bei dem Großteil der Einkommensgruppen zu Reallohnverlusten geführt, die auch durch die »Lohnkompensationen« nicht wettgemacht werden. Die Re-gierung behauptet zwar – höchst selektiv –, die *Brutto*löhne seien um 4,3 Prozent gestiegen, tatsächlich aber gab es einen *Real*lohnverfall von 3,9 Prozent, wie der *Pester Lloyd* plausibel darlegt. Zugleich haben auch die vermeintlich populären Maßnahmen kaum gezogen. Zwar konnte ein Teil der Bevölkerung durch die Schlusstilgung das private Schuldenvolumen ab-bauen, doch innerhalb des privaten Schuldenbestands stieg der Anteil der »faulen«, also nicht bedienten Kredite bis Mitte 2012 um ein Drittel, wie die MNB meldete.

Ebenso stiegen die Preise auf dem Energiemarkt trotz staatlicher Regu-lierung bis Anfang 2012 um acht Prozent und die Zahl von Abschaltung betroffener Haushalte wuchs entsprechend. Flankiert wird dies von einer hohen Inflationsrate, die die Preise für Grundnahrungsmittel teilweise um 25 Prozent hat steigen lassen. Und auch auf dem Wohnungsmarkt hat sich die Lage keineswegs entspannt: Dass die Mietpreise steigen und die sozial-politischen Förderungen für den Wohnungsbau nicht greifen, musste selbst die Regierung eingestehen. Dies geschieht vor dem Hintergrund, dass die ungarische Bauindustrie seit Längerem am Boden liegt, was durch die Kreditklemme und den Rückzug der Banken aus der Wohnungsfinanzierung nicht besser wird. So entstanden im Jahr 2011 sogar weniger Wohnungen als in den Krisenjahren 1929–1932.

Orbáns Programmatik mag zwar einige (rechte) »antikapitalistische« Momente enthalten, aber er ist gewiss kein Antikapitalist. Wenn er von einer »wettbewerbsfähigen Wirtschaft« spricht, dann meint er damit eben einen »produzierenden Kapitalismus«. »Ohne industrielle Produktionskapazitäten«, so Orbán gegenüber *Die Presse*, »können wir nicht erfolgreich sein. Deshalb unterstützen wir alle, die Fabriken eröffnen wollen, egal ob sie aus dem Ausland kommen oder Ungarn sind.« Und tatsächlich wurden gerade die produzierenden Wirtschaftssektoren weitgehend von Belastungen verschont und mit Subventionen bedacht. Trotz aller Wehklagen über die »Unberechenbarkeit« der ungarischen Wirtschaftspolitik investieren etwa deutsche Unternehmen, die vor allem in der Automobilindustrie tonangebend sind, munter weiter in Ungarn. Sie profitieren dabei von einem – für die Unternehmen durchaus »attraktiven« – autoritären Arbeitsregime, das die Regierung errichtet hat.

Wie für völkische und autoritäre Ideologien typisch, propagiert die nationalkonservative Regierung einen überbordenden Arbeitsethos. Die neue Wirtschaftspolitik stehe für eine Werteordnung, die auf Arbeit beruhe. So erklärte etwa der Staatssekretär im Volkswirtschaftsministerium Zoltán Cséfalvay im Sommer 2011 den nationalen Reformplan der Regierung, die »alle, die arbeiten können, in Arbeit bringen« möchte. »Zur Arbeit soll es keine Alternative mehr geben«, lautet eine dazu passende Parole des Fidesz. Entsprechend nimmt die Beschäftigungspolitik einen zentralen Stellenwert bei den Reformbemühungen ein. Das erklärte Ziel der Regierung war und ist es, binnen zehn Jahren eine Million neuer Arbeitsplätze zu schaffen und die Beschäftigungsrate – Mitte 2011 mit einer Quote von 57 Prozent die zweitniedrigste in der EU – auf 70 Prozent hochzuschrauben.

Bereits Anfang 2011 hatte die Regierung erklärt, 220.000 Arbeitssuchende in ein öffentliches Beschäftigungsprogramm bringen und Sozialbezüge nur noch für arbeitsunfähige Personen zahlen zu wollen. Mit dem Széll-Kálmán-Plan wurde im Frühjahr 2011 die Absicht bekräftigt, ein neues System gemeinnütziger Arbeit zu errichten. Zugleich sollten die Regeln für den Eintritt in die Invalidenrente verschärft, die Fälle von InvalidenrentnerInnen überprüft und diese gegebenenfalls in Arbeit zurückgeführt werden. Auch die Frühpensionäre sollten in SozialhilfeempfängerInnen umgewidmet werden und damit für Arbeit zur Verfügung stehen. Im Sommer mündeten diese Absichten letztlich im »Ungarischen Arbeitsplan«, der nunmehr 300.000 Menschen in Arbeit bringen sollte.

Die entsprechenden Änderungen im Arbeitsgesetzbuch gelten seit September 2011. Demnach können alle arbeitsfähigen BezieherInnen von Sozialleistungen zur »Gemeinschaftsarbeit« – von Unkrautjäten über Kanalreinigung bis hin zu Bauarbeiten – herangezogen werden und müssen, wenn sie sich weigern, mit einem dreijährigen Entzug der staatlichen Unterstützung rechnen, die ohnehin nur noch 90 Tage am Stück garantiert wird. Dabei sind Anreisewege von bis zu drei Stunden in Kauf zu nehmen, und sofern der »Arbeitgeber« Verpflegung und Unterkunft – das können etwa auch Containerstädte sein – stellt, sogar noch mehr. Außerdem wird die Arbeit noch von AufseherInnen überwacht. Besonders pikant daran ist, dass sich auch Privatunternehmen solche Arbeitskräfte »leihen« können. Auch in diesem Fall würde eine Weigerung sanktioniert werden.

Es ist dieses Arbeitsprogramm, das viele kritische BeobachterInnen von »Zwangsarbeit« und »Arbeitslagern« sprechen lässt. Tatsächlich unterliegen die Betroffenen einer großen Willkür, liegt die Gestaltung und Ausführung der Arbeitsdienste doch in der Hand der Kommunen und sind die »Gemeinschaftsarbeiter« bei der Bestätigung ihres Arbeitswillens vom Wohlwollen der AufseherInnen abhängig. Es dürfte daher nicht verwundern, dass das Arbeitsprogramm vielerorts vor allem die Roma-Bevölkerung trifft, wie insbesondere das Beispiel Gyöngyöspata zeigt (siehe Kapitel 2). Über 100.000 Personen arbeiteten im April 2012 bereits in diesem »Archipel-Gulasch« (*Spiegel*), davon über 80.000 in Vollzeit. Und das zu einem durchschnittlichen Nettolohn von 47.000 Forint (etwa 170 Euro). Im Haushaltsentwurf für 2013 wurden die Gelder für das Arbeitsprogramm nochmals erhöht, von 132 auf 154 Mrd. Forint (etwa 550 Mio. Euro). 250.000 Personen möchte man dann in dem Programm beschäftigten. Für den *Pester Lloyd* spiegelt das Arbeitsprogramm nicht nur das »inhumane Menschenbild« der Regierung wider, sondern auch ihr »ständisches Staatsverständnis«.

Dieses Staatsverständnis zeigt sich denn auch generell bei der Reorganisation der Arbeitsbeziehungen. Nur kurz nach dem Arbeitsplan legte die Regierung den Entwurf für ein neues Arbeitsgesetzbuch vor, das eine lange Reihe von heftigen Einschnitten bei den Arbeiterrechten enthielt. Demnach sollten ArbeiterInnen nunmehr für bis zu 300 Überstunden im Jahr herangezogen werden und nur noch über sieben Tage ihres Jahresurlaubs frei verfügen können. Außerdem sollten sie zahlreiche Zuschläge verlieren und besonders leicht zu kündigen sein. Für Beschäftigte im Krankenstand und ältere Beschäftigte sollte der Kündigungsschutz quasi ganz entfallen, ebenso für gewerkschaftliche InteressenvertreterInnen. Nicht zuletzt sollten die gewerkschaftlichen Vertretungsrechte und die Mitbestimmung deutlich beschnitten werden. Und die Liste der Einschnitte ließe sich fortsetzen. Das neue Gesetzbuch wurde dann Ende 2011 verabschiedet und trat letztlich im Juli 2012 in Kraft.

Den Gewerkschaften hatte die Regierung schon zuvor den Zahn gezogen. So hebelte sie zum Januar 2011 faktisch das Streikrecht im Energie- und Verkehrsbereich aus, wo Arbeitskämpfe nur noch gestattet sind, wenn sich die Konfliktparteien auf eine »ausreichende Versorgung« geeinigt haben. Ansonsten haben die Gerichte über die Rechtmäßigkeit des Streiks zu entscheiden. In der Regel ist hier kein Durchkommen. Außerdem ersetzte die Regierung im Juni 2011 die bisherigen Foren der Interessenabstimmung, an denen die »Sozialpartner« beteiligt waren, durch einen »Nationalrat für Wirtschaft und Gesellschaft« (NGTT), um über Mindestlöhne, Tarife und eben Veränderungen in den Arbeitsgesetzen eigenständig entscheiden zu können. Spätestens hier wird der »volksgemeinschaftliche« Geist sichtbar, der die Reformpläne der Regierung durchdringt. Klassenkonflikte sollen autoritär gedeckelt werden und die arbeitende Masse sich ganz auf die Erbringung effizienter Leistung für die nationale Wirtschaft konzentrieren. (Mehr zu den ungarischen Gewerkschaften und ihren Perspektiven im Schlusswort.)

Dass die Arbeitskräfte nur noch als ökonomische Manövriermasse dienen sollen, wird auch an den Entwicklungen im KMU-Bereich deutlich. Hier hatte die Regierung Subventionsmöglichkeiten für »Arbeitgeber« eingeführt, die neue Arbeitsplätze schaffen sollen, etwa für BerufsanfängerInnen oder »Ü50er«. Diese wurden jedoch zeitlich begrenzt, so dass sich die KMU in der Regel nur zeitweise der Arbeitskräfte bedienen und sie nach Ablauf der Förderung wieder entlassen. Da der KMU-Bereich, wie schon dargelegt, nicht richtig in Gang kam, verabschiedete die Regierung neuerdings im Juli 2012 ein neues KMU-Programm. Demnach werden unter anderem die Arbeitgeberanteile bei Arbeitsplätzen für junge und ältere Beschäftigte wie auch für Langzeitarbeitslose oder auf den Arbeitsmarkt zurückkehrende Mütter drastisch gesenkt. Bei BerufsanfängerInnen möchte der Staat sogar die Gehälter und Sozialabgaben komplett für die ersten Monate übernehmen.

Ob die KMU damit doch noch auf die »Gewinner«-Straße kommen, bleibt abzuwarten. Sicher ist zumindest, dass die ungarischen Lohnabhängigen die großen Verlierer des sozioökonomischen Umbaus sind – und nicht einfach das »Finanzkapital« und die »Monopolisten«. Die ganz großen Gewinner sind auf jeden Fall diejenigen »Arbeitgeber«, die mit auf der Orbánschen Welle schwimmen, insbesondere die Fidesz-nahen. Entgegen dem Selbstbild des Fidesz als Korruptionsbekämpfer liegt mittlerweile eine Fülle von Berichten vor, wie die Regierung Milliardenaufträge und Sondergenehmigungen an nahestehende Firmen vergibt. Dies hatte nicht nur zu Protestaktionen der Opposition geführt, sondern auch zu einer parlamentarischen Initiative der Jobbik zur Gründung eines Untersuchungsausschusses, wie die *Budapester Zeitung* berichtet. Dem Vorstoß der FaschistInnen schlossen sich – vielsagenderweise – auch die anderen Oppositionsparteien an, die nun ihrerseits der Regierung »oligarchische« Züge vorwerfen.

Orbán konterte die Vorwürfe bisher in seiner unnachahmlichen Art: »Ungarn benötigt auf allen wichtigen Gebieten des Wirtschaftslebens große ungarische Unternehmen.« Es sei besser, so die Botschaft Orbáns, wenn sich nicht die »Multis« des Landes bemächtigen, sondern ungarische Kapitalisten. Und das machen sie tatsächlich – wortwörtlich. Denn auch im Kontext der Landvergabe durch den »Nationalen Bodenfonds« häufen sich die Berichte – etwa durch die Internetportale *Atlatszo* und *Origo* –, wonach zahlreiche Ländereien zu günstigsten Pachtzinsen an Fidesz-Funktionäre oder deren Freunde und Verwandte – auch von Orbán selbst – gehen. Besondere Ausmaße hat dies etwa in Orbáns Heimatort Felcsút angenommen, wo der Premier seiner Clique sogar ein hochmodernes Stadion bauen ließ. Im Februar war deswegen schon József Ángyán als Staatssekretär im Landwirtschaftsministerium zurückgetreten: aus Protest gegen die »gierige Wirtschaftslobby, Mafiafamilien, Spekulanten und Oligarchen«. Der *Pester Lloyd* wiederum spricht von »feudalem Größenwahn« und einem »Junker-Wesen«. Die Zeitung prognostizierte übrigens schon bei Bekanntgabe des Landwirtschaftsplans, »dass zukünftig wieder die Dorfvorsteher, in der Mehrheit ja Orbán-Treue, diverse ständische Kommissionen im Verbund mit einigen einflussreichen Großbauern und Handesloligopolen [sic] über Wohl und Wehe der Bauern bestimmen werden«.

Ständisch geht es auch in den Bereichen Bildung und Gesundheit zu. Bereits im Széll-Kálmán-Plan waren Rationalisierungen für Hochschulen vorgesehen, die in die schon genannten Zentralisierungsmaßnahmen mündeten (siehe oben). Auch die Schulen sollen nunmehr unter Aufsicht und

Leitung des Zentralstaates gleichgeschaltet werden. Diese Pläne sind Teil eines »Systems für nationales Erziehungswesen«, das unter Führung der Staatssekretärin für Bildung, Rózsa Hoffmann, von der christlichen KDNP ausgearbeitet wurde und dem Namen ihres Ministeriums für Nationale bzw. Humanressourcen alle Ehre macht. So sollen die Schulen auf Ganztagsschulen umgestellt und die Fachschulausbildung auf die Ansprüche der Wirtschaft und der »Arbeitgeber« zugeschnitten werden, inklusive einer Senkung der Schulpflicht um zwei Jahre. Außerdem ist es Ordnungskräften indessen gestattet, bei SchulschwänzerInnen »verhältnismäßige körperliche Züchtigung« anzuwenden.

Das gleiche gilt für die Hochschulen, in denen die Geisteswissenschaften radikal zusammengekürzt werden sollen. Stattdessen sollen fast ausschließlich technische und naturwissenschaftliche Studiengänge angeboten werden, die »nationalwirtschaftlich« sinnvoll sind. Außerdem unterliegen die Studierenden verschärften Aufnahmekriterien, um die »Spreu vom Weizen zu trennen«, wie es Hoffmann gegenüber der rechtskonservativen Tageszeitung *Magyar Nemzet* formulierte. Gemeint sind »faule und mittelmäßige« Studierende einerseits und »hart arbeitende, talentierte« andererseits. Zugleich möchte die Regierung die Studierenden langfristig an die ungarische Nation binden und ökonomisch verwerten. So beinhaltet die Hochschulreform eine Regelung, wonach sich die Absolventen vertraglich verpflichten, nach ihrem Abschluss die doppelte Dauer ihrer Studienzeit in Ungarn zu arbeiten. Wer dennoch ins Ausland geht, hat die Kosten des Studiums an den Staat zurückzuzahlen.

Allerdings dürfte sich dies als Bumerang für die Regierung erweisen. Wie der *Spiegel* im Mai 2012 berichtete, haben sich in diesem Jahr bereits 30.000 weniger Studierende angemeldet. Viele junge Menschen ziehen es vor, gleich ins Ausland zu gehen. Man darf gespannt sein, was die Regierung dagegen zu unternehmen gedenkt, denn gerade den »Volkskörper« zusammenzuhalten, ist für sie ein zentrales Anliegen. Davon zeugen etwa auch die Maßnahmen im Gesundheitsbereich. Nebst der schon genannten Neustrukturierung der Gesundheitseinrichtungen und Einsparungen haben sie vor allem zum Ziel, die Abwanderungswelle von ÄrztInnen und Pflegepersonal zu stoppen. Zu diesem Zweck nahm sie Anfang 2012 Lohnerhöhungen für die verschiedenen Ärztegruppen, aber auch für die anderen Berufsgruppen im Gesundheitswesen vor.

Doch nicht nur die Auswanderung bereitet der Regierung Kopfzerbrechen, sondern auch der Schwund des »Magyarentums« – schließlich sank

2010 die Zahl ungarischer StaatsbürgerInnen erstmals unter die Zehnmillionenmarke – und dessen physische Degeneration. So beabsichtigt nicht nur Hoffmann, die SchülerInnen des Landes mit täglichem Turnunterricht auf Trab zu bringen; der Bevölkerung soll gleichsam mit einer »Steuer auf ungesunde Lebensmittel« die Fettsucht ausgetrieben werden. Zugleich führt man einen regelrechten Kreuzzug gegen ausländisches »Dreckessen« und protegiert die angeblich so gesunden Produkte der Heimat. Insbesondere bei Etikettenschwindel – die Ausweisung nicht zu 100 Prozent aus der Heimat stammender Produkte als »ungarisch« – versteht die Regierung keinen Spaß. Flankiert wird das Ganze von einer neuen Anti-Drogen-Strategie – mit weitgehenden strafrechtlichen Möglichkeiten –, die ebenso wie die neuen Nichtraucherschutzgesetze auf den Erhalt der »Volksgesundheit« abzielt.

In Anlehnung an christlich-konservative Ideale, die zu vertreten die Regierungsparteien vorgeben, spielt dabei selbstverständlich auch die Förderung von Familien eine Rolle. »Kinder sollen wieder Mode werden«, erklärte etwa Matolcsy zu Beginn der Legislaturperiode, womit er das »familienfreundliche« Steuersystem zu umschreiben versuchte. Eine Familienbesteuerung wurde letztlich zwar nicht eingeführt, dafür aber steuerliche Vergünstigungen, insbesondere für Großfamilien, die auch durch die sozialpolitischen Maßnahmen Vorteile genießen. Im Gespräch stand dabei zwischenzeitlich auch die Idee der KDNP, ein Familienwahlrecht einzuführen, bei dem Mütter Stimmen für ihre Kinder abgeben können.

Es versteht sich daher von selbst, dass die Regierung nicht gerade ein Freund von Abtreibungen ist und diesen den Kampf angesagt hat. Am liebsten würde man sogar ein Verbot von Abtreibungen einführen, doch hält man die Gesellschaft für noch nicht »reif« genug – im Gegensatz etwa zu den ideologisch gefestigten konservativen PolInnen –, wie der Staatssekretär für Soziales Miklós Soltész bedeutungsschwanger erklärte. Daher begnügte man sich vorerst mit einer Kampagne, die »Aufklärung« bei ungewollt schwangeren Frauen betreiben sollte. So verkündete im Sommer 2011 auf einem Werbeplakat des Ministeriums für Nationale Ressourcen ein Fötus im Mutterleib: »Ich verstehe, wenn Du noch nicht bereit für mich bist. Aber gib mich lieber zur Adoption frei, lass mich leben!« Allerdings musste die Regierung die Aktion schon bald wegen Etikettenschwindels beenden. Denn das Ministerium hatte das Plakat nicht nur unzulässigerweise mit EU-Geldern finanziert, sondern es auch mit EU-Insignien versehen. Hier verstand dann die EU-Kommissarin Viviane Reding keinen

Spaß und forderte die Beseitigung der Plakate. Einer der wenigen Punkte, wo sich die EU-Kommission einmal ungeteilt gegen die Regierung Orbán durchgesetzt hat.

Prekäre Stabilität: Zur Bewertung der Wirtschafts- und Sozialpolitik

Ein Überblick über die ungarische Wirtschafts- und Sozialpolitik muss hier unvollständig bleiben. Viele Aspekte konnten nur angerissen und in ihrer Tiefe nicht beleuchtet werden. Denn viele der Maßnahmen der Regierung Orbán befinden sich im Fluss, unterliegen immer wieder Korrekturen und entfalten erst im komplexen Zusammenspiel ihre besonderen Wirkungsweisen. Zugleich wurden andere Aspekte gar nicht erst behandelt: die weiteren Steuer- und Sparmaßnahmen, die Schuldenbremse, die ökologischen Pläne der Regierung, das Wirken der Wettbewerbsaufsicht und der Finanzbehörden, der Einfluss ungarischer Wirtschaftslobbys, das Verhalten der Arbeitgeberverbände, die Rentenreformen, die weiteren Eingriffe in das Lohnsystem, die Reorganisation von Berufsverbänden usw. usf.

Die Stoßrichtung des »neuen ökonomischen Systems« aber ist klar: »Der Unterschied zwischen der europäischen und der ungarischen Krisenbekämpfung«, erklärte Orbán noch im Juli 2012, »besteht darin, dass die EU die Banken, die ungarische Regierung hingegen die Schaffung von Arbeitsplätzen unterstützt«. Darin jedoch eine »Wohlfahrtspolitik« der Regierung zu erkennen, die der Gesellschaft mehr soziale Gerechtigkeit widerfahren ließe, wäre falsch. Denn diese Politik zielt nicht auf eine Stärkung der Interessen von Lohnabhängigen ab, sondern auf eine Aufwertung der abstrakten Kategorie Arbeit, die die nationale Gemeinschaft voranbringen soll. Zu diesem Zwecke hat die lohnabhängige Bevölkerung auf einen großen Teil ihrer Rechte zu verzichten. Im Gegenzug gibt die Regierung vor, ihre BürgerInnen gegenüber ausländischen Akteuren zu protegieren. Es handelt sich also nicht um einen sozialstaatlichen »New Deal«, sondern um einen nationalistischen.

Sozial ist diese Politik nur insofern, als dass die »Volksgemeinschaft« von dem Protektionismus und einem angenommenen Wirtschaftswachstum indirekt profitieren soll. Und doch geht der Kuhhandel aus »Zuckerbrot und Peitsche« bislang nicht auf. Das gilt nicht nur, weil die Reformen kaum Arbeitsplätze und Wirtschaftswachstum geschaffen haben (siehe unten). Auch die vermeintlich populären Maßnahmen zum Schutz der Bevölkerung haben sich, wie dargelegt, in mehrfacher Hinsicht als Bumerang erwiesen und wichen im Laufe der Legislaturperiode zunehmend jenen klassischen Sparmaßnahmen, die man zunächst hatte vermeiden wollen. Der Haushaltsentwurf für 2013 etwa, der unter dem Druck von Märkten und EU verfasst wurde, sieht, ebenso wie der »Széll-Kálmán-Plan 2.0«, weitere Einsparungen im sozialen und öffentlichen Bereich vor.

Auf diese Weise hat die Gesellschaft soziale Rechte gegenüber ihrem nationalstaatlichen Patron aufgegeben, ohne daraus einen sozialen Nutzen zu ziehen. Die autoritäre Formierung in den sozialen und wirtschaftlichen Beziehungen wirft sie vielmehr zurück in eine noch größere Abhängigkeit von den nationalen Eliten. Bot der liberal verfasste Kapitalismus zumindest einen bedingten Interessenausgleich durch den regulierten Konflikt der »Sozialpartner«, wird der Klassenkonflikt, den die völkisch-autoritäre Ideologie negiert, nun gänzlich eingefroren. Auch die wenigen Möglichkeiten der sozialen Mobilität weichen zunehmend einer durch tendenziell ständische Strukturen konservierten Klassengesellschaft, die – und das war schon immer die Essenz »volksgemeinschaftlicher« Konzepte – von dem Mythos einer gemeinsamen nationalen Interessenlage vernebelt werden.

Dies ist die qualitative Seite der Orbánschen Wirtschafts- und Sozialpolitik. Doch wie sieht es mit ihren quantitativen Ergebnissen aus, die zweifellos schwieriger zu bewerten sind? Betrachten wir dafür zunächst die Zielvorgaben, die sich die Regierung selbst gesteckt hatte: Sie wollte das Haushaltsdefizit zunächst auf 3,8 (2010), dann auf 2,9 (2011), 2,5 (2012), 2,2 (2013) und schließlich auf 1,9 (2014) Prozent des BIP absenken. Die Staatsverschuldung, die zu Beginn der Legislaturperiode 82 Prozent des BIP betrug, wollte sie bis 2014 auf 60 und langfristig gar auf unter 50 Prozent reduzieren. Außerdem wollte sie binnen zehn Jahren eine Million Arbeitsplätze schaffen und, sollten die Reformen greifen, ein »dauerhaftes Wirtschaftswachstum« von jährlich vier bis sechs Prozent des BIP generieren. Die Inflation wiederum wollte sie mittelfristig auf einen Wert von drei Prozent drücken.

Die Realität sieht dann doch ein wenig anders aus: Nachdem die Inflation 2010 und 2011 im Jahresmittel 4,7 bzw. 3,9 Prozent betrug, lag sie im Jahr 2012 – seit den internationalen Querelen um den Jahreswechsel herum – dauerhaft über fünf Prozent. Die Arbeitslosenquote wiederum konnte bisher nur minimal von 11,2 auf 10,9 Prozent abgesenkt werden, wobei auch dies fast ausschließlich auf die öffentlichen Arbeitsbeschaffungsmaßnahmen zurückzuführen ist. Auch das Wirtschaftswachstum kommt nicht so recht in die Gänge. Während die Wirtschaft im Verlauf des aktuellen Jahres wieder leichte Einbrüche verzeichnete, lag das Wachstum 2010 und 2011 zumindest bei 1,3 bzw. 1,6 Prozent des BIP. Immerhin waren dies die besten Werte seit 2007 im krisengeschüttelten Ungarn. Zu den wesentlichen Faktoren gehören dabei das verarbeitende und exportierende Gewerbe – etwa die Automobilindustrie mit ihren deutschen Großinvestoren –, während der Einzelhandel analog zum Privatkonsum schwächelt und der Bausektor regelrecht am Boden liegt.

Komplizierter gestalten sich die staatlichen Finanzen. Hier konnte die Staatsverschuldung um drei Prozent auf 79 Prozent des BIP im ersten Quartal 2012 gesenkt werden. Auch das Haushaltsdefizit konnte formell reduziert werden. Demnach verpasste die Regierung im Jahr 2010 das Defizitziel mit 4,2 Prozent nur knapp und konnte 2011 das Defizitziel von 2,9 Prozent sogar einhalten. Für 2012 plant die Regierung nach wie vor mit einem Defizit von 2,2 Prozent. Allerdings gab es einige Kontroversen über das Budgetdefizit des vergangenen Jahres: Einschließlich der Einnahmen aus der Verstaatlichung der privaten Pensionsgelder soll es nämlich 2011 einen Haushaltsüberschuss von über drei Prozent gegeben haben. Laut *Eurostat* betrug der Überschuss sogar 4,3 Prozent, wonach Ungarn nach Norwegen die mit Abstand beste Haushaltsbilanz in der EU aufwies. Kritiker werfen der ungarischen Regierung jedoch Rechnungslegungstricks vor und meinen, dass das Budgetdefizit strukturell gesehen sogar noch größer sei als 2,9 Prozent.

So etwa EU-Finanzkommissar Olli Rehn aus Finnland. Dieser kritisierte, dass das niedrige Defizit 2011 nur durch Einmaleffekte – darunter die Umbuchung der Pensionsgelder und die Sondersteuern – zustande gekommen sei. In Wirklichkeit habe es bei sechs Prozent gelegen. Die Defizitminderung sei daher »nicht nachhaltig« gewesen, erklärte Rehns Behörde, die damit ein verschärftes Defizitverfahren gegen Ungarn einleitete und mit der Sperrung der Kohäsionsgelder drohte – was letztlich jedoch vermieden werden konnte (siehe oben). Nicht nur die ungarische Regierung sah sich in diesem Punkt ungerecht behandelt. Selbst die österreichische Finanzministerin Fekter, die bekanntermaßen ihre Probleme mit der Orbánschen Wirtschaftspolitik hat, beklagte, »dass hier mit zweierlei Maß gemessen wird«.

Dass die EU-Kommission gerade in diesem Punkt – neben dem Streit um die Notenbankgesetze – eine härtere Gangart einschlug, kommt nicht von ungefähr. Denn es sind gerade die »unorthodoxen« Haushaltsmaßnahmen unter der Federführung Matolcsys, die für Kopfschütteln sorgen.

So resümierte die britische Wochenzeitschrift *The Economist* noch im Juni 2012: »Der Fidesz ... wird immer verzweifelter. Immer wieder haut er grandiose Pläne heraus, und wenn sie dann nicht funktionieren, denkt er sich neue Steuern aus.« Bereits Anfang 2011 nannte der ungarische Fiskalpolitiker Kopits – nach seinem Rücktritt aus dem entmachteten Haushaltsrat – die Regierung eine Truppe »fiskalischer Alkoholiker«, die sich mit provisorischen Entscheidungen durchzuhangeln versuche. Und ein Jahr später legte er der Regierung nahe, dass sie, wenn sie einen glaubwürdigeren Kurs einschlagen wolle, sich unbedingt von Matolcsy und seinem Haushaltsplaner György Naszvadi trennen müsse.

Auch innerhalb des Fidesz ist Matolcsy durchaus nicht unumstritten. Schon mehrfach wurde öffentlich über seine Ablösung spekuliert. Vor allem im laufenden Jahr nahm die Kritik am Volkswirtschaftsminister unter konservativen Ökonomen zu. So kritisierte Attila Chikán, von 1998 bis 1999 Wirtschaftsminister im ersten Kabinett Orbán, dass es verfehlt sei, der Schuldenfalle entkommen zu wollen, indem man einfach Geld in den Mittelstand pulvere: Nicht nur seien die Wachstumspotenziale gar nicht vorhanden, dem Land mangele es auch am nötigen Unternehmergeist. Außerdem kritisierte er, wie der *Pester Lloyd* berichtet, dass die Vermischung von Ideologie und Wirtschaftspolitik das Land in »eine falsche Richtung« geführt habe. Ungeachtet dessen hält Orbán an seinem Minister fest und lässt ihn munter neue Wirtschaftspläne entwerfen.

Doch ist es wirklich so, dass die Bemühungen der Regierung, die Verschuldung zu senken, »planlos«, ja »verzweifelt« sind und dass Orbán wirtschaftlich gescheitert ist, wie es gerne in der liberalen Öffentlichkeit Europas kolportiert wird? Zumindest können die wirtschaftlichen Zahlen auf dem Papier an dieser Annahme auch Zweifel aufkommen lassen. Zwar ist die Regierung von ihren selbstgesteckten Zielen mehr oder weniger weit entfernt, formell aber schneidet sie besser ab als manch anderer Staat innerhalb der EU. Lassen wir Orbán, der sich selbst gegenüber von *Die Presse* ein erfolgreiches Krisenmanagement attestiert, an dieser Stelle selbst zu Wort kommen: »Bei meinem Regierungsantritt vor zwei Jahren war Ungarn in einer schlimmeren Verfassung als Griechenland. Das erste Projekt, das der IWF 2008 in Europa startete, diente der Rettung Ungarns. Mittlerweile ist Griechenland zusammengebrochen, Ungarn steht noch immer. ... [Außerdem] ist die Staatsverschuldung niedriger als vor zwei Jahren.«

Man mag seine Zweifel haben, ob Ungarn 2010 wirklich schlimmer dastand als Griechenland. So meinen manche BeobachterInnen, die

Regierung Bajnai hätte bereits stabile Grundlagen gelegt. Und auch der ehemalige Regierungschef selbst behauptet, dass bereits 2010 das Defizitziel hätte eingehalten werden könne, wenn sein Reformkurs fortgesetzt worden wäre. Das bleibt aber spekulativ und klammert aus, wie dieser Reformkurs sich im Zusammenspiel mit der europäischen Krisendynamik, die sich in den vergangen beiden Jahren nochmals deutlich verschärfte, ausgewirkt hätte. Fakt dagegen ist, da hat Orbán Recht, dass Ungarn – wohlgemerkt 2011 auf einer Liste diverser US-ÖkonomInnen in der *Washington Post* als Top-Verlierer der Krise geführt, und das noch vor Griechenland – sich aller Marktunruhen, Widersprüche und zwischenzeitlicher Abgründe zum Trotz bisher *relativ* stabil halten und den Schuldenstand sogar abbauen konnte. Im Gegensatz zu denjenigen europäischen Krisenstaaten, die die üblichen Konsolidierungsmaßnahmen verordnet bekommen haben.

Die ungarische Wirtschaftspolitik mag planlos und ihre Ergebnisses häufig widersprüchlich wirken, der Regierung jedoch vorzuwerfen, ihre Entschuldungsbemühungen seien nur halbherzig – nicht »strukturell« genug – und ihre Maßnahmen nicht nachhaltig, ist selbst widersprüchlich, wenn damit eine Lanze für die vorherrschende Krisenpolitik gebrochen werden soll. Denn genau diese hat sich bisher als noch weniger erfolgreich erwiesen. Genau genommen sind die Krisenländer mit dem Einsetzen der Austeritätspolitik erst recht in eine destabilisierende Schuldenspirale geraten. Orbán Versagen vorzuwerfen, weil er sich nicht an die bekannten Rezepte des Krisenmanagements halte, ist daher höchst unglaubwürdig.

Zum einen ist es keineswegs verwerflich – weder moralisch noch ökonomisch –, die Unternehmen und Banken an der Krisenbewältigung zu beteiligen bzw. sie zu regulieren, statt einseitig die Bevölkerung bluten zu lassen. Ähnliches wird nicht nur derzeit auch von linker Seite verfolgt, es war sogar lange Zeit ein wesentlicher Aspekt der sozialstaatlichen Nachkriegsordnung im Westen, bevor jener Prozess einsetzte, der gemeinhin mit dem Begriff »Neoliberalismus« markiert wird. Zum anderen hat die ungarische Regierung – auch das wird gerne übersehen – durchaus Strukturreformen durchgeführt, sogar von drastischen Ausmaßen: etwa mit der Umstrukturierung des Staatsapparates, der Behörden, der öffentlichen Einrichtungen, der Arbeitsmärkte usw. Der Unterschied zur Austeritätspolitik dabei ist jedoch – und das scheint viele westliche KritikerInnen zu stören –, dass die damit verbundenen Einsparungen zugleich mit staatlichen Investitionen und kostspieligen Eingriffen in die Wirtschaft flankiert wurden und werden.

Auch dass diese Maßnahmen sich nicht gleich in blühendes Wirtschaftswachstum übersetzen und heftige Reaktionen der Märkte heraufbeschwören, die wiederum negativ auf die Bemühungen der Regierung zurückschlagen, kann kein plausibles Kriterium sein. In Anbetracht der krisendynamischen Wirtschaftslage in Europa, der sich kaum ein Land entziehen kann, ist es nämlich nicht ausgeschlossen, dass die ungarische Wirtschaft ohne die Maßnahmen eine schlechtere Entwicklung genommen hätte. Dabei darf nicht vergessen werden, dass die Regierung an einer breiten Zäsur arbeitet, die sie gerade aus den Abhängigkeiten lösen soll, die vermeintlich »alternativlose« Wirtschaftsprogramme konfigurieren – wenn sie dabei auch immer häufiger taktische Konzessionen machen muss. Dieses Paradigma der Alternativlosigkeit scheint es auch zu sein, das häufig den Kritiken an der ungarischen Wirtschaftspolitik zugrunde liegt. Stein des Anstoßes scheint dabei in der Regel zu sein, *dass* die ungarische Regierung es anders macht als gewohnt. Dabei wäre – in Anbetracht der fragwürdigen Spielregeln der kapitalistischen Krisenwirtschaft, die Alternativen offensichtlich notwendig machen – vielmehr zu kritisieren, *wie* die Regierung Orbán es anders macht.

Und dies lenkt den Blick dann eben doch auf die qualitative Seite der ungarischen Wirtschafts- und Sozialpolitik, die Teil einer nationalistischen und autoritären Strategie ist. Es mag sich letztlich erweisen, dass die relative ökonomische Stabilität nur kurzfristig erkauft wurde und das Land mittelfristig in Bedrängnis kommt, wie es manche KritikerInnen sehen – Orbáns Vertraute allerdings sind sich sicher, dass ihre Arbeit »allmählich Früchte trägt«, wie es Parlamentspräsident László Kövér im Juli 2012 in einem Interview mit der rechtskonservativen Tageszeitung *Magyar Hírlap* formulierte. Die autoritäre Formierung jedoch wird bleiben. Gerade dieser Wandel in den sozialen Beziehungen, in denen sich die völkisch-autoritäre Ideologie materialisiert, lässt sich kaum in Zahlen fassen. Und für diese Dimension ist die europäische Öffentlichkeit regelrecht blind.

Es ist bezeichnend, dass viele KritikerInnen der Regierung Orbán fast ausschließlich aufschreien, wo sie ihre wirtschaftspolitischen Dogmen verletzt sehen. Auch die beklagte Autokratisierung Ungarns wird fast ausschließlich in den staatlichen Institutionen gesehen. Dabei spielt sie sich ebenso, vermutlich sogar nachhaltiger, in der sozioökonomischen Tiefe ab. Insbesondere die patriarchale Arbeitsmarktpolitik und die tendenziell ständische Reorganisation der Arbeitsbeziehungen dürften ihre Spuren hinterlassen. Die Fähigkeit zum sozialen Konflikt – in Ungarn, einem recht streikarmen Land, ohnehin nicht besonders ausgeprägt – könnte dadurch weiter gemindert werden und politischen Projektionen weichen.

Es ist eine wesentliche historische Erkenntnis, dass gerade Gesellschaften, in denen der »soziale Friede« dominiert – das gilt zum Teil auch für Deutschland –, besonders anfällig für innere und äußere Feindbilder oder für autoritäre Politiken sind. Auf diese Weise entlädt sich die soziale Unzufriedenheit, die sich in konservierten Klassengesellschaften aufstaut und mangels Konfliktaustragung kein Ventil findet. Der soziale Konflikt ist daher ein wesentliches zivilgesellschaftliches und demokratisches Moment, das nicht einfach durch öffentliche Meinungsäußerungen oder politische Demonstrationen kompensiert werden kann.

Hiermit ist eine wesentliche Gefahr aufgezeigt, die von der ungarischen Politik auch auf die europäischen Demokratien ausgehen könnte. Denn es sind keineswegs nur die »populistischen Scharfmacher«, die diese »von den Rändern« her bedrohen. Insofern die Krise die sozialen Verwerfungen des Kapitalismus und damit einhergehend die sozialen Konflikte verschärft, nimmt auch für die Regierungen der »politischen Mitte« die Herstellung von gesellschaftlicher Stabilität eine immer größere Rolle ein, was seinen Ausdruck etwa in der Aushebelung von Arbeiter-, Streik- und Gewerkschaftsrechten findet. Damit unterhöhlen sie – ob gewollt oder nicht – die demokratische Substanz und begünstigen autoritäre und nationalistische Formierungen. Orbáns wirtschaftliche Erfolge mögen sich in Grenzen halten, doch das Beispiel der von ihm geschaffenen, wenn auch prekären Stabilität Ungarns könnte jene Tendenzen noch verstärken.

Kapitel 4

Größenwahn im Karpatenbecken
Die ungarische Rechte und ihr Blick nach Außen

Von Andreas Koob, Holger Marcks & Magdalena Marsovszky

Als die ungarische Regierung im Januar 2011 die EU-Ratspräsidentschaft antrat, ließ sie sich etwas Besonderes einfallen: Im EU-Ratsgebäude ließ sie einen gigantischen Teppich verlegen, der unter anderem Ungarn in den Grenzen des Königreichs von 1848 zeigte. Der Teppich-Vorfall löste einige diplomatische Irritationen aus, insbesondere bei den Nachbarländern Ungarns, die darin einen Ausdruck großungarischer Ambitionen sahen. Auch der sozialdemokratische Europa-Abgeordnete und gegenwärtige Parlamentspräsident Martin Schulz brachte in einer Parlamentssitzung seine Besorgnis über eine solch rückwärtsgewandte Zeichensprache zum Ausdruck. Die Regierung Orbán jedoch beteuerte es handele sich lediglich um eine »Zeitlinie kultureller, historischer und wissenschaftlicher Symbole oder Bildnisse Ungarns«.

Es gibt einige gute Gründe, derlei Beteuerungen nicht gleich Glauben zu schenken. Denn der Teppich ist nicht die einzige Episode aus der gegenwärtigen ungarischen Politik, die für Verstimmung in den Nachbarländern gesorgt hat. Tatsächlich sind der politische Alltag und der öffentliche Diskurs regelrecht durchdrungen von großungarischen Bezügen, ja, die Regierung Orbán unternimmt sogar ganz konkrete Schritte in diesem Kontext. Wenn auch diese außenpolitischen Eskapaden zuweilen in den deutschen Medien auftauchen, so werden die damit verbundenen Bestrebungen doch insgesamt nicht besonders ernst genommen.

Größere Aufmerksamkeit erfuhren dagegen die Konflikte der Regierung Orbán mit der EU, wobei sich die medialen Wogen zuletzt wieder geglättet haben. Deutschland als wichtigstem Wirtschaftspartner Ungarns kam hierbei zweifellos eine bedeutende Rolle zu. Insbesondere die Unionsparteien ließen Orbán zuletzt einige Unterstützung zukommen. Glaubt man den Konservativen, so ist die internationale Debatte über die ungarische Politik weitestgehend von »Hysterie« geprägt. Doch wie gefährlich ist die Außenpolitik der Regierung Orbán wirklich? In welchem Verhältnis zur inneren Entwicklung Ungarns steht diese? Wie substantiell sind die

Konflikte mit der EU? Und befindet sich die deutsche Ungarnpolitik nicht womöglich doch auf dem Holzweg? Diesen Fragen soll nun im abschließenden Kapitel nachgegangen werden.

Immer wieder Trianon: Der Mythos von Großungarn und die Rolle der Auslandsungarn

Die Regierung Orbán war noch nicht einmal im Amt, da sorgte sie bereits für erheblichen Zündstoff in den Beziehungen mit den Nachbarländern Ungarns. Denn schon nach ihrem Wahlsieg ließen der Fidesz und seine Satellitenpartei KDNP keinen Zweifel daran, dass sie ein neues Staatsbürgerschaftsrecht etablieren wollen, dass sich auch auf die AuslandsungarInnen erstreckt. Orbán hatte bereits in den vorangegangen Jahren zunehmend den Friedensvertrag von Trianon (1920), durch den Ungarn den Großteil seiner Gebiete verlor, zum Thema gemacht und die »Wiederherstellung der nationalen Einheit« als Devise ausgegeben. Auch die faschistische Jobbik hatte dem Thema seit ihrer Gründung große Bedeutung beigemessen. So deklarierte sie in ihrem Wahlprogramm 2010 die »Wiedervereinigung der magyarischen Nation« als ihr wichtigstes Ziel und forderte die ungarische Staatsbürgerschaft für Auslandsungarn und eine Vertretung für diese im ungarischen Parlament.

Hintergrund dessen ist, dass viele UngarInnen nach dem Ersten Weltkrieg plötzlich StaatsbürgerInnen eines anderen Staates geworden waren. Ungarn stand damals als Teil der österreichisch-ungarischen Doppelmonarchie auf der Verliererseite und musste gemäß dem Vertrag von Trianon zwei Drittel seiner Gebiete abtreten. Neben den weniger als zehn Millionen ungarischen StaatsbürgerInnen und den sogenannten Diasporamagyaren, die überall auf der ganzen Welt verstreut sind (etwa 1,5 Mio.), zählen heute vor allem – nach dem ethnisch-völkischen Denken – etwa drei Millionen Menschen in den an Ungarn angrenzenden Staaten zum »Volkstum der Magyaren«.

Die größten ungarischen Minderheiten befinden sich derzeit in Rumänien (etwa 1,4 Mio.), der Slowakei (über 500.000), in Serbien (knapp 300.000) und der Ukraine (rund 150.000). Besonderen Stellenwert in der völkischen Lebensraumideologie genießt dabei die Region Siebenbürgen in Rumänien, das in der revanchistischen »Transsylvanischen Hymne« besungen wird. Dort im Südosten, dem Szeklerland (*Székelyföld*), leben allein

670.000 sogenannte Szekler, die einen eigenen ungarischen Dialekt sprechen. Größere Bedeutung kommt auch der Region zu, die als »Oberungarn« (*Felvidék*) verstanden wird: der heute in der Slowakei liegende Teil des einstigen ungarischen Reiches. Denn gerade das heutige Bratislava (*Pozsony*) spielte bei der Krönung ungarischer Könige einst eine wichtige Rolle.

Es ist nicht der erste revisionistische Anlauf seit dem Ende des Ersten Weltkriegs. Insbesondere in der Zwischenkriegszeit blühte schon einmal der Revanchismus in Ungarn und war die Herstellung der alten Grenzen ein zentrales Thema der ungarischen Politik. Unter dem protofaschistischen Reichsverweser Miklós Horthy und unter Mithilfe Hitlers und Mussolinis gelang es schließlich – über die »Wiener Schiedssprüche« –, »Oberungarn« und die Karpatenukraine (1938) sowie einen großen Teil Siebenbürgens (1940) zurückzuerhalten. 1941, mit der Beteiligung Ungarns an dem Angriffskrieg gegen Jugoslawien, folgten noch die Prekmurje (heute Slowenien) und Teile des heutigen Serbien.

In der Folgezeit des Zweiten Weltkriegs wurden die Annexionen freilich rückgängig gemacht und das im Vertrag von Trianon festgelegte »Rumpfungarn« – wie es manche bezeichnen – wieder hergestellt. Die Revision der Grenzen spielte dann länger keine große politische Rolle, blieb im politischen Bewusstsein vieler UngarInnen aber stets präsent. Insbesondere im vergangenen Jahrzehnt – mit dem Erstarken der neuen völkischen Bewegung (siehe Kapitel 1) – drängte das Thema dann mit ungeheurer Wucht auf die politische Tagesordnung zurück.

Nicht nur entstand zum Beispiel in Budapest ein »Trianonforschungsinstitut«, das eine Zeitschrift mit dem Untertitel »Historisches Magazin für Großungarn« herausgibt, auch Karten von Großungarn und Aufkleber mit markigen Sprüchen zur Ungerechtigkeit, die Ungarn widerfahren sei, entwickelten eine regelrechte Konjunktur. Zugleich hielten revisionistische Forderungen zunehmend Einzug in politische Programme, insbesondere in die der Jobbik. Bereits im Zuge der Europa-Wahlen von 2009, wo die Partei ihren ersten großen Erfolg erzielen konnte, äußerten Jobbik-VertreterInnen offen, dass sie die Aufhebung des Vertrags von Trianon anstreben, was einer Wiederherstellung von Großungarn gleich käme.

Schon zuvor hatte das völkische Lager um den Fidesz die »Heilige Ungarische Krone« zu einem festen Bezugspunkt in ihrer Ideologie gemacht. Dabei repräsentiert die Krone eben nicht nur eine Rückbesinnung auf traditionelle Werte, sondern auch und in erster Linie einen territorialen Anspruch auf das Gebiet des einstigen Königreichs Ungarn. Es ist bezeichnend für den Realitätsverlust des Irredentismus in Ungarn, dass die fischförmige Silhouette, die man häufig auf Aufklebern an ungarischen Autos entdecken kann, ausgerechnet die territoriale Dimension der einstigen Stephanskrone zeigt. So wie auch die Jobbik eine Totalrevision von Trianon fordert, werden damit nicht etwa nur diejenigen Gebiete beansprucht, in denen heute nennenswerte ungarische Minderheiten leben, sondern schlichtweg alles, was historisch zum Königreich zählte. Es geht also nicht nur darum, »die Hälfte unserer Brüder«, die »außerhalb des Vaterlandes« leben, »zurückzuholen, wie es – die Zahlenverhältnisse betreffend übrigens irreführend – in Jobbik-Kreisen heißt, sondern vielmehr um eine regelrechte Lebensraumideologie in Bezug auf das Karpatenbecken.

Das nationale Trauma um Trianon und die Forderung nach Grenzrevisionen ist für die ungarische Rechte ein mobilisierungsfähiges Thema. »Das Magyaren-Reich«, schrieb Erich Follath im *Spiegel*, »ist in diesem Gedankengebäude der ewige, zu Unrecht bestrafte Verlierer.« Das Thema eignet sich daher bestens, die Bevölkerung über die klassische Klientel rechtsextremer Parteien hinaus für völkische Ideen zu gewinnen. Die damit verbundene Projektion, ringsum von Feinden umgeben zu sein, dient gewissermaßen als ideologischer Kitt des völkischen Projekts.

Wie sehr dies der Fall ist, lässt sich sehr gut am Beispiel der Reform des Staatsbürgerschaftsrechts darstellen. Als die neue Regierung mit ihrem ersten Handlungsakt im Mai 2010 das neue Staatsbürgerschaftsgesetz verabschiedete, votierten dafür auch große Teile der oppositionellen SozialistInnen und Grünen, die sich offenbar auch nicht daran stoßen, wenn im Parlament die »Transsylvanische Hymne« gesungen wird. Auf diese Weise konnte ein Gesetz fast einstimmig verabschiedet werden, dem ganz offensichtlich das völkische »Recht des Blutes« (Ius-Sanguinis-Prinzip) zugrunde liegt.

Das im Januar 2011 in Kraft getretene Gesetz regelt, dass nunmehr potentiell jeder als ungarischer Staatsbürger verstanden wird, dessen Vorfahren »aus dem historischen Ungarn« stammen. Konkret bedeutet dies, dass Personen, die eine entsprechende »Blutslinie« nachweisen können, eine doppelte Staatsbürgerschaft erlangen können, ohne dass sie ihren Wohnsitz nach Ungarn verlegen müssen. Das Gesetz richtet sich vor allem an jene UngarInnen, die als Minderheiten in den Nachbarländern leben. Auch nach 90 Jahren gelten sie den Völkischen noch als der »magyarischen Kulturnation« zugehörig.

Damit realisierte die Regierung einen zentralen Programmpunkt, wie er auch von der Jobbik vorgetragen wurde. Eine weitere Forderung der Jobbik, den neuen StaatbürgerInnen auch das Wahlrecht bzw. eine parlamentarische Vertretung zu geben, wurde vom Fidesz zunächst abgelehnt. Letztlich wurde aber doch ein entsprechender Passus, der das Wahlrecht an einen Wohnsitz in Ungarn bindet, aus der Verfassung entfernt und beschlossen, dass die eingebürgerten AuslandsungarInnen künftig über die Landeslisten abstimmen können.

In erster Linie dient das neue Staatsbürgerschaftsrecht der völkischen Mobilisierung, mit der das »magyarische Volk« zusammengeschweißt und auf Feindbilder eingeschworen werden soll. Dies geht auch mit der Inszenierung eines Opfermythos rund um Trianon einher, etwa in Form des neuen Trianon-Gedenktages oder einer Trianon-Gedenkstätte (siehe Kapitel 1). Die neue Regierung sei verpflichtet, »die Schande von Trianon auszumerzen«, erklärte etwa Orbáns Stellvertreter als Premier, Zsolt Semjén von der KDNP, im Vorfeld der Verabschiedung des neuen Staatsbürgerschaftsrechts. Gerade Semjén scheint bemüht, das Land auf Feindbilder einzuschwören. So malte er anlässlich der Einweihung der Trianon-Gedenkstätte im Oktober 2011 eine regelrechte Dolchstoßlegende aus: »In Trianon wurden wir nicht vom äußeren Feind besiegt, sondern vom inneren Feind hinterrücks niedergestochen.« Und weiter: »Wir dürfen nicht zulassen, dass solch unfähige Politiker jemals wieder das Land führen. Denn unsere äußeren Feinde können uns nur besiegen, wenn Landesverräter uns von hinten angreifen.«

Allerdings richtet sich die Politik bezüglich der AuslandsungarInnen keineswegs nur nach innen im Sinne der völkischen Mobilisierung. Das Gesetz zur doppelten Staatsbürgerschaft wird auch als außenpolitisches Instrument eingesetzt. Das heißt, dass damit Menschen, die seit Langem in anderen Staaten leben, plötzlich politisch mobilisiert werden für die Interessen eines anderen Staates. Damit werden in den Nachbarstaaten soziale oder politische Konflikte verstärkt oder überhaupt erst geschürt. Samuel Salzborn nennt dies etwa eine »ethnopolitische Mobilisierung«. Er meint damit, dass auf diese Weise ethnische Konflikte heraufbeschworen werden, die gar nicht vorhanden waren. Dies führe zu gesellschaftlicher Desintegration und politischer Destabilisierung und bringe die Gefahr des Separatismus und damit des Zerfalls von demokratisch legitimierten politischen Systemen mit sich.

Tatsächlich hat die Regierung Orbán mit dieser Politik neue Konfliktpotentiale geschaffen. Insbesondere die Slowakei erblickte in dem neuen

Staatsbürgerschaftsrecht »reale Sicherheitsrisiken«, der sozialdemokratische Ministerpräsident Robert Fico sprach sogar von einer »Zeitbombe«. Dessen Regierung reagierte denn auch auf den ungarischen Vorstoß prompt mit einem eigenen Staatsbürgerschaftsgesetz. Demnach konnten Angehörige der Slowakischen Republik umgehend ihre slowakische Staatsbürgerschaft verlieren, sobald sie freiwillig eine andere beantragten. Die damit verbundenen diplomatischen Spannungen zwischen Ungarn und der Slowakei konnten zumindest zwischenzeitlich gelindert werden, da sich die ab Juli 2010 amtierende Regierung unter der Christdemokratin Iveta Radičová um ein Entgegenkommen bemühte. So wurde nicht nur das slowakische Staatsbürgerschaftsgesetz revidiert, es wurde auch ein Gesetz entschärft, das den Gebrauch der ungarischen Sprache in bestimmten Zusammenhängen unter Geldstrafe stellte.

Die Entspannung war aber nur von kurzer Dauer, zumal Fico durch vorgezogene Wahlen in der Slowakei im April 2012 erneut an die Macht kam. Dass die AuslandsungarInnen bei den nächsten Wahlen in Ungarn nun auch ein Wahlrecht haben sollen, hat die Situation nicht einfacher gemacht. Denn die ungarnkritische Regierung in Bratislava befürchtet, dass dadurch die Loyalität der slowakischen UngarInnen zum Staat untergraben würde. Kompliziert wird das Verhältnis auch dadurch, dass die Regierung Orbán die slowakische Ungarnpartei SMK als verlängerten Arm ihrer Politik nutzt: Die nationalistische Partei hatte in den bisherigen Streitigkeiten mit der Slowakei stets Öl ins Feuer gegossen. Die gemäßigte Abspaltung der SMK, die multiethnische und auf Ausgleich bedachte Most-Híd, wird dagegen von Orbán ignoriert und nicht anerkannt.

Ein ähnliches Problem lässt sich in Rumänien feststellen. Auch dort konkurrieren zwei Parteien der ungarischen Minderheit miteinander. Auf der einen Seite befindet sich die UDMR. Sie macht sich für eine kulturelle und territoriale Autonomie der ungarischen Minderheit stark und zieht regelmäßig ins rumänische Parlament ein. Dort bevorzugte sie bisher eine Strategie der Kooperation und beteiligt sich zuweilen an Regierungskoalitionen. Ihr gegenüber steht neuerdings die ECMP, die sogenannte Szekler-Partei unter Führung des Nationalisten László Tökés, die sich für die Separation Siebenbürgens von Rumänien einsetzt und deren Aufbau seit 2010 massiv von der Regierung Orbán gefördert wurde.

Das ungarische Staatsbürgerschaftsgesetz selbst hatte in Rumänien allerdings weniger Verstimmungen ausgelöst, verfügt das Land doch über eine ähnliche Regelung. Im Gegenteil, Ende 2010 kam es zunächst sogar zu Annäherungen zwischen Ungarn und Rumänien, bei denen der rumänische Staatspräsident Traian Băsescu einen Ausbau der Autonomie für die ungarische Minderheit in Aussicht stellte. Die Lage sollte sich jedoch deutlich verstimmen, als der Sozialdemokrat Victor Ponta im Mai 2012 das Amt des rumänischen Ministerpräsidenten übernahm. Dieser würde die Rechte der ungarischen Minderheit kappen wollen, schlug daraufhin die Regierung Orbán Alarm.

Ob Ponta derartiges wirklich vorhatte, darüber kann man nur spekulieren. Die ungarische Minderheit genoss zumindest zuletzt tatsächlich einen schlechten Ruf. Vorgeworfen wird ihr, in Form der UDMR mehrfach als Mehrheitsbeschafferin für konservative Regierungen fungiert und dabei ihre eigenen Interessen geltend gemacht zu haben. In jedem Fall trug die Regierung Orbán in der Folgezeit erheblich dazu bei, dass die UngarInnen in Rumänien letztlich wirklich unter Druck gerieten. Für das Referendum im Juli über die Enthebung des Staatspräsidenten Băsescu – im Zuge des Machtkampfes zwischen diesem und Ponta – rief Orbán nämlich die ungarische Minderheit zum Boykott der Abstimmung auf. Diese verfehlte in der Folge das notwendige Quorum knapp, weswegen Băsescu im Amt blieb. Tatsächlich war die äußerst niedrige Beteiligung der ungarischen Minderheit dabei ausschlaggebend. Ponta warf daraufhin der Regierung Orbán eine »massive Einmischung in die inneren Angelegenheiten Rumäniens« vor.

Bereits Ende Mai war es zu ersten Konflikten gekommen, als sich die Regierung Orbán mit der geplanten Urnenbeisetzung des nationalsozialistischen Literaten und Pfeilkreuzlers József Nyírő (1889–1953) in dessen siebenbürgischer Heimat eine deutliche Provokation erlaubte. Die Zeremonie wurde vom Fidesz, der KDNP und der Jobbik initiiert und sollte eigentlich am Pfingstsonntag stattfinden, was allerdings durch die rumänischen Behörden untersagt wurde, unter anderem weil man keinen »Wallfahrtsort für Rechtsextremisten« wünsche. Die Anwesenden, darunter auch Jobbik-Chef Gábor Vona, mussten sich daher mit einer Gedenkveranstaltung zufrieden geben. Auf dieser sprach der ungarische Parlamentspräsident László Kövér, der die »spirituelle Kraft« des mittlerweile in Ungarn wieder angesehenen Nyírő (siehe auch Kapitel 1) lobte. Ponta warf daraufhin Kövér vor, mit seinem Auftritt, der übrigens auch dessen Ausladung zum 100. Geburtstag des schwedischen Diplomaten Raoul Wallenberg in Israel zur Folge hatte, Wahlkampf für Rechtsextreme in Ungarn betrieben zu haben.

Auf diese Weise haben sich die Beziehungen zwischen Ungarn und Rumänien deutlich verschlechtert. Auch die ungarische Minderheit könnte im nächsten rumänischen Wahlkampf in Mitleidenschaft gezogen werden, sollte in diesem die »nationale Karte« gezogen werden, wie die Online-Zeitung *Pester Lloyd* spekuliert. Gerade eine solche Eskalation scheint die Regierung Orbán allerdings heraufbeschwören zu wollen. Nach wie vor hält sie an der Bestattung Nyírős in Siebenbürgen fest, und der staatliche Medienfonds MTVA verkündete bereits, die »Mittel für die Entwicklung und Unterstützung ethnisch-ungarischer Radio- und Fernsehsender im Karpatenbecken verdoppeln« zu wollen. Wie viel davon Kalkül ist und wie viel davon eine ideologische Eigendynamik, sei dahin gestellt. In jedem Falle sind der völkischen Bewegung die großungarischen Bezugnahmen eine Herzensangelegenheit, die sie gerne überall nach außen kehrt – ohne Rücksicht auf diplomatische Gepflogenheiten.

Worauf die Politik in Bezug auf die AuslandsungarInnen hinauslaufen soll, ist nicht ganz klar. Zsolt Németh etwa, der seit Längerem als Nachfolger des gegenwärtigen Außenministers János Martonyi gehandelt wird, ist Befürworter einer weitreichenden, das heißt einer kulturellen und territorialen Autonomie. (Wobei anzumerken ist, dass die ungarischen Minderheiten in Rumänien und der Slowakei bereits gewisse kulturelle Sonderrechte genießen, in der serbischen Vojvodina und der slowenischen Prekmurje sogar über eine bestimmte Autonomie.) Auf der anderen Seite ist im Fidesz schon mal die Rede von einer »allkarpatischen ungarischen Staatsbürgerschaft«. Ähnlich sieht es bei der Jobbik aus, die für Großungarn trommelt. Die Partei verlangt als »Minimum« zumindest »eine Sicherstellung der Selbstbestimmung der Gebiete von Auslandsungarn«, wie es etwa Tamás Gaudi-Nagy 2010 formulierte. Dieser gab auch zu verstehen, dass »im jeweiligen Fall auch eine Grenzänderung durch eine Volksabstimmung vorgenommen werden« könne. Außerdem erklärte er, dass Ungarn dafür »eine starke Armee« benötige.

Unabhängig davon, wie realistisch solche Ambitionen sind, ist auch unklar, wie das die betroffenen AuslandsungarInnen mehrheitlich sehen. Allein schon in Bezug auf das Staatsbürgerschaftsrecht scheint die Stimmung durchwachsen zu sein. Allein im ersten Jahr hatte die Regierung Orbán mit bis zu 400.000 Anträgen gerechnet, eine Zielvorgabe, an deren realistischen Gehalt sie offenbar schon früh selbst zweifelte. Zumindest sah sie sich Ende 2010 genötigt, eine massive Werbekampagne für die neue Staatsbürgerschaft zu starten. Und auch der damalige Staatspräsident Pál Schmitt forderte im Januar 2011 die slowakischen UngarInnen eindringlich zur Annahme der Staatsbürgerschaft auf, weil sich deren Interesse daran als begrenzt erwies. Bis heute haben dann doch knapp 320.000 Menschen einen Antrag gestellt, insbesondere aus Transsylvanien und der Vojvodina. Das neue Ziel der Regierung ist nunmehr, bis zum Ende der Legislaturperiode 500.000 neue UngarInnen vorweisen zu können.

Ein Blick in die Prekmurje mag sinnbildlich für das Verhältnis der AuslandsungarInnen zu den Regierungsambitionen sein. Die etwa 6.500 ungarischen SlowenInnen haben, wie die italienischen SlowenInnen, den Status einer »autochthonen« Minderheit und verfügen über einen eigenen Sitz im slowenischen Parlament. In Lendava, dem Zentrum der ungarischen Minderheit in Slowenien, haben sie eine Art Selbstverwaltung eingerichtet, die über zahlreiche Autonomierechte verfügt und sich um die Belange der ungarischen Minderheit kümmert. Dennoch ist man, wir ihr Vorsitzender Ferenc Horváth gegenüber der Wochenzeitung *Jungle World* darlegte, nicht ganz zufrieden. Manche Gesetze würden nicht vollständig umgesetzt. So sei etwa nicht alles, wie vorgesehen, zweisprachig ausgeschildert. Es gebe noch andere Probleme, konkreter will Ferenc aber nicht werden. Stattdessen beklagt er, dass bei der jungen Generation das Bewusstsein für die ungarische Tradition zurückgegangen sei. Dass viele von ihnen aufgrund der regionalen Wirtschaftslage wegziehen, erschwere es zusätzlich, diese Tradition am Leben zu erhalten.

Zuletzt habe die Institution verstärkt die Zusammenarbeit mit den ungarischen Grenzregionen gesucht, sagt Ferenc. Auch mit ungarischen Minderheiten in anderen Ländern stehe man in Kontakt. Ob man sich in Lendava lieber wieder Ungarn anschließen möchte, mag Ferenc nicht so recht beantworten. Das sei derzeit doch »nicht machbar«, druckst er ein wenig herum. Die Dekoration in der Behörde erweckt zumindest einen anderen Eindruck. Überall ist die Silhouette Großungarns zu sehen, und demonstrativ steht auf einem der zahlreichen Aufkleber: »Justice for Hungary«, so wie generell Tafeln zur Geschichte Ungarns und vor allem Trianon die Atmosphäre prägen. Wie sehr das revisionistische Gedankengut in der Mitte der ungarischen Gesellschaft angekommen ist, bekommt man auch in Lendava zu spüren.

Ferenc ist vorsichtig. Die Journalisten suchten häufig Skandale und verdrehten einem die Worte im Mund, sagt er, ihm aber gehe es nur um Tradition und Kultur. Ob die Skepsis angesichts der revisionistischen Entwicklung in Ungarn nicht verständlich sei? Auch dieser Frage weicht er aus. »Im Krieg passieren immer schlimme Dinge auf beiden Seiten«, sagt er. Nach 90 Jahren müsse man das etwas gelassener sehen. Dass Ungarn noch vor 70 Jahren gemeinsam mit Hitler und Mussolini über Slowenien hergefallen ist, scheint er nicht zu bedenken. Die im Ort befindlichen Relikte jüdischen Lebens, das es hier einst gab und das im Zuge jenes Überfalls ausgelöscht wurde, müssten ihn eigentlich täglich daran erinnern.

Und so bleiben die slowenischen AuslandsungarInnen ein kleines Rätsel. Obwohl in der von ihnen gewählten Behörde die Referenzen auf Großungarn allgegenwärtig sind, lassen sich klare Bekenntnisse zu eben diesem nur selten entlocken. Ähnlich diskrepant sieht es in Rumänien aus. Obwohl die UDMR eher als gemäßigt gilt und – im Gegensatz zur separatistischen Szekler-Partei – eher für Autonomierechte der Minderheit eintritt, ist auch in ihren Reihen die großungarische Identität präsent. So ließ die Partei etwa im Jahr 2010 – anlässlich des 90. Jahrestags von Trianon – einen Schulwettbewerb zum Thema »Ungarische Nation ohne Grenzen« durchführen. Kinder aus 21 Schulklassen malten dabei Bilder und Karten, die zumeist Siebenbürgen als Teil eines Großungarns zeigten.

Der großungarische Geist scheint unter den AuslandsungarInnen also irgendwie da, mit offensiven Vorstößen hält man sich aber meist zurück. Großungarische Ambitionen werden oftmals nur hinter vorgehaltener Hand ausgesprochen. Sicherlich mag dabei eine Rolle spielen, dass man in den jeweiligen Ländern, in denen einige Menschen den ungarischen Minderheiten zuweilen durchaus misstrauisch gegenüber stehen, keine Vorwände liefern möchte, als »fünfte Kolonne« Orbáns diffamiert zu werden. Womöglich steht ihnen auch gar nicht der Sinn nach härteren Konflikten und sie begnügen sich mit der Identitätspolitik. Auf jeden Fall scheint es so, als werde Großungarn als kulturelle Dimension bei vielen AuslandsungarInnen durchaus mitgedacht. Welche politischen Konsequenzen jedoch daraus zu ziehen sind, in dieser Frage wirken sie abwartend bis wankelmütig.

Turan, Turan: Das Verhältnis der ungarischen Rechten zu Ost und West

Man wolle in Zukunft stärker nach Zentralasien blicken, statt in Europa nur eine »sekundäre Rolle« zu spielen, war aus Regierungskreisen gleich nach dem Amtsantritt Orbáns zu vernehmen. Dass diese Äußerungen gerade von Kulturstaatssekretär Géza Szőcs stammen, deutet bereits darauf hin, dass die Hinwendung gen Osten nicht einfach nur auf ökonomischen Überlegungen basiert, um Ungarn aus der Abhängigkeit von westlichen

Wirtschaftsstrukturen zu lösen (siehe dazu Kapitel 3). Ihr liegt auch ein kulturalistisches und ethnisierendes Weltbild zugrunde, das von Rassen- und Kulturtheorien nur so strotzt. Szőcs etwa vertritt die Auffassung, dass die »zentralasiatischen Völker« – darunter etwa die Länder Kasachstan, Kirgisistan, Usbekistan und Turkmenistan – mit den Magyaren »verwandt« seien. Er sah es daher als Aufgabe seines Fachbereiches an, die gegenseitigen kulturellen Beziehungen zu stärken und den »Brudervölkern« eine Brücke zu bieten, um ihre Interessen in Europa besser vertreten zu können. Szőcs war es auch, der eine Forschunsgruppe einrichten wollte, die mit einer DNA-Analyse dem Ursprung der Magyaren nachgehen sollte.

Der inzwischen von seinem Amt zurückgetretene Szőcs ist keineswegs ein Einzelfall. Mit ihm hat es nicht etwa ein Rassentheologe irgendwie in ein Amt geschafft. Er personifiziert vielmehr eine Rassentheologie, die generell in der ungarischen Rechten vorherrscht: der sogenannte Turanismus. Der Historiker Krisztián Ungváry schreibt dazu: »Manche Forscher verwendeten den Begriff ›turanisch‹ nur noch im geographischen Sinne und bezeichneten damit bestimmte Völker Südosteuropas, der Türkei, des Irans und Zentralasiens. Der politische Turanismus lebte jedoch insofern weiter, als er auch eine ethnisch-kulturelle Zusammengehörigkeit zwischen diesen Völkern voraussetzt. Im Allgemeinen lässt sich feststellen, dass unter Turanismus eine Hinwendung zu den asiatischen Ursprüngen der ungarischen Zivilisation und Kultur zu verstehen ist«.

Schon die bisherigen Blütezeiten dieser angenommenen turanischen Identität verdeutlichen deren Hang zum Nationalistischen und Völkischen. So erlebte die Denkweise im Zusammenhang mit den Feierlichkeiten der 1.000-jährigen Landnahme Ungarns im Jahr 1896 ihr erstes großes Hoch, ebbte dann wieder ab, bis sie nach dem Vertrag von Trianon wieder an Popularität gewann. Für ihre AnhängerInnen diente sie als eine Art Kompensation, mit der die ideologische Abkehr vom als enttäuschend bis feindlich empfundenen Westen ermöglicht wurde. Denn, so Ungváry weiter: »Hinter der Idee des Turanismus steckt ... neben nationalem Größenwahn auch die Ablehnung des europäischen Abendlandes«. Wie auch andere politische Elemente der Zwischenkriegsjahre erlebt der Turanismus gegenwärtig ein Revival.

Als sichtbarstes Symbol der turanistischen Ideologie kann der Turul-Vogel gelten, ein dem Adler bzw. dem Falken ähnliches, sagenumwobenes Tier der ungarischen Mythologie: Der Vogel, so die Legende, habe die Magyaren von Osten aus dem imaginären Ort Turan kommend in ihr späteres Staatsgebiet geführt. Auch deshalb genoss das Symbol einen zentralen Stellenwert in der Ideologie der faschistischen Pfeilkreuzler. Denkmäler, die dem Vogel huldigen, finden sich heute etwa im Ort Tatabánya und seit 2005 auch in Budapest, wo auf lokale Initiative des Fidesz-Bürgermeisters des zwölften Bezirks ein Platz umgestaltet wurde (siehe Kapitel 1). Erst kürzlich wurde eine neue Turul-Statue in Ópusztaszer von Orbán persönlich eingeweiht, die die »Blutsgemeinschaft« der Magyaren symbolisieren möge. Auch an privaten Häusern kann man den Turul immer wieder entdecken, so wie das Symbol überhaupt als Devotionalie äußerst beliebt ist.

Wie auch andere Symbole der ungarischen Rechten verweist der Turul auf die historische Kontinuität des Magyarentums und darüber hinaus auf die turanistische »Abstammungslehre«, die die Annahme von einem sibirischen Ursprung der finno-ugrischen Völker verwirft und vielmehr von einer skythischen Herkunft ausgeht, die im zentralasiatischen Raum ihren Ausgangspunkt habe. Der als völkisch einzustufende Kult zeigt sich mitunter in folkloristischen und rituellen Allüren: Runenschrift, Reiterkostüme und Schamanenkult. Selbst im Parlament wurde im März 2011 zum Schutz der »Heiligen Ungarischen Krone« ein schamanisches Tanzritual abgehalten. Und all dies ist theoretisch noch steigerbar. »1929 gab es schon Kritiker, die vor Konsequenzen warnten, sich nicht nach Europa hin zum Westen zu orientieren, sondern einen nie da gewesenen Bauernstaat zu ersehnen«, schreibt der Historiker Gergely Varga. Als Alternative wurde die Vision der »Großturanischen Vereinigten Staaten, die von Budapest bis Tokio reichen«, ausgemalt.

Wird von »Brüdervölkern« im Osten gesprochen, wie etwa dem Iran, knüpft das an genau diese Rassentheologie an. Damit entbehrt das rechtsextreme Weltbild in Ungarn jener islamophoben Muster, wie sie für manche rechte Parteien in Westeuropa durchaus typisch erscheinen (siehe dazu auch unten). Anknüpfungspunkte lassen sich stattdessen bei der pantürkischen Ideologie der »Grauen Wölfe« finden, wie sich die AnhängerInnen der faschistischen türkischen Partei MHP nennen. Auch sie pflegen den turanischen Abstammungsmythos. Einen leichten Knacks erhalten derlei Affinitäten zum Osten allerdings durch die bis heute als traumatische Niederlage tradierte Schlacht von Mohács im Jahr 1526, nach der Ungarn unter osmanischem Mandat stand. In reaktionär-verschwörerischen Auffassungen wird das Ereignis als Anbeginn einer Kontinuität von Besatzungen durch fremde Mächte angesehen, denen Ungarn zum Opfer fiel. Hier wird – wie für westliche Diskurse durchaus üblich – das Barbarische auf die östlichen Türken projiziert und erscheint Ungarn als europäische Bastion gegenüber dem türkischen Einfluss. Dazu passt auch das gern bemühte Selbstbild als westliche Vorhut gegenüber dem nicht-westlichen Balkan. Ungarns Ost-West-Verhältnis lässt sich also nicht nur aus einer einzigen Warte beschreiben.

Für das gegenwärtige Oszillieren zwischen Ost und West lässt sich aber festhalten, dass sowohl die Parteien der Regierungskoalition als auch Jobbik »antiwestlich« eingestellt sind – mehr oder weniger. Das heißt, sie verurteilen die westeuropäischen Gesellschaften aufgrund ihres vermeintlichen »Hedonismus« und propagieren eine deutliche, für die völkische Ideologie in Ungarn so typische »Hinwendung zum Osten«, sowohl auf der kulturellen als auch auf der politischen Ebene. Der *Pester Lloyd* hält dazu fest: »Der Ostmythos wird von der extremen Rechten als Gegenkultur zum dekadenten, [angeblich] judenverseuchten Westen entwickelt.«

Bei der Jobbik war bereits seit 2003 eine Annäherung an arabische Länder oder islamische Fundamentalisten zu beobachten. So gibt es zum Beispiel einen regelmäßigen Austausch zwischen der Jobbik und dem Botschafter des Iran in Ungarn. Die Europa-Abgeordnete Krisztina Morvai (Jobbik) nahm etwa im März 2009 – damals noch als Kandidatin für das Europa-Parlament – an einem Treffen in Teheran teil, das in den Medien unter der Bezeichnung »Holocaustleugnungskonferenz« bekannt geworden ist: der »Vierten Internationalen Konferenz zur Unterstützung der Palästinenser«. Im unmittelbar folgenden Wahlkampf lancierte Morvai den Wahlspruch: »Damit wir nicht zu Palästinensern in der eigenen Heimat werden«. Dabei handelt es sich um einen von der Jobbik oft bemühten Vergleich, der verschwörerisch mit dem Konstrukt eines dominanten jüdischen bzw. israelischen Einflusses in Ungarn argumentiert. Sie geht dabei sogar so weit, zu behaupten, dass Israel Ungarn »aufkaufen« wolle bzw. dies bereits getan habe. Diese Verschwörungstheorie spiegelt sich auch in der rassistischen Grundstimmung im Land wider: Einer Umfrage des Tárki-Instituts zufolge befürchtet ein nicht unwesentlicher Teil der ungarischen Bevölkerung eine »große Einwanderungswelle« unter anderem von Israelis.

In derlei Weltsichten fügt sich die Verbindung zur iranischen Regierung nur allzu gut. Eine solche Annäherung gibt es auch von Seiten des Fidesz. Trotz der kritischen Haltung der EU zum Iran hat der ungarische Außenminister Martonyi im November 2010 – kurz vor Beginn der ungarischen EU-Ratspräsidentschaft – den stellvertretenden iranischen Außenminister

Ali Ahani offiziell empfangen. Sie unterhielten sich über die internationale Beurteilung des Iran und über die Intensivierung der künftigen bilateralen Beziehungen zwischen den beiden Ländern. Mit Ahani führte das Fidesz-nahe *Echo TV* sogar ein längeres Interview.

Das regierungskritische Blog *Pusztaranger* hat den Themenkomplex mit einer detaillierten Recherche aufbereitet, die unter anderem über den Besuch einer 23-köpfigen Delegation aus dem Iran in Ungarn berichtet. In Ungarn lebenden iranischen Geschäftsleuten und Jobbik-PolitikerInnen kam dabei eine Schlüsselrolle zu. Allerdings war auch der Fidesz in das Besuchsprogramm jener Delegation involviert, etwa in Form eines Empfangs beim Fidesz-Bürgermeister von Gyöngyös oder mit der Präsenz des Budapester Oberbürgermeisters István Tarlós beim Rahmenprogramm in der Hauptstadt. Was sich ideologisch nicht auszuschließen scheint, scheint zudem auch wirtschaftsstrategisch lukrativ (siehe Kapitel 3).

Inwiefern diese Verwicklungen sich auch im Bezug auf den Fidesz als explizite Nähe zum Turanismus lesen lassen, sei dahingestellt. Zumindest hatte die Partei schon während der ersten Amtszeit Orbáns (1998-2002) keine Berührungsängste gegenüber solch kruden Abstammungstheorien. So war damals mit László Grespik ein »postmoderner Rassentheoretiker« zum Staatssekretär ernannt worden, wie es Wolfgang Klotz in einem Papier der Heinrich-Böll-Stiftung kommentiert. Was darunter zu verstehen ist, kann man in einem Aufsatz Grespiks für die rechte Wochenzeitschrift *Magyar Demokrata* nachlesen: »Während die DNS der menschlichen Rasse innerhalb einer gegebenen Länge zwei bis drei Drehungen aufweist, weist die der ungarischen Rasse neun Drehungen auf ..., was wiederum mit der Drehzahl des vom Stern Sirius auf die Erde kommenden Lichts identisch ist. Aus dieser Tatsache resultiert der kosmische Ursprung der ungarischen Intelligenz, der ungarischen Seele und des ungarischen Geistes und darauf ist die Auserwähltheit des ungarischen Volkes zurückzuführen.«

Als nicht unbedeutend für das Ost-West-Verhältnis Ungarns sind auch die EU-skeptischen Äußerungen Orbáns im Kontext der Wirtschaftskrise zu erachten, die eine klare Stoßrichtung aufweisen: »Nicht derjenige vertritt die wahren Interessen seiner Nation, der sich weiterhin der Blocklogik entsprechend verhält und permanent vor dem Wertesystem eines Bündnisses kapituliert ... Derjenige dient vielmehr den Interessen seiner Nation am besten, der ... daran arbeitet, wie man vorteilhafte und tiefe Kooperationen mit jenen Ländern etablieren kann, die nicht mit uns in ein gemeinsames Bündnissystem gehören.« So zitiert die Publizistin Krisztina Koenen eine

Rede Orbáns vor den LeiterInnen der ungarischen Außenvertretungen im August 2011. Eine gute Außenpolitik, so Orbán weiter, stelle die transatlantischen Beziehungen nicht in Frage, knüpfe aber tiefe Verbindungen zu China, Russland und zur arabischen Welt.

Dass es dabei nicht um realpolitische Nuancen, sondern auch um einen angestrebten Paradigmenwechsel geht, verdeutlicht Koenen mit Orbáns eigener Rhetorik: »Wir müssen wegen des Zusammenbruchs der alten Welt nicht traurig sein ... Denn sie war eher Gefängnis als ein Zuhause, bestenfalls ein Zwangsaufenthalt für die ungarische Nation«, so Orbán vor rumänischen AuslandsungarInnen im Juli 2011. Nach klassischer Diplomatie klingt das jedenfalls nicht. Diese klaren Distanzierungen muten janusköpfig an, vor allem da Orbán zugleich immer wieder betont, dass er ein Anhänger Europas sei. Dies gilt allerdings nicht für das Konzept eines bundesstaatlichen Europas. Orbán treibt vielmehr der rechte Leitgedanke eines »Europas der Nationen« an.

»Nationen ohne Charakter und Ambitionen«, monierte Orbán im Interview mit der *Frankfurter Allgemeinen Sonntagszeitung*, »vermögen die europäische Gemeinschaft nicht groß zu machen.« Und weiter: »Wir kommen nicht umhin festzustellen, dass diejenigen, die jetzt emporkommen, mutig zu ihrer geistigen Identität stehen: der Islam zum Islam, die östlichen Völker zu ihren östlichen Traditionen und zu ihrem geistigen System. Dabei geht es nicht nur um Gott, sondern auch um die Kultur, die vom jeweiligen traditionellen Glauben geprägt wurde. Wir aber verzichten auf die Kraft, die aus der Tatsache stammt, dass dies die Welt der christlichen Kultur ist«. Hiermit erklärt sich ein stückweit die Affinität der Regierung Orbán zu den islamischen Ländern, aber auch zum formalkommunistischen China. Sie mögen religiös und ideologisch im Widerspruch zu Orbáns christlichen und antikommunistischen Leitsprüchen stehen, für ihre kulturelle Geschlossenheit aber bewundert er sie.

Orbáns Aussagen lassen sich als klarer Appell für einen Kurs nationalistischer bzw. kulturalistischer Identitätspolitik verstehen. Er stellt diesen regelrecht als alternativlos dar. Dabei sind es weniger die Zukunftsaussichten, sondern vielmehr eklatante Gefährdungsszenarien, mit denen die Regierung Orbán perspektivisch kalkuliert. So propagiert sie derlei nationale Absichten vor allem im Kontext der wirtschaftspolitischen Orientierung, und zwar als Gegenpol zur europäischen Krisenpolitik: »Europa ist wie Alkohol«, zitiert die österreichische Zeitung *Der Standard* aus Orbáns »Rede zur Lage der Nation« im Februar 2012. »Es inspiriert uns zu großen

Zielen, doch zugleich hindert es uns an ihrem Erreichen.« Orbán ist sich sicher, dass die EU beim Krisenmanagement versagt habe und hält es daher für geboten, sich erst einmal nicht zu sehr an Europa zu binden, wie er auch in einem Interview mit *Die Presse* im Juni 2012 darlegte.

Was die Gegenstrategie oder zumindest die Optionen für Ungarn sein könnten, um den wirtschaftlichen und politischen Herausforderungen zu begegnen, wird dann tatsächlich auch mit Elementen des Ostmythos beantwortet. Das zeigt sich nicht nur außenpolitisch, sondern auch innenpolitisch: »Um bei einem ›halb-asiatischen Volk‹ wie den Ungarn ›Einheit‹ herzustellen, sei ›Kraft‹ notwendig. ›Das schließt Konsultationen, Debatten oder die Demokratie nicht aus, aber eine zentrale Kraft ist nötig‹.« So gibt der Nachrichtensender *N24* Orbáns jüngste Äußerungen aus dem Juli 2012 wieder. Hier wird interessanterweise der mythologische Abstammungsgedanke angeführt, um den UngarInnen ein gewisses Defizit anzulasten, und letztlich umgemünzt, um erfolgte und beabsichtigte demokratische Einschnitte zu legitimieren. Damit rekapituliert Orbán nicht zuletzt kulturalistisch-essenzialisierende oder gar biologistische Denkmuster, die seinen Blick auf nicht demokratisch verfasste Gesellschaften jenseits Europas bestimmen.

Die Nähe, die die Regierung Orbán neuerdings zu Polen und anderen »postkommunistischen Ländern« empfindet, lässt sich dagegen als verhältnismäßig milde Positionierung innerhalb der weit zu fassenden Ost-West-Skalierung ungarischer Politik werten. Zum Ausdruck gebracht wurde sie, nachdem die Regierung Orbán im Streit mit der EU Anfang 2012 Unterstützung aus verschiedenen osteuropäischen Ländern erhalten hatte. Polens Regierungschef Donald Tusk etwa hatte nach Orbáns Auftritt vor dem Europa-Parlament (siehe unten) die ungarische Regierung in Schutz genommen. Er sprach von einer »hysterischen Stimmung im Europäischen Parlament«. Dies wurde in Budapest freudig vernommen. Sinngemäß hieß es, Ungarn sei nicht völlig isoliert, und ohnehin würden die postkommunistischen Länder die Probleme Ungarns besser verstehen. »Hoch lebe Litauen, hoch lebe Polen«, verkündete Orbán dann auch in seiner schon erwähnten »Rede zur Lage der Nation«.

Eine solche Nähe begründet Orbán allerdings nicht nur historisch. Gegenwärtig betont er auch gerne die Stärke der zentraleuropäischen Länder, die Krise zu meistern. Tatsächlich sind, so wie schon »Merkozy«, die sogenannten Visegrád-Vier-Staaten – dazu zählen neben Ungarn noch Polen, Tschechien und die Slowakei – darum bemüht, sich bei europapolitischen Vorhaben abzustimmen. Immerhin entspricht innerhalb des EU-Ministerrates ihre gemeinsame Stimmenzahl der von Deutschland und Frankreich. Insofern ist Ungarn keineswegs so unbeteiligt an jener Politik, der das Land öffentlich den Rücken kehrt, gegen die es polemisiert oder die es gar dämonisiert.

Fehle innerhalb der EU-Politik der Spielraum für solche spezifisch regionale Politiken, argumentiert die Regierung Orbán, so befördere genau dies die allgemeine Missgunst gegenüber der EU und zugleich die »Renaissance des Nationalstaats«. Dass darin jedoch unlängst keine Drohung mehr besteht, sondern dieser Wandel in Ungarn ohnehin vollzogen wird, daran lässt die gegenwärtige Fidesz-Politik keinen Zweifel. Wie schon dargelegt sorgte etwa das Gesetz zur doppelten Staatsbürgerschaft für einige Unstimmigkeiten in den Beziehungen zur Slowakei – postkommunistisches Erbe hin oder her. Es ist und bleibt eben widersprüchlich.

In Polen wiederum speist sich der aktivere Rückhalt gegenüber der Regierung Orbán auch weniger aus der Anhängerschaft der amtierenden Regierung Tusk als aus dem Umfeld des abgewählten, rechtsnationalen Ministerpräsidenten Jaroslaw Kaczinsky. So bekundete die rechte Zeitung *Gazeta Polska*, zum ungarischen Nationalfeiertag im März 2012 – der noch ganz unter dem Eindruck des Streits mit der EU stand – mehrere tausend polnische UnterstützerInnen nach Budapest mobilisieren zu wollen. Tatsächlich fanden sich dem *Pester Lloyd* zufolge »einige Tausend Polen aus dem Kaczyński-Lager sowie weitere Demotouristen aus Litauen [und] der Slowakei« dort ein.

Mit dem polarisierenden und unverdrossenen Kaczinsky hätten sich für Orbán sicher noch mehr Anknüpfungspunkte für eine zentraleuropäische Diplomatie ergeben. In Ungarn jedenfalls scheint sich die »ethnonationale Wende« (siehe Kapitel 1) auch so unentwegt fortzusetzen. Da dürfte es schwer fallen, einen Kompass anzulegen. Denn die politische Landkarte verschiebt sich und wird dabei von revisionistisch-völkischen Bestrebungen in Schwung gehalten.

Gegen das »neue Moskau«: Ungarns Konflikte mit der EU

Wenn das Europa-Parlament tagt, kann man sich üblicherweise auf eine ermüdende Veranstaltung einstellen. Nicht so Mitte Januar 2012, als sich Orbán in Straßburg an einer Debatte über die politischen Entwicklungen in Ungarn beteiligte. Wenige Tage zuvor hatte die EU-Kommission mehrere Vertragsverletzungsverfahren gegen das Land eingeleitet, insbesondere wegen des umstrittenen Notenbankgesetzes. Bereits in den vorangegangenen Monaten war die Regierung Orbán wegen ihrer Wirtschaftspolitik international unter Druck geraten und ersetzte ihre ohnehin martialische Rhetorik zunehmend durch ein regelrechtes Kriegsgeschrei. Insofern war ein heftiger Schlagabtausch zu erwarten. Orbán, der sich als erster europäischer Regierungschef einer solchen Debatte in Straßburg stellte, war die Aufmerksamkeit sicher. Es war gewissermaßen der bisherige Höhepunkt der Auseinandersetzungen Ungarns mit der EU. Und es war auch eine kleine Trendwende, weil Orbán mit seinem Auftritt durchaus einige UnterstützerInnen gewinnen konnte.

Doch der Reihe nach: Als Orbán Mitte 2010 an die Macht kam, gab sich die EU-Kommission noch vertrauensvoll. Die Lage Ungarns sei zwar instabil, man sei aber zuversichtlich, dass die neue Regierung die Haushaltskonsolidierung vorantreiben werde, erklärte etwa Kommissionschef José Manuel Barroso nach einem Gespräch mit Orbán Anfang Juni. Doch schon bald kam es zu ersten Verstimmungen, etwa wegen der Krisensondersteuern und dem Umgang der ungarischen Regierung mit dem IWF (siehe dazu Kapitel 3). Nicht nur kamen Zweifel auf, ob Ungarn wirklich eine solide Haushaltpolitik garantieren könne, auch ein möglicher Rückzug von Banken aus Ungarn sorgte für Verunsicherung, was im Herbst zu ersten Ermahnungen durch die Rating-Agenturen führte. So warnte etwa im September 2010 *Standard & Poor's* davor, dass Ungarn der Verlust des Investmentgrades drohe und das Land zu einem »Fallen Angel« degradiert werden könne.

Schon früh sah sich daher die Regierung veranlasst, insbesondere ihre Haushaltspolitik international zu rechtfertigen. Bereits im Juni 2010 hatten Orbán und sein Volkswirtschaftsminister Matolcsy bei einem Treffen des *International Institute of Finance* in Wien – unter den TeilnehmerInnen war auch EZB-Chef Jean-Claude Trichet – um Verständnis für anstehende Maßnahmen geworben, indem sie auf die besonders schwierige, von den Vorgängerregierungen zu verantwortende Haushaltslage Ungarns verwiesen. Und in den folgenden Monaten erklärte man immer wieder, dass für diese auch die EU und der IWF eine Mitschuld tragen würden. Überhaupt fühle man sich, legte etwa der Staatssekretär im Wirtschaftsministerium Zoltán Cséfalvay dar, von der EU ungerecht behandelt, wenn sie nun auf die Einhaltung der Maastricht-Kriterien poche. Denn auch Brüssel habe in der Krise mit Maßnahmen der Wirtschaftsbelebung reagiert und die Haushalte belastet. Dieses Recht wolle man nun auch beanspruchen, so Cséfalvay.

Auch im Bezug auf die Sondersteuern behauptete man, so etwa der Staatssekretär im Ministerpräsidialamt Mihály Varga, dass diese unumgänglich seien, da die sozial-liberale Regierung einen unerfüllbaren Vertrag mit EU und IWF abgeschlossen hätte. Zugleich beteuerte man allerseits, dass jene Steuern nur eine vorübergehende Ausnahme seien. Diese Beschwichtigungspolitik ging zunächst auf. Denn die EU reagierte zunächst diplomatisch zurückhaltend auf die Entwicklungen in Ungarn. Zwar leitete die EU-Kommission – auf Beschwerde ausländischer Unternehmen in Ungarn – eine Untersuchung ein, ob die Krisensteuer mit dem Diskriminierungsverbot im EU-Binnenmarkt vereinbar sei, doch letztlich blieb ein Vertragsverletzungsverfahren aus.

Der zweifellos erste große Streitpunkt tat sich mit dem Mediengesetz auf, das im Dezember 2010 verabschiedet wurde (siehe dazu Kapitel 2). Hatte zunächst die Beauftragte für Medienfreiheit der Organisation für Sicherheit und Zusammenarbeit in Europa (OSZE), Dunja Mijatović, der Regierung totalitäre Tendenzen wegen des Mediengesetzes unterstellt, meldete dann auch die EU-Kommission Bedenken an, das Gesetz könne gegen europarechtliche Vorgaben verstoßen. Die ungarische Regierung reagierte, indem sie den KritikerInnen vorwarf, ihre Beanstandungen beruhten auf Missverständnissen und beinhalteten, so Orbán selbst, »nur Befürchtungen und Drohungen«, aber »nichts Konkretes«. Vielmehr würde mit dem Gesetz nichts geschaffen, das nicht auch in anderen EU-Ländern üblich wäre. Gegenüber der EU-Kommission erklärte der Regierungschef allerdings seine Bereitschaft, das Gesetz zu korrigieren, sollte die Kommission tatsächlich Mängel darin entdecken.

Besonders pikant gestaltete sich die Kontroverse um das Mediengesetz, da Ungarn zu Beginn des Jahres 2011 die EU-Ratspräsidentschaft übernommen hatte. Als Orbán Mitte Januar in Straßburg die Schwerpunkte der ungarischen Ratspräsidentschaft vorstellte, geriet die Sitzung eher zu einem kleinen Tribunal gegen den ungarischen Regierungschef. Nicht nur verteidigte dieser selbst in seiner Rede schon mal präventiv seine Wirtschafts- und Innenpolitik, auch zahlreiche ParlamentarierInnen nutzten die Veranstaltung zur Kritik an Orbán. So warf ihm Martin Schulz von der sozialdemokratischen Fraktion vor, sich mit dem Mediengesetz der demokratischen Kontrolle durch die Medien zu entziehen. Und Daniel Cohn-Bendit von der grünen Fraktion erklärte Orbán zu einem »nationalen Populisten, der das Wesen der Demokratie nicht versteht«. Auch Abgeordnete der liberalen Fraktion übten – wenn auch etwas emotionsloser – Kritik an dem Gesetz.

Man kann nicht sagen, dass Orbán nicht mit einem Streit gerechnet hätte. Schon in seiner eigentlichen Rede hatte er davor gewarnt, dass er, im Falle der Thematisierung seiner Innenpolitik, »zum Kampf bereit« sei, wenn auch »die EU darunter leiden« werde. Dennoch schien Orbán mit den Kritiken etwas überfordert und verlor zeitweise regelrecht die Fassung. Die Anschuldigungen beruhten auf falschen Informationen, erklärte er wieder einmal. In Wirklichkeit stelle das Gesetz eine Demokratisierung der Medienlandschaft dar. Und überhaupt sei es eine Beleidigung des »ungarischen Volkes«, zu behaupten, dass »Ungarn auf dem Weg zur Diktatur« sei, keifte er in Richtung seiner KritikerInnen. Unterstützung erhielt er dabei vor allem von konservativen Abgeordneten, aber auch von den Rechtaußen des Europa-Parlaments wie der Jobbik-Abgeordneten Morvai

Tatsächlich forderte die EU-Kommission nur zwei Tage später die Regierung Orbán auf, das Gesetz an verschiedenen Punkten nachzubessern. Allerdings fielen die beanstandeten Punkte recht bescheiden aus. So sah man für ein Vorgehen gegen die Zusammensetzung der Medienbehörde keine rechtliche Grundlage und bemängelte vor allem die Einschränkung von JournalistInnen aus anderen EU-Ländern. Noch im Februar wurde das Gesetz durch das ungarische Parlament modifiziert, indem ausländische Unternehmen von Sanktionsmöglichkeiten ausgenommen wurden. Damit war für die EU-Kommission das Mediengesetz ad acta gelegt. Zumindest die internationale Presse sollte es aber noch eine Weile beschäftigen, auch weil mit ihm eine Welle von Entlassungen kritischer JournalistInnen bei den öffentlich-rechtlichen Medien einherging (siehe Kapitel 2).

Die ungarische Ratspräsidentschaft verlief dagegen wenig spektakulär. In den Mittelpunkt hatte die Regierung Orbán unter anderem die Reform der europäischen Währungsunion, etwa in Form des Sechs-Punkte-Wettbewerbspakts, die europäische Energiepolitik und die EU-Erweiterung, insbesondere in Bezug auf Kroatien, gestellt. Außerdem bemühte sich Ungarn um eine europäische Roma-Rahmenstrategie. Gerade dies sorgte für Aufmerksamkeit, gab die ungarische Regierung doch vor, der europäischen Roma-Bevölkerung unter die Arme greifen zu wollen – eine Absichtserklärung, die viele BeobachterInnen kaum mit der Behandlung der Roma in Ungarn selbst in Einklang zu bringen vermochten. Dennoch wurden diese Bemühungen weitestgehend wohlwollend innerhalb der EU aufgenommen (siehe dazu Kapitel 2).

Am Ende der Präsidentschaft, im Juli 2011, klopfte sich die ungarische Regierung selbst auf die Schulter. Man habe den Wirtschaftskurs der

EU gut vorangebracht, erklärte etwa Justizminister Tibor Navracsics bei der abschließenden Feier in Berlin. Auch die abgeschlossenen Beitrittsverhandlungen mit Kroatien seien eine große Errungenschaft. Während bei der abschließenden Parlamentssitzung in Straßburg die konservative Fraktion voller Lob für die ungarische Ratsarbeit war – deren Fraktionschef Jospeh Daul sagte, dass sie »zu 95 Prozent erfolgreich« gewesen sei –, nutzten Teile des Parlaments erneut die Debatte für eine generelle Kritik an der ungarischen Politik. Denn in der Zwischenzeit hatte sich Weiteres in Ungarn getan.

Bereits im Oktober 2010 hatte Orbán hinsichtlich der bevorstehenden Ratspräsidentschaft in einem Gespräch mit dem Präsidenten des Europa-Parlaments, Jerzy Buzek, prognostiziert, dass 2011 »das schwierigste Jahr für die EU seit dem Ende des Kommunismus« werde. Darüber, ob er damit auch mögliche Spannungen zwischen der EU und Ungarn meinte, kann nur gerätselt werden. Tatsächlich entfaltete die Regierung Orbán in jenem Jahr erst so richtig ihren Reformeifer und sollte damit das Verhältnis zur EU strapazieren. Schon im Frühjahr waren neben dem Mediengesetz dann auch die ersten Maßnahmen der Regierung Orbán in die Kritik geraten, mit denen die Unabhängigkeit der Notenbank (MNB) beschnitten wurde. So zeigte sich etwa EZB-Chef Trichet im März 2011 empört über die neue Ernennungspraxis im Währungsrat der MNB (siehe Kapitel 3).

Der große Paukenschlag kam dann im April 2011, als die Regierung Orbán die neue Verfassung verabschiedete (siehe Kapitel 1) und damit endgültig die Aufmerksamkeit des Europa-Parlaments sicher hatte. So bezeichnete der Fraktionsvorsitzende der Liberalen, Guy Verhofstadt, die Verfassung als ein »trojanisches Pferd für ein autoritäres politisches System in Ungarn«. Auch die für verfassungsrechtliche Fragen zuständige Venedig-Kommission befasste sich mit dem Gesetzeswerk. Dabei stellte sie zwar fest, dass grundlegende demokratische und rechtstaatliche Prinzipien eingehalten würden, führte aber zugleich zahlreiche Kritikpunkte auf, die zu umfassend sind, um sie hier aufzuzählen.

Mit der Vorlage des Kommissionsberichts kam es im Juni zu einer langen Debatte im Europa-Parlament, ob die neue ungarische Verfassung mit den europäischen Werten in Einklang stünde. Wieder einmal fühlte sich die ungarische Regierung ungerecht behandelt. Es würde mit zweierlei Maß gemessen, gab sie zu verstehen, denn in der EU gebe es viele abweichende Verfassungen. Zugleich reagierte die Regierung Orbán zurückweisend auf die Ergebnisse der Venedig-Kommission. In einem gemeinsamen Antrag forderten daraufhin die Fraktionen der Sozialdemokraten, Sozialisten, Grünen und Liberalen die Regierung Orbán auf, die Empfehlungen der Kommission umzusetzen.

Und so wurde dann auch die Sitzung zum Abschluss der ungarischen Ratspräsidentschaft im Juli von der Kontroverse um die neue Verfassung überlagert. Einhellig übten dort die üblichen Fraktionen Kritik an der Verfassung, während die Konservativen sich zurückhielten. Auch hier reagierte Orbán ungehalten: »Brüssel ist nicht Moskau«, rief er in die Runde und gab zu verstehen, dass sich die EU nicht in die ungarischen Angelegenheiten einzumischen habe. Im Anschluss an die Debatte nahmen die Abgeordneten des Parlaments eine Resolution an, in der sie ein »großes Unbehagen über die ungarische Verfassung, in zahlreichen und schwerwiegenden Belangen« zum Ausdruck brachten. Auf die Forderungen einer eingehenden Prüfung der Verfassung auf Vereinbarkeit mit EU-Recht reagierte die EU-Kommission jedoch abweisend. »Die ungarische Verfassung tangiert keine Fragen der Kompatibilität mit EU-Recht«, erklärte etwa der für institutionelle Beziehungen zuständige Kommissar Maroš Šefčovič. Dabei sollte es zunächst auch bleiben.

Mit den wirtschaftspolitischen Maßnahmen der Regierung Orbán im weiteren Verlauf des Jahres – insbesondere in der Frage der Devisenkredite (siehe Kapitel 3) – kam dann weitere Unruhe auf. Und wieder einmal sah sich die Regierung missverstanden, weswegen sich etwa der Stellvertretende Staatssekretär im Außenministerium, Gergely Pröhle, im September 2011 mit ranghohen VertreterInnen des Europarates traf, um die umstrittenen Rechtsschritte zu erläutern. Außerdem forderte im Oktober die EU-Kommission dann doch die ungarische Regierung auf, die Sondersteuern zumindest im Telekommunikationssektor zurückzunehmen. Auch hier zeigte sich Orbán wenig einsichtig. Die Steuern seien sehr wohl mit dem europäischen Gemeinschaftsrecht vereinbar, ließ dieser verlauten. Notfalls werde man die Maßnahmen auch vor Gericht zu verteidigen wissen.

Bis zum Ende des Jahres erreichten die Konflikte dann einen neuen Höhepunkt, nachdem die Regierung an den Märkten weiter unter Druck geraten war und Ungarn der Staatsbankrott drohte (siehe Kapitel 3). Das angekündigte neue Notenbankgesetz, mit dem die Unabhängigkeit der MNB endgültig aufgehoben werden sollte, wirkte dabei wie Öl im Feuer. In einem persönlichen Schreiben wendete sich EU-Kommissionschef Barroso an Orbán und warnte ihn, dass dieses zu massiven Problemen mit der EU und dem IWF führen werde. Ungeachtet dessen wurde das Gesetz als Verfassungszusatz verabschiedet. Auf die folgenden Unruhen an den Märkten reagierte die ungarische Regierung abermals unnachahmlich. Es handele sich um »einen Angriff auf den Forint« durch »Börsenmakler, die von der Silvesterparty zurückgekehrt sind«, erklärte etwa die Fidesz-Sprecherin Gabriella Selmeczi.

Überhaupt hatte die Regierung weitere bedeutende Zusätze zu der Verfassung beschlossen, kurz bevor diese zum neuen Jahr in Kraft trat. Damit schien das Fass übergelaufen. Die EU-Kommission kündigte nun doch an, die Vereinbarkeit der Gesetze und der Verfassung mit dem EU-Recht zu prüfen, was Mitte Januar tatsächlich in die Einleitung von Vertragsverletzungsverfahren mündete. Neben dem Notenbankgesetz standen auch die Justizreform und der Datenschutz auf dem Prüfstand. Orbán sah sich nun zum Handeln gezwungen. Um Ungarn vor den »Angriffen der internationalen Linken« zu »verteidigen«, wie es der Sprecher des ungarischen Ministerpräsidenten, Péter Szijjártó, formulierte, begab er sich Mitte Januar erneut nach Straßburg.

Tatsächlich kamen die verbalen Attacken – das sollte nicht verwundern – eher aus dem linken Lager. Sie waren im Wesentlichen eine Zuspitzung der Töne, die man schon in der Debatte ein Jahr zuvor um das Mediengesetz vernehmen konnte, und klagten die Entdemokratisierung Ungarns an. Von der Fraktion der Konservativen (EVP) erhielt die ungarische Regierung weitestgehend Unterstützung. Nicht von ungefähr warf der österreichische Sozialdemokrat Hannes Swoboda der EVP, zu deren Vizevorsitzenden Orbán gehört, vor, die Politik der ungarischen Regierung zu dulden. So sprachen die CSU-Politiker Bernd Posselt und Manfred Weber von einem »ideologischen Zirkus« bzw. »politischer Hysterie«. Es waren nicht die einzigen Äußerungen, die Orbán in seinem nationalistisch-autoritären Kurs bestärkten. Vor allem die konservativen Abgeordneten aus Polen gaben Orbán Rückendeckung, ebenso wie die Rechtsaußen des Parlaments, darunter erneut die Jobbik-Abgeordnete Morvai, die vielmehr die EU für ihre gescheitere Politik anklagte.

Für die Konservativen, mit voran die deutschen, werden die Entwicklungen in Ungarn also dramatisiert. Orbán sei immerhin so mannhaft, sich der Kritik zu stellen, und schließlich habe er ja zugesagt, Vertragsverletzungen zu korrigieren, wurde mehrfach angeführt. Auch damit spielen sie der ungarischen Regierung in die Hände. Denn Orbáns Auftritt diente weniger der Klärung von Streitfragen, vielmehr versuchte er damit, sich zuhause als starker Mann zu präsentieren, der der EU die Stirn bietet – auch wenn er in Straßburg selbst zuweilen kleinlaute Töne anschlug. Der grüne Abgeordnete Cohn-Bendit schien dies ganz gut erfasst zu haben: »Herr Ministerpräsident Orbán! Ich weiß, wie Sie das machen. Sie werden jetzt nach Hause gehen und sagen: Denen habe ich mal ein paar Ohrfeigen gegeben. Das ist genau der Wortlaut dessen, was Sie letztes Mal gesagt haben.«

Tatsächlich wusste Orbán seinen Straßburger Auftritt in Ungarn zu nutzen. Schon in den Tagen zuvor waren dort die Emotionen hochgekocht. So demonstrierten in Budapest Hunderte AnhängerInnen der Jobbik für ein »freies Ungarn«, dem die EU »ganz offen den Krieg erklärt« hätte, wie es der Parteivorsitzende Vona formulierte, während der Europa-Abgeordnete Csanád Szegedi auf offener Bühne eine EU-Fahne verbrannte. Zugleich initiierten mehrere prominente Anhänger Orbáns, darunter dessen Chefhetzer Zsolt Bayer, einen »Friedensmarsch«, zu dem die DemonstrantInnen Kerzen und ungarische Fahnen mitbringen sollten. Orbán stünde für das »Erblühen der Heimat«, hieß es in dem Aufruf, der das Ausland einer »lügenhaften und vorurteilsvollen« Berichterstattung bezichtigte.

Auch wenn Orbán viel Unterstützung in Straßburg erfuhr, so wurde doch auch klar, dass zumindest ein Teil der beanstandeten Gesetze revidiert werden muss. Orbán wahrte dennoch sein Gesicht: »Wir beugen uns der Macht, nicht den Argumenten«, erklärte er kurz darauf der deutschen *Bild*-Zeitung und zeichnete damit das Bild einer Nation im Würgegriff der EU. Diese Botschaft wird verstanden in Ungarn: Der »Friedensmarsch« Ende Januar entwickelte sich zur größten Demonstration der ungarischen Geschichte. Ein Bündnis aus Fidesz-AnhängerInnen und extremen Rechten brachte dort seine Wut auf die EU zum Ausdruck und stellte damit die Proteste der Opposition in den vergangenen Wochen weit in den Schatten.

Ein Bericht des *Pester Lloyd* gibt Eindrücke von der Demonstration wider: »Die ›Unabhängigkeit Ungarns‹, sein ›Freiheitskampf‹ gegen die ›Attacken aus dem linken Lager‹, die ›fremden Mächte‹, die Ungarn ›kolonialisieren wollen‹, standen im Mittelpunkt, wobei die Grenzen im Feindeslager zwischen EU, IWF, Finanzmarkt bis hin zur jüdisch-bolschewistischen Weltverschwörung ziemlich verschwommen waren. Einig waren sich die Demonstrierenden in ihrer EU-Feindlichkeit und ihrer unbedingten Unterstützung für ›ihren‹ Viktor Orbán, der zum Teil mit Transparenten, die an Altäre erinnerten, geehrt wurde.« Und in einem öffentlichen Schreiben der Fidesz-Abgeordneten im Europa-Parlament hieß es dankend, dass die DemonstrantInnen »eine passende und machtvolle Antwort auf die Hetzkampagne von linken Kräften« gegeben hätten.

Nur kurze Zeit später sollte die Regierung die Ereignisse rund um den Jahresbeginn regelrecht mystifizieren. In rechtskonservativen Kreisen wurde es nämlich zu einer Überzeugung, dass Orbán Opfer einer internationalen Verschwörung, lanciert von einer »weltweiten intellektuellen Gemeinschaft« – so die rechtskonservative Tageszeitung *Heti Válasz* –, werden sollte, die zum Ziel hatte, den Ministerpräsidenten »wegzuputschen«. Dieser konnte jedoch, so der Mythos, dank Orbáns energischem Auftritt in Brüssel und des »Friedensmarsches« abgewehrt werden. Auch der Ministerpräsident selbst halluzinierte, wie der *Pester Lloyd* berichtete, auf einer Klausursitzung des Fidesz einen solchen Putschversuch, der unter anderem im Zusammenhang mit einer »vom [amerikanischen Sender] CNN geführten internationalen Medienkampagne« stehe. Noch im Juli 2012 wiederholte Parlamentspräsident László Kövér in einem Interview mit der rechtskonservativen Tageszeitung *Magyar Hírlap* diese Verschwörungstheorie.

Unabhängig davon, ob es eine solche wie auch immer geartete Kampagne gegeben haben soll, Tatsache ist, dass es der Regierung Orbán in der Folgezeit tatsächlich gelang, den schärfsten Gegenwind abzuwehren. Zwar leitete die EU-Kommission noch im Januar ein verschärftes Defizitverfahren gegen Ungarn ein, was Orbán schlichtweg als »dumm« bezeichnete, würde damit doch ein »erfolgreiches« Land bestraft. Und auch das Europa-Parlament verabschiedete im Februar eine Resolution »gegen die schleichende Aushöhlung demokratischer Grundwerte in einem EU-Mitgliedsstaat«. Doch schon wenige Monate später ist es in der Berichterstattung wieder still geworden um Ungarn. Auch die Märkte haben sich beruhigt. Ende Mai erklärte sogar die EU-Kommission, dass sie von dem Defizitverfahren Abstand nehmen werde. Selbst der Weg für Verhandlungen über neue Kredite des IWF wurde wieder frei gemacht.

Gerade Letzteres war mit einem großen Hickhack verbunden, galt als Vorbedingung für die Aufnahme von Verhandlungen doch die Revision des Notenbankgesetzes. Immer wieder erklärte die Regierung Orbán ihre Bereitschaft, auf die Forderungen der EU einzugehen, nur um dann doch nur einen Teil des Zugesagten umzusetzen. Dies brachte unter anderem die niederländische EU-Kommissarin Neelie Kroes auf die Palme, was ihr in rechten ungarischen Medien den Ruf eines »anmaßenden arroganten Drachens« einbrachte. Erst im Frühsommer gab die EU-Kommission dann endgültig grünes Licht für IWF-Verhandlungen. Wie ernst es der Regierung Orbán damit ist, darf jedoch bezweifelt werden. Zumindest noch im

März hatte Orbán deutlich erklärt, dass keine der IWF-Auflagen akzeptierbar seien, würden sie den wirtschaftspolitischen Absichten der Regierung doch strikt zuwiderlaufen.

Vieles spricht also dafür, dass es Orbán vielmehr darum geht, die Märkte und die EU zu beruhigen. Das würde zu dem deutlich zu erkennenden Handlungsmuster der Regierung passen, in allen Fragen möglichst lange zu taktieren. Und bisher war sie damit durchaus erfolgreich. Wenn Orbán sich als Sieger der Konflikte mit der EU präsentiert, dann ist das nicht nur Propaganda. Er konnte diesen tatsächlich einiges abtrotzen und sich in vielen, insbesondere wirtschaftspolitischen Punkten, wenn auch mit kleinen Konzessionen, durchsetzen (siehe Kapitel 3). Von seinem grundsätzlichen Weg musste er bisher nicht abweichen. Gerade erst Ende August erklärte er, dass man die Konflikte mit der EU bewusst angegangen sei und sie erfolgreich ausgetragen habe. Weitere »unorthodoxe« Maßnahmen, bei denen »gehöriger Gegenwind« zu erwarten sei, werde man nicht scheuen.

Dass die EU Orbán weitestgehend gewähren ließ, hat zweifellos damit zu tun, dass er sich teuer verkauft hat. Der ungarische Regierungschef ist sich durchaus darüber bewusst, dass auch die EU von Ungarn abhängig ist: Setzt diese das Donauland weiter unter Druck, so schlägt dies auch auf die fragile europäische Krisenökonomie zurück. Es sind aber nicht nur die ökonomischen Verstrickungen, die die EU zurückrudern ließen. Orbán hat sich im Laufe des Jahres 2012 nämlich auch einige Freunde und Freundinnen in Europa gemacht. Insbesondere die deutschen Konservativen konnte er davon überzeugen, seinem nationalen Projekt Rückendeckung zu geben. Und diese wirkten denn auch in die EU hinein, um den Druck auf Ungarn zu mindern.

Solange die Pferde frei sind: Die deutsch-ungarischen Beziehungen

»Ich fühle mich so frei wie die Pferde in der Puszta, in mir fließt ungarisches Blut«, heißt es in einem relativ aktuellen deutschen Schlager. Warum die Sängerin Laura Wilde gerade bei Ungarn an »die Freiheit, das Leben und die Liebe« denkt, bleibt ihr Geheimnis. Mit der fast durchgängig autoritären Geschichte des Landes hat dieses romantisierte Ungarn-Bild zumindest genauso wenig zu tun wie mit der Gegenwart. Seit geraumer Zeit wird das Land wegen seiner autoritär-nationalistischen Entwicklung international kritisch beäugt. So auch in den deutschen Medien.

Allerdings fiel die Berichterstattung über jene Entwicklungen hierzulande durchaus zurückhaltend aus. Im Laufe des Jahres 2012 flaute sie sogar fast gänzlich ab.

Dies mag sicherlich auch mit den guten Beziehungen zwischen Deutschland und Ungarn zu tun haben. Nicht nur stellen Deutsche den größten Anteil an TouristInnen im Land von Donau und Plattensee, auch die deutsche Minderheit in Ungarn genießt – im Gegensatz zu anderen Minderheiten – eine Vorzugsbehandlung, so dass selbst Vertriebenenverbände von einem »vorbildlichen Minderheitenrecht« sprechen. Vor allem aber ist Deutschland der wichtigste Wirtschaftspartner Ungarns. Und gerade dies scheint die deutschen Unionsparteien, die unter anderem mit dem in Ungarn regierenden Fidesz die Europäische Volkspartei (EVP) bilden, ein gewisses Wohlwollen gegenüber ihrer Schwesterpartei walten zu lassen.

Bezeichnend für die guten deutsch-ungarischen Beziehungen mag etwa Orbáns Auftritt im Februar bei der Industrie- und Handelskammer (IHK) in Frankfurt am Main gewesen sein. Geladen war der ungarische Ministerpräsident zum »Wirtschaftsempfang Ungarn«, wo er zur »Erneuerung der europäischen Wirtschaft« sprechen sollte. Schon im Voraus wurde Kritik an Orbáns Auftritt laut. Ein Bündnis linker Gruppen, das zu Protesten gegen den Empfang aufrief, stellte die Frage, »welche Anregungen sich die IHK von einem Regierungschef erhofft, unter dessen Regierung Zwangsarbeit für Angehörige der Roma-Minderheit Alltag ist«. Auch Abgeordnete von SPD und Grünen im hessischen Landtag übten Kritik. So forderte Tarek al-Wazir (Grüne) die IHK auf, die Probleme in Ungarn direkt anzusprechen, »und zwar so thematisiert, dass Herr Orbán dem nicht ausweichen kann«. Der Geschäftsführer der IHK, Jürgen Ratzinger, sagte daraufhin nur trocken, Ungarn sei ein wichtiger Handelspartner und man müsse die Gelegenheit nutzen, Informationen »aus erster Hand« zu bekommen.

Letztlich fanden sich weniger als 100 Demonstrierende am Frankfurter Börsenplatz ein. In einem Redebeitrag wurde darauf hingewiesen, dass es bei dem Empfang allein um »die Planungssicherheit deutscher Investoren« gehe. Die deutschen Unternehmen wollten »sich auf die Eventualitäten vorbereiten, die durch das autoritäre Regime auf sie zukommen könnten«. Tatsächlich ist Deutschland mit einem 25-prozentigen Anteil an den ungarischen Exporten und Importen der bedeutendste Handelspartner Ungarns. Rund 8.000 deutsche Unternehmen investieren in das Land und stellen dort etwa 300.0000 Arbeitsplätze, allen voran Audi, Eon, Bosch und die Telekom. Noch im Jahr 2010, dem ersten Jahr der Regierung

Orbán, erhöhten sie ihre Investitionen, eine Tendenz, die auch in der Folgezeit nicht unbedingt abriss.

Das heißt nicht, dass alles reibungslos verlief. So beschwerten sich durchaus verschiedene deutsche Unternehmen in Brüssel über eine Diskriminierung durch die Krisensondersteuern für bestimmte Branchen, darunter Eon, RWE und EnBW (alle drei in der Energiebranche), aber auch Rewe (Einzelhandel), die Allianz-Versicherung (Finanzwesen) und die Telekom. Die Einzelhandelskette Schlecker zog sich sogar – vor ihrer Pleite – deswegen aus Ungarn zurück. Ebenso übte Bundeswirtschaftsminister Rainer Brüderle (FDP) wegen der Sondersteuern Kritik an der ungarischen Regierung. Und auch Bundeskanzlerin Merkel bezeichnete sie während eines Besuchs des mittlerweile zurückgetretenen ungarischen Präsidenten Pál Schmitt in Deutschland als »nicht glücklich«. Schmitt allerdings versicherte, so wie es die Regierung Orbán auch andernorts pflegte, dass diese nur vorübergehend seien.

Auf der anderen Seite waren andere deutsche Unternehmen von den Branchensondersteuern gar nicht betroffen. Im Gegenteil, gerade im produzierenden Gewerbe – dort, wo Orbán das gute »schaffende« Kapitel verortet – wie der Automobilindustrie wurden sie von der ungarischen Regierung regelrecht hofiert. Insbesondere Audi, das größte Exportunternehmen in Ungarn und daher auch wichtig für ungarische Zulieferunternehmen, genießt hier eine Vorzugsbehandlung. So ließ das ungarische Wirtschaftsministerium für die Errichtung eines neuen Werkes sogar das von Audi gekaufte Areal aus einem Naturschutzgebiet herauslösen. Entsprechend weitete das Ingolstädter Unternehmen seine Investitionen in Ungarn aus und meldete zuletzt immer neue Beschäftigungsrekorde. Auch andere deutsche Automobilhersteller verstärkten ihr Engagement in Ungarn, so Mercedes bzw. Daimler, Opel, aber auch Porsche, der Haus- und Hoflieferant der ungarischen Ministerien.

Ebenso agil zeigten sich andere produzierende Unternehmen aus Deutschland, darunter Freudenberg, Siemens und Bosch. Gerade das letztgenannte Unternehmen scheint größere Ambitionen in Ungarn zu verfolgen und eröffnete erst im Sommer 2012 eine neue Zentrale in Budapest, die in Zukunft zu einem Entwicklungszentrum erweitert werden soll. Bosch, Siemens und auch Audi spielen zudem eine wichtige Rolle im ungarischen Ausbildungssystem, das sich in Zukunft stärker an der dualen Ausbildung in Deutschland orientieren soll. Die Unternehmen kooperieren daher mit Berufs- und Hochschulen, aber auch mit lokalen Schulträgern in Ungarn.

An der Universität in Győr, dem Hauptstandort von Audi, wurde im Mai 2012 sogar eigens ein Audi-Lehrstuhl eingerichtet.

Glaubt man verschiedenen Verlautbarungen, wie etwa einer des Bosch-Managers Thomas E. Beyer gegenüber der *Budapester Zeitung* Ende 2011, haben die produzierenden Unternehmen mit der ungarischen Wirtschaftspolitik »noch keine schlechten Erfahrungen« gemacht. Das Arbeitszeitmodell könnte seines Erachtens jedoch flexibler sein. Ob das neue, ab Juli 2012 geltende Arbeitsrecht, dass die Beschäftigten vieler Rechte beraubt (siehe Kapitel 3), ihn nun mehr zufrieden stellt, ist bisher nicht bekannt. Herbert Fisch von der BASF in Ungarn wiederum beklagte gegenüber selbiger Zeitung lediglich das »unsichere Umfeld«. »Für die Unternehmen ist es wichtig, dass sie sich auf etwas einstellen und fest darauf verlassen können.«

Um eben solche Unsicherheiten auszuräumen, sucht Orbán gerne die Nähe zu deutschen Unternehmen. So etwa beim Galaempfang des Deutschen Wirtschaftclubs (DWC) in Ungarn, der im Februar sein 20. Jubiläum feierte. Der Club verfügt seinem Vorsitzenden Manfred Bey zufolge »über ein sehr großes Netzwerk und bietet seinen Mitgliedern immer wieder die Gelegenheit zum Austausch wirtschaftlicher, aber auch persönlicher Interessen.« Gegenüber ranghohen VertreterInnen des Clubs beschwor Orbán die Attraktivität des Standortes Ungarn und stellte die Gemeinsamkeiten zwischen Ungarn und Deutschen heraus, für die man »hohe Wertschätzung« empfinde, nämlich wegen »ihrer Arbeitsmoral, ihrer Ordnungsliebe und Zuverlässigkeit«.

Der DWC ist nicht das einzige Bindeglied der deutsch-ungarischen Wirtschaftsbeziehungen. Auch die Deutsch-Ungarische Industrie- und Handelskammer (DUIHK) nimmt eine wichtige Rolle für deutsche Investoren ein. Die 1993 gegründete Auslandshandelskammer wird derzeit vom ThyssenKrupp-Repräsentanten Stefan Seyer geführt und ist mit rund 900 Mitgliedern der größte bilaterale Unternehmensverband in Ungarn. Sie ist ein außerordentliches Mitglied der Deutschen Industrie- und Handelskammer (DIHK) und hat den Status einer offiziellen Repräsentanz unter anderem der Bundesländer Bayern und Hessen. Diese beiden Länder sind zusammen mit Baden-Württemberg und Nordrhein-Westfalen für rund dreiviertel des deutsch-ungarischen Handelsvolumen verantwortlich.

Dass Hessen zu den engsten deutschen Partnern Ungarns gehört wurde auch am Rande des Wirtschafsempfangs in Frankfurt noch einmal deutlich, als sich Orbán mit Hessens Ministerpräsident Volker Bouffier (CDU) traf. Dieser sagte, Ungarn und Deutschland seien »eng und freundschaftlich verbunden«, und vereinbarte mit Orbán einen Ausbau der gemeinsamen Beziehungen. Zugleich zeigte sich Bouffier von Orbáns Erläuterungen zum ungarischen Mediengesetz »beeindruckt«. Auch Orbán war begeistert: In Hessen stoße er »immer auf Verständnis und auf Freunde«. Der Generalsekretär der hessischen SPD, Michael Roth, warf Bouffier deshalb vor, dass er es unterlassen habe, »auch nur ein kritisches Wort an Herrn Orbán zu richten«. Die IHK war nicht die einzige Plattform, die Orbán für seine »Charmeoffensive« fand. Auch bei einem Besuch im Verlagsgebäude der *Frankfurter Allgemeinen Zeitung* bekam er Gelegenheit, vor JournalistInnen für seine politischen Positionen Werbung zu machen.

Der ungarische Ministerpräsident schien nun Blut geleckt zu haben. Zumindest zeigte er sich von nun an sehr gewillt, sein Image in Deutschland aufzupolieren. Diese Mission sollte ihn nur einen Monat später nach Bayern führen, wo er ebenfalls auf »Freunde« zählen kann. Bereits Ende Februar hatte der ehemalige Ministerpräsident Bayerns, Edmund Stoiber (CSU), als Festredner der schon erwähnten Gala des DWC in Budapest teilgenommen. Am Rande dieses Besuchs gab er der konservativen *Budapester Zeitung* ein Interview, in dem er Orbán als »die letzte Hoffnung für Ungarn« bezeichnete. Vom Interviewer immer wieder auf eine angeblich unfaire Berichterstattung der deutschen Medien festgenagelt, gab Stoiber letztlich Orbán den Rat, er müsse »die europäische Öffentlichkeit suchen, um die falsche und sehr einseitige Berichterstattung über Ungarn zu konterkarieren«.

In Bayern suchte er nun diese Öffentlichkeit. Dort traf er sich nicht nur mit WirtschaftsvertreterInnen, dem bayrischen Finanzminister Markus Söder (CSU) und dem Ministerpräsidenten Hort Seehofer (CSU), die abermals ihre »Freundschaft« und den »respektvollen Umgang« beschworen. Auch der *Bayerische Rundfunk* bot Orbán eine weitere Plattform, von der aus er die Entwicklungen in Ungarn ins – wortwörtliche – »rechte Licht« rücken konnte. Spätestens hier lässt sich eine Trendwende in den deutschen Medien feststellen. Denn die Berichterstattung über die autoritäre Entwicklung in Ungarn nahm von da an deutlich ab, und kritische Berichte wichen zunehmend Beiträgen, die zur Mäßigung beim Urteil über Orbáns Politik mahnten. Die Meinung machte sich breit, dass Ungarn vielfach unfair behandelt worden sei und es »übertriebene Darstellungen« gegeben habe, wie es etwa der neue deutsche Botschafter in Budapest, Matei Hoffmann, gegenüber der ARD formulierte. Dabei war die deutsche Berichterstattung nicht einmal sonderlich kritisch. Gemessen an der Tragweite der Reformen war sie sehr wohl zurückhaltend, wurden viele Aspekte der ungarischen Politik doch nicht einmal angesprochen oder nur an der Oberfläche behandelt.

Diese Trendwende kann gewiss auch als Erfolg zahlreicher konservativer PolitikerInnen in Deutschland gesehen werden, die ihre Unterstützung für und die Kooperation mit Orbán in den vorangegangenen Monaten zunehmend erhöht hatten. Bereits im Mai 2011 traf sich der neue ungarische Botschafter in Berlin, József Czukor, mit dem Parlamentarischen Staatssekretär im Innenministerium, Christoph Bergner, um über die ungarische Roma-Strategie, aber auch die Bildung einer deutsch-ungarischen Kommission für die Angelegenheiten der deutschen Minderheit in Ungarn zu beraten. Nur einen Monat später lobte außerdem die damalige deutsche Botschafterin in Budapest, Dorothee Janetzke-Wetzel, die ungarische Roma-Strategie. In einem Blog-Beitrag erklärte sie, dass Deutschland von Anfang an die diesbezüglichen Bemühungen Ungarns begrüßt habe.

Als dann Ende 2011 die Regierung Orbán zunehmend wegen ihrer Wirtschaftspolitik unter Druck geriet, verhielt sich die Bundesregierung taktisch zurückhaltend. Bundesfinanzminister Wolfgang Schäuble (CDU) etwa besuchte im Dezember eine Konferenz in Budapest, auf der er auch mit VertreterInnen des Fidesz zusammenkam. Während er öffentlich dezente Kritik äußerte, soll er, einem Bericht der *Budapester Zeitung* zufolge, gegenüber Orbáns ParteifreundInnen geäußert haben, dass die »aufsehenerregenden Reformen« die Kritiker verstummen lassen würden, sobald sie ihre Wirkung entfalteten. Die folgenden Vertragsverletzungsverfahren nahm die Bundesregierung dann nicht gerade mit Begeisterung hin. Das legen zumindest die nüchternen Worte Merkels im *Deutschland-Radio* nahe: »Ich finde es richtig, dass die Kommission prüft, ob die ungarische Rechtssetzung bei der Verfassung, auch bei der Frage der Unabhängigkeit der Notenbank, den europäischen Prinzipien entspricht ... Aber jetzt warten wir erst einmal die Überprüfung ab.« Auch bei der zwischenzeitlichen Blockierung der Kohäsionsgelder im Rahmen des Defizitverfahrens Mitte März 2012 zeigte sich Schäuble nicht begeistert.

In der Zwischenzeit hatten sich weniger ranghohe Konservative aus Deutschland bereits weiter aus dem Fenster gewagt, etwa in den Debatten des Europa-Parlaments über die Entwicklungen in Ungarn. Als besonders umtriebig kann hierbei Bernd Posselt, der außenpolitische Sprecher der CSU im Europa-Parlament und außerdem Sprecher der »Sudetendeutschen Volksgruppe«, bezeichnet werden. Der Mann, der ein wenig rüberkommt wie eine lebende Comic-Figur, hatte bereits Ende 2010, als das ungarische Mediengesetz internationale Aufmerksamkeit erregte, vor vorschnellen Urteilen gewarnt. Die neue Medienbehörde, so seine Botschaft, sei nicht so dramatisch, eine ähnliche Medienkontrolle gäbe es auch in anderen Ländern. Auch ein Jahr später, als die ungarische Verfassung zur Debatte stand, lobte er »die Ungarn« als »gute Europäer«, die irgendwie dauernd »unverstanden« seien. Und der Schutz der Minderheiten, das meint er als deutscher Vertriebenenfunktionär wohl besonders gut beurteilen zu können, sei in Ungarn »besser« als in anderen EU-Ländern, erklärte er in der Parlamentsdebatte im Januar 2012, der er »politische Hysterie« attestierte.

In jener Debatte offenbarten die deutschen Freunde Orbáns eine erschreckende intellektuelle Schlichtheit. Wenn Manfred Weber etwa, wie andere Konservative, fordert, die EU solle die Entscheidungen einer Regierung ernst nehmen, die »die Unterstützung einer Zweidrittelmehrheit« habe, und die Debatte auf ihren justiziellen Kern zurückführen, dann liegt er ganz auf Linie Orbáns. Auch dieser verweist auf seine demokratische Legitimation und versucht, die Kontroverse um die ungarische Politik als »technische« Frage darzustellen. Dabei muss man nicht erst den Soziologen Otto Kirchheimer anführen, um zu wissen, dass sich autoritäre Herrschaftssysteme auch auf Grundlage legaler Legitimierung vollziehen können, dass also auch die Demokratie ihre eigene Abschaffung begründen kann. Vielleicht wollte der liberale Abgeordnete Alexander Graf Lambsdorff darauf aufmerksam machen, als er sich an Weber richtete: »Ich habe nicht den geringsten Zweifel an Deinen rechtsstaatlichen Überzeugungen. Heute zweifle ich an Deinem politischen Urteil.«

Die Konflikte Ungarns mit der EU zu Jahresbeginn 2012 waren es offenbar, die die Unionsparteien dazu veranlassten, sich nun stärker hinter die Regierung Orbán zu stellen. Anfang Februar war dann János Lázár, der Fraktionsvorsitzende des Fidesz, zu politischen Gesprächen in Berlin. Der stellvertretende Vorsitzende der CDU/CSU-Bundestagsfraktion, Andreas Schockenhoff, teilte im Anschluss mit, dass man die »Partnerpartei« dabei unterstützen wolle, »die wirtschaftlichen Probleme, die die sozialistischen Vorgängerregierungen zu verantworten haben«, möglichst schnell zu überwinden. Schockenhoff warb gar dafür, sich mit Kritik an der ungarischen Regierung zurückzuhalten. Es müsse »alles vermieden werden, was in Ungarn eine Anti-EU-Stimmung schürt«. Und dies gelte »genauso für diejenigen, die von außen gegen die Regierung Orbán hetzen«. Damit übernahm er genau die Argumentation der ungarischen NationalistInnen, die ihr Land als Opfer einer internationalen Hetzkampagne sehen.

Dies ist übrigens dasselbe Horn, in das auch die nationalistische Wochenzeitung *Junge Freiheit* blies. Auch sie sprach von einer »Hetzjagd gegen Budapest« – so etwa ihr Autor Andreas Mölzer, ein Europa-Abgeordneter der FPÖ. Der Publizist Volker Weiß schrieb dazu für die Internetzeitung *Publikative*: »Der *Jungen Freiheit* gelten ... die schrittweise Errichtung eines autoritären Staates unter Viktor Orbán ebenso als Vorbild wie die ungarische Geschichts- und Minderheitenpolitik. Dass sich Ungarn mit der EU überworfen hat, bestärkt die rechten Europagegner noch mehr vom Modellcharakter des Landes für ihr eigenes Begehren einer ›Nationalen‹ oder ›Konservativen Revolution‹.« Insbesondere aber, schreibt Weiß, »begeistert es jene, die hierzulande stets im Trüben fischen, dass der ungarische Isolationismus eine Massenbasis hat«.

Über den Modellcharakter der ungarischen Politik für nationalistische Kräfte in Europa schweigt man sich in konservativen Kreisen dagegen aus. Eher verklärt man noch die Konflikte Ungarns mit der EU als eine nützliche Kontroverse. So etwa auf einer Konferenz über die neue ungarische Verfassung und das veränderte Justizsystem in Potsdam im Mai 2012. Zu Gast waren dort auch die Präsidenten des ungarischen Verfassungsgerichtshofes und des Obersten Gerichtshofs (»Kurie«). Die Kritiken an Ungarn wurden von den TeilnehmerInnen als belebend und positiv bewertet. Zugleich erklärte der ehemalige Bundesverteidigungsminister Rupert Scholz (CDU), dass die neue ungarische Verfassung sehr wohl im Einklang mit den europäischen Werten stünde.

Im Laufe des Jahres hat die Unterstützung der Unionsparteien für Orbán nicht nur zugenommen, sondern wurde sogar institutionalisiert. Noch im Juni 2012 weilte Antal Rogán in Berlin. Es war dessen erste Auslandsreise als neuer Fraktionsvorsitzender des Fidesz, mit der er den Stellenwert Deutschlands als wichtigsten Wirtschaftspartner und der Union als wichtigsten politischen Partner in der EVP unterstreichen wollte. Das Treffen hatte die Bildung einer gemeinsamen Arbeitsgruppe aus Fidesz und Union zum Ergebnis, zustande gekommen auf Initiative der Union. Dass es dabei unter anderem darum geht, den Fidesz zu unterstützen, verdeutlicht die erste Maßnahme der Arbeitsgruppe: In einer Erklärung rief die Unions-Fraktion alle FinanzministerInnen der EU dazu auf, auf die EU-Kommission einzuwirken, die Kohäsionsgelder für Ungarn wieder freizugeben. Kurze Zeit später sollte dies dann auch Realität werden.

Die Bedeutung der zurückhaltenden, ja solidarischen Haltung der Unionsparteien zur ungarischen Politik ist nicht zu unterschätzen. Die Meinung des deutschen Partners hat in Ungarn Gewicht. »Es ist sehr wichtig für uns, was die Deutschen, die öffentliche Meinung in Deutschland und die deutsche politische Klasse von uns denken«, sagte bereits Anfang Februar 2012 Ungarns Außenminister János Mártony bei einem Treffen mit Bundesaußenminister Guido Westerwelle. Immerhin gehört es zu den außenpolitischen Zielen von Orbáns Regierung, eine »neue Allianz mit Deutschland« herzustellen. Zugleich gilt der ungarischen Regierung Deutschland als Vorbild, RegierungsbeamtInnen zufolge gibt es sogar Überlegungen, deutsche BeraterInnen um Orbán zu versammeln.

Wie viel Wert die ungarische Regierung auf die öffentliche Meinung in Deutschland legt, ließ sich auf dem internationalen Filmfestival in Berlin, der Berlinale, beobachten. Während der offiziellen Pressekonferenz ließ das ungarische Staatssekretariats für Soziale Integration Flugblätter verteilen, in denen es darauf hinwies, dass der Wettbewerbsfilm »Just the Wind«, der von der Ermordung ungarischer Roma handelt, lediglich eine »Fiktion« darstelle. Und auch die in Deutschland lebenden UnterstützerInnen der Regierung lassen ungern etwas auf ihren »Viktor« kommen. Bei Orbáns Besuch in Bayern im März etwa ließen sich bei jedem öffentlichen Auftritt des Ministerpräsidenten Scharen von »Jubelungarn« beobachten, die ihre Solidarität mit Orbán erklärten und sich wegen der »Lügen über Ungarn« empörten.

Ebenso tauchten am Rande der Kundgebung gegen Orbáns IHK-Besuch in Frankfurt Personen auf, die einen offenen Brief des »Bundes Ungarischer Organisationen in Deutschland« verteilten, wie die *Frankfurter Rundschau* berichtete. Auch darin wurde die angebliche Hetze gegen Ungarn angeprangert und betont, dass Orbán die Unterstützung seines Volkes genieße. Die Demonstrierenden, erklärte eine Flugblattverteilerin, könnten – selbstverständlich – nur »von Kommunisten bezahlt« sein. Deutlich weiter ging eine Reihe von anonymen Personen, die den Organisatoren des Protests bereits im Vorfeld Drohungen, bis hin zum Mord, per Email zugesendet hatten, die zum Teil mit »Ungarischer Garde« unterzeichnet waren.

Während also deutsche KritikerInnen nur Teil einer linken Verschwörung sein können, so die Logik im Geisteskosmos von Orbán und seinen AnhängerInnen, fühlt sich die ungarische Regierung bei deutschen UnterstützerInnen fast schon zu Tränen gerührt – als würde sich eine neue »Waffenbrüderschaft« abzeichnen. Orbáns Getreue wissen es denn auch

»hoch zu schätzen«, wenn sich ein Mann wie Posselt schützend vor »die Ungarn« stellt. Der Vertriebenenfunktionär habe sich »um die Rechte von nationalen und anderen Minderheiten« verdient gemacht und sei ein Vorkämpfer der ungarisch-bayerischen Freundschaft, erklärte Außenminister Martonyi in einer Laudatio Ende Juni. Geehrt wurde Posselt mit dem »Mittelkreuz des Verdienstordens für Ungarn«.

Große Klappe, nichts dahinter? Die ungarische Außenpolitik auf dem Prüfstand

Der völkische Mainstream in Ungarn kann ziemlich irritierend sein. Wenn neuerdings zum Nationalfeiertag am 20. August Getreide aus Gebieten eines angenommenen Großungarn gesammelt, zu einem »Brot der Nation« zusammengebacken und von katholischen Geistlichen gesegnet wird, zeremoniell begleitet von traditionalistischen Trachtenzügen, dann wirkt das eher peinlich-berührend oder belustigend. Wenn die rechtsextreme und in Ungarn sehr beliebte Rock-Band *Kárpátia* die von Magyarenblut getränkten, aber verlorenen Gebiete besingt, »von denen wir nicht lassen« – so in ihrem Lied »Magyar Föld« (»Magyarische Erde«) –, dann hat das schon eher etwas Beklemmendes.

Doch genügen solche Anhaltspunkte schon zur Sorge, Ungarn könnte in absehbarer Zeit wegen seines Irredentismus internationale Konflikte provozieren? Für einen aggressiven Expansionismus, bei dem es Ungarn nicht nur mit seinen Nachbarländern, sondern auch der internationalen Gemeinschaft aufnehmen müsste, scheint das kleine Land zumindest kaum in der Lage. Nationalistischer Größenwahn mag zwar gelegentlich dazu verleiten, die eigenen Möglichkeiten zu überschätzen und die irrsinnigsten politischen Vorhaben anzugehen. Doch ohne gewisse Voraussetzungen, die einen an eine gewisse eigene Stärke glauben lassen, ist auch dies ausgeschlossen. Eine solche Voraussetzung wäre etwa ein starkes Militär, so wie es etwa von Seiten der Jobbik gefordert wird.

Die aktuelle Militärpolitik der Regierung Orbán bietet jedoch keinerlei Hinweise auf expansionistische Bestrebungen. Zwar wurde die Armeeführung gleich zu Beginn der Orbánschen Legislaturperiode ausgetauscht, weil der neue Verteidigungsminister Csaba Hende eine »fachliche und moralische Krise« im Militär festgestellt zu haben meinte. Ansonsten tat sich aber recht wenig in der Militärpolitik. Das Budget des Verteidigungsministeriums etwa wurde im Januar 2012 eingefroren: Es soll bis 2015 weder sinken noch steigen. Selbst die Pläne, bis 2014 8.000 ReservistInnen zu aktivieren, sind kaum bemerkenswert. Die derzeit nicht einmal 30.000 aktive SoldatInnen zählende ungarische Armee wird somit auf absehbare Zeit klein bleiben.

Andere Ambitionen hat freilich die Jobbik. In ihrem letzten Wahlprogramm forderte sie eine Verdopplung der Rüstungsausgaben und eine Vergrößerung der Armee auf 72.000 aktive SoldatInnen – dies insbesondere im Hinblick auf die Gebietsansprüche. Und noch im Januar betonte Jobbik-Chef Vona, dass die gegenwärtige Krisenentwicklung, »in den nächsten ein bis zwei Dekaden unausweichlich in einen bewaffneten Konflikt« münden müsse, wie der *Pester Lloyd* berichtet. Seine Partei müsse – als »die Kraft der ungarischen Selbstverteidigung« – dann vorbereitet sein. Man könnte dies auch als Auftrag an die parteinahen Garden lesen. Ob diese jedoch eine ähnliche Funktion als Militärersatz einnehmen können wie die Levente-Jugend in der Zwischenkriegszeit, auf die sich die GardistInnen gerne beziehen (siehe Kapitel 2), ist fraglich. Trotz militärischen Gebarens und des sehr gefährlichen Auftretens gegenüber ihren Feindbildern, fehlt dem oftmals hinterwäldlerisch wirkenden Haufen noch die paramilitärische Substanz.

Insofern sind die großungarischen Bestrebungen – seien sie offen oder symbolisch artikuliert – zunächst im Bereich der Rhetorik einzuordnen. Sie wirken als Katalysator der völkischen Ideologie, die ohne den Bezug auf das gesamte Magyarentum so nicht denkbar wäre. Dieses immer wieder präsent zu machen und in die politischen Programmatiken zu integrieren, ist ein notwendiges Element für die völkische Dynamik, die auf der permanenten Mobilisierung nationaler Emotionen basiert.

Damit ist jedoch nicht gesagt, dass es kein Potenzial für internationale Konflikte gäbe – und seien sie nur der diplomatischen Art. Wie dargelegt haben sich solche bereits ergeben. Und es ist ungewiss, welche Dynamik sie gewinnen können. Für die Nachbarländer ist die Orbánsche Politik im Bezug auf die AuslandsungarInnen zweifellos eine Provokation. Dies kann jederzeit – das zeigen die Beispiele der Slowakei und Rumäniens – in antiungarische Ressentiments umschlagen. Und diese wiederum können sich potenziell in handfesten Konflikten mit den ungarischen Minderheiten entladen. In letzter Konsequenz würde das mit Sicherheit auf die Stimmung in Ungarn zurückschlagen und die Forderungen nach einem interventiven Schutz der »Volksgenossen« verstärken. Das alles bleibt freilich spekulativ, ist aber nicht undenkbar.

Auch die Konflikte mit der EU sind keineswegs ausgestanden. Trotz mancher Konzessionen konnte sich die Regierung Orbán zu keinem grundsätzlichen Kurswechsel im Sinne der EU bewegen lassen. Darüber sollte auch nicht der wohlwollende Ton, den die EU-Kommission zuletzt in Sachen Ungarn gelegentlich anschlug, hinwegtäuschen. Wie dargelegt ist dies zum Teil eine Kapitulation gegenüber der eigenwilligen Regierung Orbán. Insofern darf man gespannt sein, ob die EU diese weiter gewähren lässt, wenn sie weitere Maßnahmen in die Wege leitet, die mit den Maßgaben der EU eigentlich nicht vereinbar sind. Die neuerliche Ankündigung, die Energieversorgung komplett in staatliche Hand überführen wollen, könnte eine dieser Reibungspunkte sein. Und nicht zuletzt steht nach wie vor die Frage nach IWF-Krediten im Raum, an der sich vieles entscheiden könnte. Knickt Orbán hierbei ein, wäre seine Wirtschaftspolitik eigentlich hinfällig. Überwirft er sich wieder mit dem IWF, dürfte das Land den schonungslosen Druck der internationalen Märkte zu spüren bekommen.

Gerade in letzterem Fall wird von Bedeutung sein, inwieweit die zweigleisige Strategie der Regierung Früchte trägt, neue Partner jenseits der EU zu gewinnen. Dies gilt umso mehr, als die Wirtschaftslage sich immer noch nicht wesentlich verbessert hat. Neueste Zahlen weisen vielmehr darauf hin, dass die ungarische Wirtschaft nun auch in eine Rezession rutschen könnte. Geht Orbáns Strategie doch noch auf, dann wäre ihm definitiv ein Clou gelungen. Im anderen Fall befände sich Ungarn mehr denn je in der Abhängigkeit von der EU. Allerdings ist nicht zu unterschätzen, welche Optionen die Regierung Orbán noch in der Hinterhand hat. Das selbsterklärte Experimentalkabinett ist immer für eine Überraschung gut.

Was das allgemeine Verhältnis zur EU betrifft, so sind auch hier Rhetorik und politische Realität voneinander zu trennen. Trotz mancher Konflikte, trotz Ostorientierung und trotz Anti-EU-Demagogie – die strukturelle Verwobenheit lässt sich so schnell nicht aufheben. Bei aller Verteufelung der Abhängigkeit vom Ausland, die Gelder aus den verschiedenen EU-Töpfen hat die Regierung Orbán nie verschmäht. Zugleich ist aber die Anti-EU-Stimmung auf einem Höhepunkt angelangt. So hatten einer Umfrage zufolge bereits im Januar 2012 nur noch weniger als die Hälfte der UngarInnen Vertrauen in die EU. Insofern hat Orbán zumindest die Bedingungen in der öffentlichen Meinung geschaffen, im Notfall einen verschärften Anti-EU-Kurs einschlagen zu können, ohne größeren Gegenwind aus der Bevölkerung erwarten zu müssen. Und von diesen Bedingungen kann auch die offen EU-feindliche Jobbik profitieren.

Wie sich das Verhältnis Ungarns zur EU weiter entwickelt, hängt zweifellos auch von Deutschland ab. Der wichtigste Wirtschaftspartner des Donaulandes genießt nicht nur ein hohes Ansehen bei der Regierung Orbán, sondern auch einen großen Einfluss in der EU, was den Umgang mit Orbán betrifft. Dass sich PolitikerInnen der Union und damit ein Teil der Bundesregierung zuletzt für Orbán stark gemacht haben, konnte hier deutlich aufgezeigt werden. Allerdings soll hier nicht das Bild erzeugt werden, Deutschland stünde »wie eine eins« hinter den Entwicklungen in Ungarn. Gerade im linksradikalen und linken Spektrum werden sie mit äußerster Besorgnis verfolgt – wenn auch die deutschen Medien ihre Ungarn-Berichterstattung gedämpft haben. Sicherlich auch ein Resultat der PR-Arbeit ungarischer und deutscher Konservativer.

Nach wie vor ist man in ungarischen Regierungskreisen besorgt über die öffentliche Meinung in Deutschland. Immer wieder ist zu hören, dass ungarische RegierungsvertreterInnen öffentliche Auftritte in Deutschland scheuen, könnte dies doch mit negativen Begleiterscheinungen verbunden sein. Und mediale Berichte im deutschsprachigen Raum über die eigene Politik werden besonders argwöhnisch verfolgt. So beschwerte sich noch im September der ungarische Botschafter in Wien, Vince Szalay-Bobrovniczky, beim ORF, dass dessen Dokumentation »Nationale Träume – Ungarns Abschied von Europa« einseitig sei, wie der *Standard* berichtet. Es würden darin »nahezu nur die Gegner der ungarischen Regierung zu Worte kommen«, so der Botschafter.

Ohne Frage, die völkische Bewegung fühlt sich unverstanden in der Welt. Und das trifft keineswegs nur auf die im Donauland lebenden UngarInnen zu. Auch hierzulande meinen einige »Diasporamagyaren«, die Semjén zum »universellen Magyarentum« zählt, die Entwicklungen in Ungarn unbedingt verteidigen zu müssen. So etwa der Bund Ungarischer Organisationen in Deutschland (BUOD), darunter die »Siebenbürgische Weltorganisation« wie auch der »Ungarische Auslandspfadfinderbund«. Der BUOD, der 2011 eigens eine »Arbeitsgruppe für Pressebeobachtung« eingerichtet hat, wendet sich gerne in Erklärungen und offenen Briefen an die Öffentlichkeit, an Medien und deutsche PolitikerInnen, um sich über die Medienberichterstattung und den politischen Umgang mit Ungarn zu beschweren. Alles sei irgendwie unsachlich, durchweg einseitig und ein Ausdruck von Kampagnen.

Dass die kritische Berichterstattung in Deutschland, wie dargestellt, verhältnismäßig bescheiden ausfällt, und dass es vielmehr die AnhängerInnen Orbáns sind, die – wenig sachlich und ziemlich einseitig – schon auf jedes Fünkchen von Kritik mit infantilem Trotz, hysterischem Leugnen und wüsten Verschwörungstheorien reagieren, ficht den BUOD nicht an. Mit dem Diskursverhalten der Organisation bekommt man einen gewissen Vorgeschmack auf den politischen Autismus, der auch in Ungarn die Debatten prägt.

Das Verhalten der Bundesregierung dagegen ist zwar nicht als autistisch einzustufen, grenzt mittlerweile aber an eine gewissen Gleichgültigkeit. Es scheint fast so, als hätten sich die UnionspolitikerInnen mit ihrer Rückendeckung für Orbán vergaloppiert. Denn diese war durchaus mit Erwartungen verbunden, Orbán würde es nicht zu weit treiben, und geschah zum Teil in der Annahme, viele der Maßnahmen seien tatsächlich nur eine vorübergehende Erscheinung. In den vergangenen Monaten hat die Regierung Orbán aber erkennen lassen, weitere »unorthodoxe« Maßnahmen ergreifen zu wollen. Und auch die deutschen Investoren sind zuletzt wieder deutlich unruhiger geworden. Ein Sinneswandel, mit dem verbunden wäre, nun doch auf Konfrontation mit der Regierung Orbán zu gehen, zeichnet sich jedoch nicht gerade ab. Eher scheint man sich mit dem ungarischen Kuriosum abzufinden und die Dinge laufen zu lassen. Auch das kann Orbán nur recht sein.

Option auf den Faschismus
Ein Ausblick

Von Andreas Koob, Holger Marcks & Magdalena Marsovszky

»Die Heimat kann nicht in der Opposition sein«, hatte Orbán polemisiert, als noch die SozialistInnen (MSZP) regierten. Heute tut es ihm die Jobbik gleich mit dem Slogan: »Zur Zeit ist die ungarische Nation im Parlament in der Opposition.« Damit ist schon viel über das Verhältnis der Jobbik zu Orbáns Fidesz gesagt. Einerseits stehen sich die beiden Rechtsparteien als politische Rivalen gegenüber, andererseits weisen sie eine große inhaltliche Ähnlichkeit auf. Solche Parolen sprechen eine Klientel an, die sich keinesfalls trennscharf auseinanderdividieren lässt. Tatsächlich zeigen die ideologischen Referenzen der beiden Parteien gravierende Schnittmengen, die im ausschließenden Charakter völkischer Politik offenkundig werden. Nur derart lässt sich auch der Spielraum erklären, den der Fidesz freigiebig der Jobbik überlässt, ob in Gyöngyöspata oder andernorts.

Die von manchen BeobachterInnen geteilte Ansicht, Orbán sei leidlich oder gar wichtig, weil er den FaschistInnen den Wind aus den Segeln nehme, lässt sich in Anbetracht derartiger Zustände schwer aufrechterhalten. Es ist überhaupt eine fragwürdige Annahme. Zum einen ist sie höchst spekulativ, wird dabei doch einfach vorausgesetzt, die Jobbik wäre noch stärker, würde der Fidesz weniger nationalistisch handeln. Zum anderen ist sie oberflächlich, denn es wird damit verkannt, dass Prozesse der Faschisierung nicht nur an Umfragewerten genuin faschistischer Parteien festzumachen sind. Nicht zuletzt ignoriert es die Tatsache, dass die beiden Parteien in den vergangenen zehn Jahren immer wieder konkret zusammengearbeitet haben (siehe Kapitel 1).

Zweifellos wäre es verfehlt, die Politik der beiden Parteien schlicht gleichzusetzen. Qualitativ rangiert die Jobbik auf einem anderen politischen Level als der Fidesz. Die Parteien auf eine Stufe zu stellen, unterschätzt die drastischen Realitäten in den Gemeinden Hegyháthodász, Hencida, Tiszavasvári und eben Gyöngyöspata, wo die Jobbik gegenwärtig regiert. Es wäre auch ein Hohn gegenüber allen WählerInnen, die keinen Jobbik-Bürgermeister wollten und ihn nun haben. Denn an der tatsächlichen Konsequenz ihrer faschistischen Programmatik lässt die Partei kaum einen Zweifel.

Umso fataler erscheint, wie entgegenkommend sich der Fidesz gegenüber der Jobbik verhält. Während die Fidesz-Fraktion zu Oppositionszeiten wiederholt und geschlossen den Plenarsaal verließ, sobald sozial-liberale PolitikerInnen, insbesondere der damalige Ministerpräsident Ferenc Gyurcsány, das Wort ergriffen, fehlt es gegenüber der Jobbik an derart offenkundigen Signalen. Viel mehr noch: Immer wieder nimmt der Fidesz zentrale Programmpunkte der FaschistInnen in seine Agenda auf oder segnet gar deren Gesetzesinitiativen im Parlament mit ab. In diesem Zusammenhang offenbart sich das von BeobachterInnen angenommene Wechselspiel zwischen Fidesz und Jobbik. Es ergibt sich also ein komplementäres Verhältnis, in dem die Jobbik mitunter als Schrittmacher der Fidesz-Politik gesehen werden kann. Damit geht die fortschreitende Normalisierung nationalistischer Politiken einher, durch die faschistische Elemente zunehmend Einzug in den gesellschaftlichen Alltag halten.

Abzuwarten ist, wie sich dieses Verhältnis im Kontext der 2014 anstehenden Wahlen ausgestalten wird. Manche Szenarien gehen von einem polarisierenden Wahlkampf aus und verweisen auf den großen Anteil unentschiedener WählerInnen, um die die Parteien buhlen werden. Tatsächlich hat der Fidesz in der gegenwärtigen Legislaturperiode viele WählerInnen verloren, allerdings weniger an andere Parteien als an die Gruppe der Unentschlossenen. Lag die Wahlbeteiligung 2010 noch bei fast 65 Prozent, waren im Verlauf des Jahres 2012 – den Umfragen zufolge – 50 bis 60 Prozent der WählerInnen unsicher, welche Partei und ob sie überhaupt wählen werden. Und bei den entschlossenen WählerInnen lagen die Umfragewerte des Fidesz zuletzt bei oder sogar unter 40 Prozent.

Ob die linke bzw. demokratische Opposition – also die anderen Parteien mit Ausnahme der Jobbik – davon profitieren können, ist fraglich. Zum einen dürfte die geplante Einführung einer Regelung, dass sich WählerInnen registrieren müssen (siehe Kapitel 1), dazu führen, dass gerade Unentschlossene tatsächlich der Wahl fern bleiben. So mindert der Fidesz den Unsicherheitsfaktor, der sich aus spontanem Wahlverhalten ergibt. Zum anderen ist die demokratische Opposition von einer großen Zerrissenheit gekennzeichnet, die auf verschiedenen Ebenen spürbar ist.

Da wäre etwa die grüne Partei (LMP), die im Herbst 2012 bei vier bis acht Prozent gehandelt wurde. Sie geht durchaus auf Konfrontationskurs zu Orbán und beteiligt sich auch an Protesten gegen die Regierung. Zugleich scheut sie sich nicht, punktuell mit der Jobbik zusammenzuarbeiten, etwa zur Bildung eines Ausschusses, um die Vetternwirtschaft des Fidesz zu untersuchen (siehe Kapitel 3). Das passt zu der Devise ihres mittlerweile zurückgetretenen Fraktionsvorsitzenden András Schiffer, der noch Anfang 2012 erklärte, dass man notfalls »sogar mit dem Teufel paktieren« werde. Während also die Jobbik für die LMP ab und an tragbar ist, gilt ihr der ehemalige Regierungschef Gyurcsány als absolut untragbar.

Dessen neue Partei, die Demokratische Koalition (DK), setzt sich als einzige von den im Parlament vertretenen Parteien konsequent demokratisch – und ohne erkennbare Feindbildkonstruktionen – gegen die Entdemokratisierung unter Orbán ein. Ihre Chancen bei den Wahlen 2014 sind allerdings als äußerst gering einzuschätzen. Infolge einer beinahe flächendeckenden »Gyurcsány-Feindlichkeit« gilt er vielen – gleichsam codiert als »ewiger Jude« – als unwählbar. So verfehlt die Partei in Umfragen zumeist deutlich die Fünf-Prozent-Marke. Gyurcsány, der die ungarische Gesellschaft als »staats- und obrigkeitshörig« bezeichnet, scheint sich selbst wenig Hoffnung zu machen, was eine Abwahl Orbáns betrifft. So erklärte er noch Anfang 2012, dass man vorerst mit Orbán leben müsse, da die heterogene Opposition zu keinem Regierungswechsel fähig sei.

Gyurcsánys ehemalige Partei, die SozialistInnen, haben sich seit ihrer historischen Niederlage 2010 – sie erhielten damals weniger als 20 Prozent – durchaus etwas erholen können. Trotz oder gerade wegen der Abspaltung der DK und dem Ausscheiden Gyurcsánys legten sie in vielen Umfragen zu und lagen zwischenzeitlich bei 25, in manchen sogar bei über 30 Prozent. Unter ihrem neuen Vorsitzenden Attila Mesterházy versuchte sich die Partei zuletzt wieder als »linke Kraft« zu profilieren, etwa indem sie versprach, Reiche und das globale Kapital in die Verantwortung zu nehmen. Im Gegensatz zu Gyurcsány, der die staatliche Allmacht unter Orbán kritisiert, möchte auch die MSZP das staatliche Engagement verstärken. Ansonsten bleibt die Programmatik eher im Vagen – wohl aus taktischen Gründen. So steht in ihrem Strategiepapier für den Wahlkampf, dass sie die Konfrontation mit der Jobbik vermeiden und sich allein an der Regierung abarbeiten möchte. Insofern wirkt ihr »Angebot für Ungarn«, wie ihr aktuelles Programm heißt, eher populistisch als demokratisch profiliert.

Augenfällig ist, dass es in der durchethnisierten und hochgradig mystifizierten Gesellschaft Ungarns auch in der demokratischen Opposition kaum Kräfte gibt, die die Konzeption der ethnischen Kulturnation deziert hinterfragen. Das gilt nicht nur für die Parteien im Parlament, sondern für die Opposition im Allgemeinen. Auch bei den zivilen Gruppen, etwa bei den sogenannten »Antifas«, muss vielfach das »international raffende Kapital« als Feindbild herhalten, was aus der realsozialistischen Tradition resultiert. Den regesten außerparlamentarischen Protest gibt es derzeit in den sozialen Netzwerken wie *Facebook*. Aus Angst vor Repressionen ist er zum Teil namenlos. Seine mobilisierende Wirkung ist beachtlich. Denn aus jenen Netzaktivitäten speist sich wesentlich der Widerstand auf der Straße, der bisher vor allem von den Gruppen *Milla* (»Eine Million für die Pressefreiheit«) und *Szolidaritás* (»Solidarität«) organisiert wird.

Die *Szolidaritás* ist aus den Gewerkschaftsprotesten gegen die neuen Arbeitsgesetze im Herbst 2011 hervorgegangen. Sie versteht sich als »Initiative von unten« und möchte den gewerkschaftlichen Zusammenhalt stärken. Dies geschieht vor dem Hintergrund, dass in Ungarn sechs verschiedene Gewerkschaftsdachverbände miteinander konkurrieren, ohne dass diese sich konzeptionell besonders unterscheiden würden. Zugleich weisen diese kaum eine kämpferische Tradition auf, was in den relativ geringen Streikquoten Ungarns zum Ausdruck kommt. So hatten die Gewerkschaften denn auch Orbáns Angriff auf die Arbeitnehmer- und Gewerkschaftsrechte wenig entgegenzusetzen. Zum Teil segneten die Führungen der Gewerkschaften die neuen Arbeitsgesetze sogar mit ab.

Bei der *Szolidaritás* war zeitweilig eher ein Stellungskampf als ein offensiver Einsatz für die Demokratie zu beobachten. Das gleiche gilt für *Milla*, eine Art Bürgerbewegung, die sich aus der Gegenöffentlichkeit im Internet herausgebildet hat und maßgeblich zu den bisherigen regierungskritischen Demonstrationen mobilisierte. Der gemeinsame Nenner von *Milla* ist weniger eine demokratische Konzeption als vielmehr ein Zynismus gegen alles Politische. Bei *Milla*, so scheint es, wird der Zusammenhalt durch das diffuse Feindbild der »politischen Elite« gefestigt, in das sich nicht zuletzt auch die erwähnte Gyurcsány-Feindlichkeit fügt. Dennoch hat die Bewegung *Milla* wichtiges geleistet, denn sie bringt es fertig, die immense Angst in der Bevölkerung vor Repressionen bei politischen Aktivitäten zu mindern.

Eine ähnliche Funktion erfüllt die kleine, junge Partei 4K! (»Vierte Republik!«). Die Organisation war bereits 2007 als politische Gruppe junger Menschen gegründet worden und erfuhr während den neuerlich aufkommenden Protesten rund um die *Milla*-Kundgebungen größere Aufmerksamkeit. Im April 2012 formierte sie sich als Partei. Sie versteht sich als »links«, aber auch als »patriotisch«. Ansonsten gibt sie sich möglichst unideologisch, um vor allem jüngere Wählergruppen anzusprechen.

Ferner existieren noch die mit der politischen Bedeutungslosigkeit kämpfende außerparlamentarische liberale »Partei Freiheitlicher Menschen für Ungarn« (SZEMA), die sich vorwiegend der Roma-Integration verschrieben hat, sowie die kleine »Bürgerrechtsbewegung für die Republik« (*Polgárjogi Mozgalom a Köztársaságért*), die sich gegen Antiziganismus einsetzt und aktiv Hilfe leistet. Sie sind jedoch praktisch machtlos und stehen ziemlich alleine da. Sehr bedeutenden Einfluss nehmen wiederum die NGOs TASZ (»Gesellschaft für die Freiheitsrechte«) und das Ungarische Helsinki-Komitee, die vor allem bei Rechtsverstößen den Opfern zur Seite stehen. Nicht zu vergessen sind die reformierten Gemeinden der Pastoren László Donáth und Gábor Iványi. Beide sind der Regierung ein Dorn im Auge, offenbar wegen ihres Universalismus und antivölkischen Denkens. Iványis Gemeinde, die sich in den letzten 20 Jahren sehr engagiert um Obdachlose gekümmert hat, wurde vor Kurzem gar der Kirchenstatus aberkannt, weil sie angeblich eher soziale als kirchliche Aufgaben erfülle. Auch lose organisierte, einzelne Menschen setzen sich gegen alltägliche Diskriminierungen ein und organisieren Hilfsprojekte für die vom Rassismus betroffenen Roma. Viele von ihnen sind allerdings inzwischen pleite.

Aktiv ist auch der Freundeskreis um das inzwischen bekannte und immer wieder vor dem Aus stehende *Klubrádió*. Der einzige Fernsehsender mit ähnlicher Funktion, der Sender ATV, gehört größtenteils der *Hit Gyülekezete* (»Glaubensgemeinschaft Pfingstbewegung«), die jedoch keine demokratische Einrichtung ist und in ihrer Ethik zum Beispiel Homosexualität ablehnt. Ansonsten gibt es nur noch freie lokale Radios mit einer vergleichsweise kleinen Hörerschaft, darunter *Rádió Tilos*, das mitunter demokratisch agierende Oppositionelle einlädt. Diese Medien stellen oftmals die einzige Öffentlichkeit für demokratische Akteure her.

Es gibt also eine Opposition, ein »anderes Ungarn«. Ihr Einfluss war längere Zeit schwer einzuschätzen. Ein erstes Ausrufezeichen setzte die außerparlamentarische Opposition Anfang 2012, als es ihr gelang, um die 70.000 Menschen zu Protesten gegen Orbán zu mobilisieren – eine der größten Demonstrationen der ungarischen Geschichte. Das ist umso erstaunlicher, als dass es größere Proteste von linker bzw. demokratischer Seite lange Zeit in Ungarn nicht mehr gegeben hatte. Die Euphorie war aber schnell verflogen, denn der »Friedensmarsch« für die Regierung nur wenige Wochen später (siehe Kapitel 4) sollte jene Manifestation in den Schatten stellen. Auch zum Nationalfeiertag im März 2012 gingen wieder mehrere zehntausend Menschen gegen die Regierung auf die Straße. Ihnen standen jedoch über 200.000 AnhängerInnen Orbáns gegenüber.

Seitdem schien die außerparlamentarische Opposition erlahmt zu sein. Gerade bei brennenden Themen wie der wachsenden faschistischen Präsenz im Land wirkt sie nicht besonders handlungsfähig. So zog eine Demonstration im Sommer 2012 gegen den grassierenden Rassismus und die faschistische Normalität nur wenige hundert Oppositionelle an. Anzunehmen ist, dass die verschiedenen Gruppen gegenwärtig in Selbstfindungsprozessen stecken. Der Soziologe Pál Tamás stellte in diesem Zusammenhang fest, dass bisher keine zentrale politische Kraft aus den starken Protesten gegen die Regierung hervorgegangen sei. Auch Orbán selbst gibt immer wieder zu verstehen, dass er von den Protesten auf der Straße nichts zu befürchten habe.

Damit teilt Orbán sogar eine Einschätzung Gyurcsánys, der die Protestbewegungen für programmatisch zu diffus hält, um Orbán ernsthaft gefährden zu können. Er plädiert daher für eine Allianz der verschiedenen Parteien jenseits von Fidesz und Jobbik. Doch ob Orbán, der sich rühmt, »die Linke zertrümmert« zu haben, sich zumindest vor einem solchen Zusammenschluss fürchten müsste, bleibt fraglich. Denn bisher ziehen die Parteien kaum an einem Strang. Zwar wird viel darüber geredet, dass ein Parteienbündnis gegen Orbán nötig sei, doch hat dies bisher keine konkreten Formen angenommen. Zu uneinig ist man sich darüber, wer welche Rolle in diesem Bündnis spielen soll und kann.

Die LMP etwa scheint in dieser Frage derzeit gespalten. Wollten die Grünen lange Zeit nichts von einer Kooperation mit den SozialistInnen wissen, machen sich Teile der Partei indessen für eine solche stark. Andere Kräfte in der Partei wollen sie nur unter Umständen: Schiffer zum Beispiel, der nach wie vor einen großen Einfluss hat, hatte sich lange gegen eine Kooperation mit der ehemaligen und seines Erachtens diskreditieren Regierungspartei gesträubt. Gegenwärtig schließt er eine Allianz der Opposition nicht mehr kategorisch aus, allerdings stellt er dafür verschiedene Bedingungen. So ist für ihn etwa der ehemalige Ministerpräsident Gordon Bajnai (2009-2010) als möglicher Spitzenkandidat eines Bündnisses nicht tragbar, weil er ein Vertreter der Vor-Orbán-Ära sei, die es ebenfalls zu überwinden gelte.

Gerade der parteilose Bajnai aber ist es, der von vielen BeobachterInnen als aussichtsreichster Herausforderer Orbáns gesehen wird. Dass er 2014 in den Wahlkampf ziehen wird, hat er indessen bekannt gegeben – auf einer regierungskritischen Demonstration am Nationalfeiertag im Oktober, mit der sich die außerparlamentarische Opposition wiedererstarkt zeigte. Im Zusammenhang mit seinen politischen Ambitionen suchte Bajnai auch die Nähe zu *Milla* und der *Szolidaritás*, die sich ebenso wie die 4K! an den Diskussionen über eine demokratische Allianz beteiligen. Mit ersteren beiden hat Bajnai neuerdings eine neue Wählerplattform namens »Gemeinsam 2014!« (*Együtt 2014!*) ins Leben gerufen. Diese dürfte die bisherige Konstellation ziemlich durcheinanderwirbeln. Auf Anhieb sahen sie Umfragen über zehn, manche sogar über 20 Prozent, wobei sie vor allem bei NichtwählerInnen und bisher sozialistischen AnhängerInnen punkten konnte. Allerdings setzt sich auch bei der neuen Plattform das Problem fort, dass sie – wie auch die anderen Oppositionsparteien – keine wirkliche Alternative zur völkischen Konzeption der Nation (»Europa der Nationen«) aufzeigt, wenn sie auch derzeit die demokratischste Option zu sein scheint.

Wie sich die Wählertrends weiterentwickeln und was das Auftauchen der neuen Wählerplattform für die Bildung einer oppositionellen Allianz bedeutet, ist derzeit schwer einzuschätzen. Zwar hatte zumindest die DK schon ihre Unterstützung für Bajnai signalisiert, diese ist allerdings in den zivilen, fast durchweg Gyurcsány-feindlichen Kreisen, mit denen Bajnai nun den Schulterschluss gewagt hat, kein gern gesehener Bündnispartner. Zudem dürften Teile der SozialistInnen wenig Gefallen an Bajnai finden. Insbesondere der Parteichef Mesterházy hat eigene Ambitionen geäußert, kandidieren zu wollen. Überhaupt sah die Strategie der SozialistInnen bisher vor, den Wahlkampf ganz auf die Pole Fidesz – MSZP auszurichten. Womöglich nimmt die Partei davon noch Abstand, denn dass sich die anderen Parteien in den Dienst der SozialistInnen stellen, ist mehr als unwahrscheinlich. Aber, um Orbán überhaupt abwählen zu können, geht an einem solchen Parteienbündnis offenbar kein Weg vorbei.

Abgesehen davon, dass diese Notwendigkeit zur Bildung eines Linksblocks bereits als Gefährdung demokratischer Vielfalt gelten kann, so sähe sich ein solches Bündnis bei einem Erfolg mit noch ganz anderen Hürden konfrontiert. Angenommen, dieses gewänne die Wahlen, so stünde die neue Regierung vor schier unlösbaren Aufgaben. Denn viele elementare Gesetze der Regierung Orbán haben Verfassungsrang (»Kardinalgesetze«) und sind, ebenso wie die völkische Verfassung selbst, nur mit einer Zweidrittelmehrheit im Parlament revidierbar. Zugleich hat sich der Fidesz mit dem Umbau von Justiz, Verwaltung und den Medien langfristig große Einflussmöglichkeiten gesichert. Nicht zuletzt stellt sich die Frage, ob sich der völkische Block aus Fidesz und Jobbik mit der Situation abfinden und die Regierung in Ruhe arbeiten ließe.

Aber aus einem solchen Zukunftsszenario könnte schon aus anderen Gründen nichts werden, da der Regierung das neue Wahlsystem zugutekommen dürfte. Schon bei den Wahlen 2010 hatten dem Wahlbündnis aus Fidesz und KDNP etwa 53 Prozent der Stimmen genügt, um zwei Drittel der Parlamentssitze zu erlangen. Die Tendenz wird sich aller Voraussicht nach eklatant verschärfen. So hat etwa die Tageszeitung *Népszabadság* errechnet, dass der Fidesz 2010 sogar vier Fünftel der Sitze erhalten hätte, wenn damals schon das neue Wahlsystem angewandt worden wäre. Die Stiftung »Heimat und Fortschritt«, die Bajnai leitet – eine Art Think Tank –, hat wiederum untersucht, welche Auswirkungen die Neueinteilung der Wahlbezirke haben dürfte. Das Ergebnis ist ernüchternd: Selbst bei bestmöglicher Zusammenarbeit sei es unrealistisch, dass die demokratische Opposition die Macht übernehmen kann. Mehr noch: Unter Umständen könnte die Jobbik bei den Direktmandaten sogar als stärkste Kraft abschneiden, so das verblüffende Fazit der Studie.

Umso aufrüttelnder klingen da die Worte von Jobbik-Chef Gábor Vona bei einer Parteitagsrede im Mai 2012, dass »zwei Drittel aller Ungarn für Jobbik« seien und »es nur noch nicht wissen«. Er meinte damit, dass seine Partei die treibende Kraft hinter verschiedenen Fidesz-Gesetzen gewesen sei. Zugleich sei Orbáns Regierung aber nicht konsequent genug, die WählerInnen würden deshalb schon bald erkennen, so Vona sinngemäß, dass es besser sei, das »Original« zu wählen. »Da, wo Fidesz versagt, schreitet Jobbik zur Tat«, unterstrich der Parteichef und verwies dabei auf das Beispiel Gyöngyospata.

War die Jobbik in Wählerumfragen zeitweise auf die 30 Prozent zugeschritten, hatte sie sich zuletzt wieder – je nach Umfrage – zwischen 15 und 20 Prozent eingependelt. Allerdings scheint dies weniger darauf zurückzuführen zu sein, dass ihre Politik an Rückhalt in der Bevölkerung verliert, als dass der Fidesz viele ihrer Themen aufgegriffen hat. Darauf verweist auch der Sachverhalt, dass der Jobbik, wie schon erwähnt, ein besseres Abschneiden bei den Direktmandaten zugetraut wird, weil viele UngarInnen auf Landesebene den Fidesz unterstützen, auf lokaler Ebene aber einen »starken Mann« – und dafür steht die Jobbik – begrüßen. Schließlich hängt der Zuspruch für die Jobbik auch von äußeren Entwicklungen ab. Vona zumindest ist sich sicher, dass Orbán die Probleme Ungarns nicht in den Griff bekomme und sich die soziale und wirtschaftliche Lage verschärfe. Seine

Partei, so das Kalkül, werde dadurch letztlich in Regierungsverantwortung geraten. Wie schnell durch krisenbedingte gesellschaftliche Verwerfungen totgesagte faschistische Bewegungen an Bedeutung gewinnen können, hat zuletzt auch das Beispiel Griechenland gezeigt, wo die Partei »Goldene Morgenröte« zuletzt als drittstärkste Kraft in den Umfragen abschnitt.

Vona hat insofern nicht Unrecht, dass die Jobbik von einem Scheitern des Fidesz profitieren könnte. Wie sehr das gelingt, hängt auch von der Vorgehensweise der FaschistInnen selbst ab. So werden in der Partei seit Ende 2011 Strategiediskussionen geführt, die darauf abzielen, für die politische Mitte noch attraktiver zu werden. Vona etwa plädierte in diesem Zusammenhang dafür, situationsbedingt »mit Ruhe und Vernunft« zu handeln statt mit »Geschrei und physischer Gewalt«. Zugleich ist der Parteichef bereits auf Distanz zu einst verbündeten Nazi-Organisationen gegangen.

Schon gegenwärtig ist die Jobbik für den politischen Mainstream kein Tabu mehr und unter Umständen eine wählbare »Alternative«. Davon zeugt etwa die Selbstverständlichkeit, mit der Jobbik-VertreterInnen zu Diskussionen in den Medien oder an den Universitäten eingeladen werden. Zu dieser Normalisierung hat auch die Politik des Fidesz beigetragen, durch die das völkische Denken in der Bevölkerung weiter katalysiert wurde. Vor allem aber können die FaschistInnen bei den jungen Menschen punkten. Mehr als alle anderen Parteien symbolisiert die Jobbik für diese Generation einen Bruch mit der verhassten Politik der Vergangenheit und gilt gewissermaßen als »unbefleckte« politische Kraft. Das passt zu einem politischen Klima, das von der Sehnsucht nach einer »Reinigung der Nation« geprägt ist. Insofern besitzt die Jobbik weiterhin großes Potential und kann selbstbewusst in die Zukunft blicken.

Anhand der geschilderten politischen Konstellationen offenbart sich ein gesellschaftlicher Umbruch – und nicht etwa ein *Ruck*. Wie nachhaltig diese Zäsur ist, lässt sich schwer einschätzen, denn sie lässt sich nicht nur an den Reformen der Regierung Orbán festmachen. Vielmehr korrelieren diese Strukturveränderungen im politischen Überbau mit qualitativen Prozessen an der gesellschaftlichen Basis. Die autoritäre Krisenbewältigung geht also einher mit einer autoritären Formierung in der gesellschaftlichen Sphäre. Hier ist ein großer nationalistischer und völkischer Pathos festzustellen, der in der Konjunktur von inneren und äußeren Feindbildern seinen Ausdruck findet. Wie ungebrochen diese Dynamik scheint, lässt sich am zunehmenden Ausmaß großungarischer Rhetorik oder des militanten Antiziganismus aufzeigen.

Wie ist dieser politische *und* gesellschaftliche Prozess einzuordnen? Es greift zu kurz, die Regierungspolitik als »rechtspopulistisch« zu bezeichnen. Sicher mag es populistische Elemente geben, etwa wenn Orbán das Denken im Vorurteil und nationalistische Grundstimmungen bedient. Aber es ist kein bloßes Gerede, wie es für PopulistInnen auf Stimmenfang kennzeichnend ist, denn die Regierung lässt dem vielfach Taten folgen. Und nicht alles davon ist populär oder kann als solches abgetan werden. Die Besteuerung von Banken und »Multis« etwa mag bei vielen gut ankommen, ist aber auch Teil einer wirtschaftspolitischen Konzeption, mit der den Krisendynamiken entgegengesteuert werden soll. Es verbietet sich daher, Orbán – in extremismustheoretischer Manier – als »populistischen Scharfmacher« unter vielen einzustufen, wie es etwa der *Spiegel* tat. Orbáns Politik mit der des rumänischen Ministerpräsidenten Victor Ponta oder dem griechischen Linkspolitiker Alexis Tsipras in einen Topf zu werfen, ist zudem verharmlosend, denn es verkennt insbesondere das Moment der »nationalen Erlösung« in seiner Ideologie.

Was wir in Ungarn erleben, ist eine »völkische Wende«, die flankiert wird von Mitteln der autoritären Krisenbewältigung. Auf der politischen Ebene findet dabei zweifellos eine Autoritarisierung statt. Doch über deren Grad lässt sich zugleich streiten. Der Vorwurf des Totalitarismus geht auf jeden Fall zu weit. Denn nach wie vor kann Orbán – zumindest formell – demokratisch abgewählt werden, mögen die Hürden auch erhöht worden sein. Insofern scheinen Einschätzungen treffender, die von einer »gelenkten Demokratie« sprechen und auf die paternalistischen Elemente im Orbánschen Kosmos verweisen.

Dass die Einschätzungen oftmals wenig differenziert ausfallen – so spricht etwa die österreichische Europa-Abgeordnete und Orbán-Kritikerin Ulrike Lunacek salopp von einem »autoritären Staat« –, mag unbewusst mit der gesellschaftlichen Konstellation zu tun haben. Denn der große Homogenitätsdruck, der von der völkischen Ideologie in der Gesellschaft ausgeht, verstärkt offenbar die Vorstellung, die man von der Autoritarisierung des ungarischen Staates gewinnt. Umso wichtiger ist es, auch die gesellschaftliche Dimension der »völkischen Wende« zu erfassen und begrifflich zu bestimmen. Auf dieser Ebene scheint durchaus der Begriff der »Faschisierung« zuzutreffen. Er verweist auf einen gesellschaftlichen Prozess, bei dem Elemente faschistischer Politik zunehmend Einzug in den Alltag halten, ohne dass der politische Überbau bereits als »faschistisch« gelten muss. Damit wird der Fokus nicht auf politische Autoritäten verengt, sondern es wird ebenso einbezogen, wie autoritäre Entwicklungen gesellschaftlich unterfüttert sind. Dazu zählen insbesondere die gruppenformativen Ausgrenzungsprozesse wie auch die sozialpsychologische Genese eines »autoritären Charakters«.

Als weitere Elemente eines solchen Prozesses können zahlreiche virulente Phänomene aus dem Bereich der Ideologie gelten: Opfermythen und Täter-Opfer-Umkehr, Verschwörungstheorien und Dolchstoßlegende, Rassentheologie und Okkultismus, Revanchismus und Irredentismus, Antiziganismus und Antisemitismus. Zugleich ist die gegenwärtige Rhetorik und Symbolik der Völkischen durchdrungen von dem nationalistischen Geist der Zwischenkriegszeit, während der sich in Europa wirkungsmächtige Faschismen aus der Gesellschaft herausbildeten. Dieses revisionistische Revival vergegenwärtigt sich längst nicht mehr nur im Outfit und Handeln militanter GardistInnen, Ausdruck findet es auch in der Regierungsperformance. Davon zeugt nicht nur die Nyírö-Affäre, in der Parlamentspräsident László Kövér unverhohlen auf ungarische Nationalsozialisten Bezug nahm (siehe Kapitel 1), sondern unlängst auch Orbáns jüngste Rede zur Einweihung einer weiteren Turul-Statue, in der er seiner völkischen Gesinnung freien Lauf ließ: »Dieses Denkmal will uns sagen, dass es nur ein einziges Vaterland gibt, und zwar jenes, welches dazu fähig ist, alle Magyaren diesseits und jenseits der Trianon-Grenzen in einer einzigen Gemeinschaft zu vereinigen.«

Dem Faschismus als politischem System geht stets ein gesellschaftlicher Prozess der Faschisierung voraus. Wie auch in anderen Ländern hatte die Faschisierung Ungarns lange vor der Machtübernahme der Pfeilkreuzler 1944 begonnen: Unter dem protofaschistischen Reichsverweser Miklós Horthy, auf den in Ungarn heute so gerne Bezug genommen wird, wurden in der Zwischenkriegszeit die gesellschaftlichen Vorraussetzungen dafür geschaffen (siehe Kapitel 1). Faschismus ist also nicht einfach Herrschaftsform, sondern die Kulmination einer autoritären oder völkischen Formierung. Es versteht sich von selbst, dass das Revival einzelner Elemente einer solchen Formierung – wie in Ungarn zu beobachten – nicht einer Wiederholung der gesamten historischen Konstellation gleichkommt. Dafür sind die Bedingungen damals und heute zu unterschiedlich.

Wie weitreichend die Entwicklung in Ungarn tatsächlich ist, bleibt schwer zu beurteilen. Dass das demokratische und föderalistische Europa, das Ungarn umgibt, durchaus als mäßigendes Korrelat fungieren kann, steht prinzipiell außer Frage. Dieser Umstand schmälert sich aber dann graduell, wenn sich die EU in ihrem Vorgehen gegen die Entdemokratisierung Ungarns zurückhält und zum Teil selbst mit einer Destabilisierung der Demokratien zu kämpfen hat. Dabei darf nicht unterschätzt werden, welche Impulswirkung von Ungarn auf andere Gesellschaften ausgehen kann. Denn gerade im Kontext der Krise erweitert sich allgemein das Potential völkischer und autoritärer Konzepte als vermeintliche Alternativen. Wird auf Entwicklungen wie in Ungarn nicht angemessen reagiert, steigt das Risiko, dass sich die angesprochene Normalisierung faschistischer Elemente auch auf internationaler Ebene fortschreibt. Anknüpfungspunkte dafür gibt es etwa im Kontext allgegenwärtiger chauvinistischer und rassistischer »Normalitäten«.

Dabei sind viele der besagten Elemente nicht eigentlich als Phänomene der Krise einzustufen, wenn sie auch in deren Kontext verstärkt werden können. Vielmehr handelt es sich bei ihnen um ein nicht wegzudenkendes Moment alltäglicher Kompensation. Ein Beispiel: Der Antiziganismus als Vorurteil ist nicht loszulösen von der modernen Spielart der Vergesellschaftung. »Der Zigeuner« gilt als Antagonist der homogenen Volksgemeinschaft, aber auch der bürgerlichen Ordnung im Allgemeinen. Als solcher wird er nicht nur im gegenwärtigen Ungarn beständig adressiert, dort allerdings – geprägt von einer autoritären Formierung – zunehmend verlässlich und brutal. Es sind in ihrer Tragweite nicht zu unterschätzende Normierungen im Gange, denen die gesellschaftliche Konstellation Vorschub leistet.

Das gilt auch abseits dieses konkreten Felds: Der Umstand, dass Äußerungen, die etwa Rassismen als solche benennen, nicht nur im völkischen Lager als »hysterisch« abgewiesen oder gar mit dem direkt gespiegelten Gegenvorwurf, selbst rassistisch zu sein, beantwortet werden, drückt ebenfalls diesen normativen Wandel aus. Das öffentliche Leben ist von diesen umgekehrten Vorzeichen tief durchdrungen. Dadurch ist es zugleich erschwert, angemessen Notiz davon zu nehmen – nicht nur in Ungarn selbst. In Anbetracht dessen kann – wie bei jeder Gefahr – nicht zu früh, wohlgemerkt aber zu spät gewarnt werden. Die Kritik zu mäßigen oder gar als »überzogen« zu despektieren, kann einer barbarischen Politik Vorschub leisten. Eine solche ist weder ausgemacht noch ausgeschlossen.

Man mag die Hoffnung haben, dass die FaschistInnen die Grenzen ihres Einflusses erreicht haben oder dass die völkische Stimmung abklingt, etwa weil sich die wirtschaftliche und soziale Lage entspannt. Doch scheint dies derzeit unwahrscheinlich, solange die völkische Konzeption der Nation nicht durch eine demokratische ersetzt wird, bei der nicht die »ethnische Kulturnation«, sondern die Unantastbarkeit der menschlichen Würde im Vordergrund steht. So lange dies nicht geschieht, bleibt die völkisch gedachte Nation vor dem Individuum unantastbar, was eine weitere Verschärfung der Täter-Opfer-Umkehr zur Folge haben dürfte.

Doch muss sich erst eine Verschärfung der ungarischen Entwicklung ereignen, damit die mahnenden Stimmen mehr Gehör erhalten? Ist der *Status quo*, der von einem Abbau demokratischer Errungenschaften wie auch der Ausbreitung nationalistischen, antiziganistischen und antisemitischen Denkens und Handelns gekennzeichnet ist, nicht schon Grund zur Beunruhigung? Derlei Zustände mögen nicht zwangsläufig im Faschismus münden. Sie sind aber eine Voraussetzung für eben diesen. Insofern können wir die ungarische Entwicklung als eine bezeichnen, die zumindest die *Option auf den Faschismus* eröffnet.